哲學與人生

吳進安◎著

五南圖書出版股份有限公司

序

　　二〇〇九年的十月至十二月有幸獲得中華發展基金會獎助至中國大陸講學及研究，足跡遍及大陸各地，時序也由還算熾熱、穿著短袖衣服即已清涼的秋末，轉至羽絨衣裹身、氣溫在零度以下雪花片片的北國隆冬。講學與拜訪的學校計有廈門大學、華南理工大學、華中科技大學、山東大學、清華大學、人民大學、中國政法大學等名校。在與哲學同行前輩的交談請益中，深覺對岸著名之大學辦學對哲學特加重視，哲學系所幾乎是每所大學必設的科研單位，這或許與他們較強調馬克斯哲學有關，但也顯示大陸重視哲學的教育；在與學生的對話中，益感他們透過哲學的思辨，反省人生的意義和實存社會的價值追尋諸問題，對於渴望求知的眼神印象特別深刻；尤其是學生對中國哲學的理論詮釋、價值意義之反省，確有「士別三日，刮目相看」之感。晨曦中走在各大學校園，樹下、湖邊已早有起得早的學生大聲朗讀背誦英文，此情此景彷彿時光倒轉三十年，回到臺灣各個大學之光景，當年我們亦是如此，只可惜這樣的景象早已從吾人生活的環境與記憶中消失。在講學已接近尾聲的後十天，我住在曾任教於人民大學哲學院，已退休的孫中原教授家裡，與孫教授秉燭夜談，暢談人生哲理、他陪我探訪北京幽靜香山、夜訪王府井大街、聽相聲曲藝，體會不同的生活步調，受到他無微不至的照拂。從其人生體驗、飽經風霜的人生洗鍊中，娓娓道來人生哲理彌足珍貴。也深刻體認到一位在哲學研究領域數十年的老教授對春風化雨志業的堅持，對提攜後進、獎掖晚輩的炙熱胸懷，實令我動容。走過大江南北，看過、聽過也不斷地思索哲學與人生的議題，於是浮現撰寫一本「哲學與人生」、探討實存生活世界種種議題的書便油然而生。

　　感謝五南圖書公司楊榮川董事長、龐總編輯君豪的支持，盧企劃主編宜穗的辛勞，這本人生體驗的小心得可以付梓。尤其是宜穗專程到雲科大，與我討論寫作及出版事宜，提供許多寶貴看法，沒有她的積極作為，這本書可能仍然僅是停留在我腦海中的片段，或僅是茶餘飯後聊天的話題而已。

　　中國哲學以生命爲中心，故有「天地之大德曰生」之語，而如何活出自己的生命意義與價值，非僅停留於「坐而言」的認知或知識層面之建構，而是「起而行」的實踐層面，亦是一大挑戰。俗話說：「各人頭上皆有一片青天，一抹白雲，各人腳下也都有一路遙迢，一路希望。」我們每個人都體會過「盛年不再來，一日難再晨」的無情與無奈，但也都有「及時當努力，歲月不待人」的猛然覺醒。在忙忙碌碌的奔逐身影中，逐漸體會出「經一番挫折，長一番見識；多一分享用，減一分福澤。」之滋味，人我之間漸有「加一分體貼，知一分物情」的人間美感。也要特別謝謝秀靜、祈文、毓馨、夢婷等同學協助打字，方能在我回到臺灣的半年後很快地大功告成。在付梓之前夕，特爲之序，以饗讀者。

　　　　　　　　　　　　　　　　　　　　吳進安
　　　　　　　　　　　　　　　　　二〇一〇年七月于雲科大漢學所

目錄

第五章　人性論的理解與啟示

第六章　終極信仰

第七章　人際關係

第八章　「環境倫理」與文化生活

第九章　成功之道與管理哲學

第十章　藝術美感與人生境界

第十一章　政治哲學與理想國

第十二章　結　論

注　釋

第一章　哲學的意涵

1.1　問題的根源

　　哲學（philosophy）它到底是個什麼樣的概念？它在探討什麼問題？它對人的生活又有什麼影響？這一連串的問題，縱使是讀了四年大學哲學系的同學，或是受過嚴謹思維訓練的學生還不一定能答得上來，好像似有卻又似無，如果再去翻閱一本本厚厚的「哲學概論」、「哲學導讀」、「中西哲學史」之類的入門書，那真是令人如墜五里霧中。因此如何由淺入深，有系統的把屬於人類文明結晶之一的中國哲學作一介紹，使之理論指導實際，將哲學與人生作一貼切的說明，在實際生活中又能展現生活的智慧，便是本書撰寫的目的。

　　哲學與人生是中西文明曾共同思考過的命題，它也是一個人理解自我、他人與社群的基礎，一方面它是知識性的，中西哲學皆對此主題有過不同的論述；但另一方面它也是實踐性的，少了哲學思考，人也就懶得去理會生命存在的意義與價值。

　　哲學本是一個譯名，它來自於日本人西周氏，於明治天皇六年，即西元一八七三年，從希臘文「愛智」（love of wisdom）翻譯而來。哲學是起自古希臘，在希臘文的原文是 philosophia，其原義是指「愛好智慧」的意思。為什麼人要愛好智慧呢？因為在實際的生活中，人與人的相處存在著一些不變的原則，譬如誠實與人相處，推己及人等，但有些時候，當我們以誠心待人，卻未必獲得相同的回報，我們不免會歎遇人不淑，無識人之能。又例如在面臨價值選擇時，也需要有一中心觀念作為判斷與決定的依據。年輕朋友經常遇到的愛情與麵包問題便是一例。因此在生活中便需要有足夠的智慧來處理林林總總的問題。再如臺灣百年來未曾有過的一九九九年「九二一大地震」，一夕之間奪走了上千條的人命，這些受難者何曾想到會遭遇如此之橫禍，而人雖自詡為萬物之靈，但是力量實在渺小到微不足道，面對此種巨變，簡直就是待宰的羔羊而無力改變？人的命運是否就是如此，於是有人提出這樣的想法，反正世間無常，何不及時行樂，免得後悔。有些人的價值觀經過一些打擊挫折之後徹底改變，人間又有什麼值得珍

惜留戀的，於是生與死的問題發生，煩惱接踵而來。試問我們要用什麼態度和智慧來面對，是要看破、還是點破、或是突破？這些問題皆需要用理性的態度、冷靜的思考、逐一去蕪存菁之後得到一個較為清晰的觀念以作成判斷，可以用來指導我們下一步要如何走。

以上所談到的這些問題與思考過程，當你已想到或曾經靈光乍現，其實你已經開始作哲學的思考，從中尋找生活的智慧，找出能夠增強生命的強度並且讓我們有活下去的勇氣，生活中的體驗與教訓協助我們不會再度摔跤，而能增長智慧。在我們日常生活中有兩句話，「聰明反被聰明誤」、「機關算盡太聰明」，這裡的「聰明」從哲學的角度來看絕對不是聰明，因為理解事物存在可能的層面與角度是多元而非一元的，自己認為聰明，反而不是聰明，想想中國哲學家老子的名言「大智若愚」便可心領神會。因此，讓我們回過頭來看看西方哲學 philosophy 的原義是何意義，或許有助於對人生問題的澄清與了解。

字義上，哲學一詞來自赫拉克理德・潘地各（Herakeleides Pontikos）的 philosophos，Philia 是「愛」，Sophos 是「智者」[1]，因此哲學是一種智慧，而愛好智慧的人便稱為「哲學家」。赫拉克里德自己給這個「愛智者」下了一個定義：「用一切去衡量一切」。二千多年來，這個定義影響非常深遠，它告訴我們看問題不能是「個別的」，必須要以「整體的」角度來研究，才能產生智慧。西元前五世紀的希臘半島上出現了一位哲學的巨人——蘇格拉底（Socrates 470～377B.C.）才真正用 Philosophia 表示是「愛智」，並且賦予哲學的觀念，從此之後，哲學就成為「愛智」的化身及總合，喜歡探求宇宙與人生的問題而得之智慧，成為哲學的本質及特質。依此概念來推衍，哲學所要探討的問題便是人處在時間與空間的環境中，所面對的宇宙與人生的問題，只有綜合並且包括「宇宙」與「人生」這兩大範疇，並且提出解答，這才是比較符合「哲學」的原義。中西哲學在剛開始的時候，他們所關心的問題是一致的。因此類似如下的話便經常出現在哲學的專書中：

哲學是研究宇宙人生之究竟原理及認識此種原理的方法之學問。[2]

　　或是如民初哲學家胡適之先生所提出的見解：

凡研究人生切要的問題，從根本上著想，尋找一個根本的解決，這種學問，叫做哲學。[3]

　　又如亦有認為：

中國傳統所稱的「道學」、「理學」、「義理之學」，與西方的「哲學」（philosophy）其義相近，或可互通。
宋朝理學家張橫渠《經學理窟》云：「義理之學，亦須深沈方有造，非淺易輕浮之可得也。」

　　再如常言道：

窮理於事物始生之處，研幾於心意初動之時。

　　依據這樣的命題思考下去，我們便會進一步發現，哲學對人之影響層面可謂大，而人的生活中哪些是重要的問題，亦即哪些問題才是人生重要的問題，便值得我們細細的思考。哲學就其原始意義而言，人生的問題皆是它要涉入及探討的。這不免讓人聯想到西漢時期的史官司馬遷撰寫《史記》時所發下的宏願——「究天人之際、通古今之變、成一家之言」，這三個問題的確是人生與宇宙的大問題，這也是二千年來傳統知識分子的抱負與使命感。再看看西方哲學對哲學的研究範圍之分類，或可更進一步幫助我們掌握哲學的內容，從亞里斯多德（Aristotle）開始，他區分了三個心智的活動包括：1.理論（theoria）；2.實踐（praxis）；3.創作（poiesis），列表如下[4]：

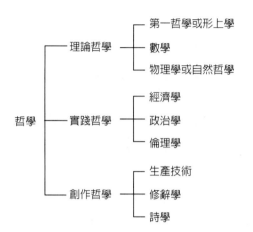

　　當然處在今日高度變遷與競爭的時空環境中，基於知識的分化與分工之要求，一個人要上窮碧落下黃泉，縱橫中西五千年，建構一個百科全書式的思想體系確屬不易；但與我們今日生活相關者，或許借重於一、二項之喜好與智者的語錄珠璣，除可滿足知識欲望之需求之外，也將有助於對生命價值的了解與人生事業開發。

　　在生活當中，我們很難保證事事皆順心，如果遇到一些不如意的事，如期待落空、心中的想法不被他人接受，有時甚至還會覺得「英雄有志難伸」等煩人的事。因此，哲人所說的：「人生順境者十之一二，逆境者常居十之八九」確屬至理名言。當我們面對這些困境或生活不順遂時，我們試問自己：當時是如何度過的？是參考了哪些人的人生經驗，或是智慧語錄，解開了我們心中的迷惑而度過難關。信手拈來即有頗具哲理的名言：

・大肚能容了卻人間多少事，滿心歡喜笑開天下古今愁。
・天能稱其高者，以其無不覆；地稱其廣者，以其無不載；日月稱其明者，以其無不照；江海稱其大者，以其無不容。
・富與貴是人之所欲也，不以其道得之，不處也；
　貧與賤是人之所惡也，不以其道得之，不去也。
・在成功的同時，你已埋下失敗的種子。

・真正成功的人生，不在於擁有一手好牌，而在於把一手壞牌打到可圈可
　點。

・看得破，才能生大智慧；放得下，才能成大善果。

　　問題的根源點出了哲學所面對的問題是「宇宙」與「人生」的大問題，自古
以來東西哲學界的哲人用理性、感性及悟性的方式，從知識與實踐的進路加以把
握，爲芸芸眾生提供了一個價值選擇與人生方向，它告訴我們人生之路的走法，
純然來自於人心領神會所作的判斷與選擇。正如德國大哲康德之言：哲學的學
習並非記誦哲學史上各家各派的學說，如此僅是博聞強記，積累歷史知識。哲學
的真正力量，應該是哲學思考活動的開展，以理性思維反思宇宙與人生的根本問
題。但不以建構理論系統爲滿足，哲學思考所關懷的是哲學對人的受用，返歸人
類自身的真實存在問題，這才是哲學的勝義。

1.2 方法的探究

　　所謂「工欲善其事，必先利其器」，本書從中國哲學層面所關注的「哲學與人生」問題為入門，以探究哲人的應世智慧為重點，從他們所留下的珠璣話語中，找出歷久彌新又具超越性與時代性的理則與方法，以作為處理現實生活問題的指南。因此，本書所採取的研究進路分為三層。第一層是從古籍經典中，歸納出哲人所共同關心的人生問題，切合人生實際的需要，透過原典的釋義，把握其當下背景及義理，哲人為何會提出此種觀點，有何意義？經由還原之方法，釐出哲學問題的真相，撥雲見日方得真章。透過原典導讀與整理，歸納出哲人對人生體會的哲理。第二層是從中國哲人所關心的問題中，闡述各家的觀點，此處所稱之各家即指中國哲學中具有影響力並且塑造了中國人性格的儒家、道家、墨家、法家諸學派，以及中國佛學的智慧，推演在今日社會，吾人所必須具有的態度，以問題導出各種可能答案及可行的方案，並且經由批判的方法，澄清人生的問題及歸趨。第三層是探討此種問題及對策在當代的意義，透過思辨之方法，理解哲學是具有超越時空的特性及賦予現代意義，進而在人生實存世界中找到應世的智慧。

　　事實上，對中國哲學所關心的人生問題之討論，並非是哲學家的專利，它是人人可做的事。我們對於人生的問題進行哲學層次的反省，是與一般性對人生問題的思考及反省是有差別的。因為一般性的見解僅是浮面的、是表象的、是淺層的，也是個別的，這些僅可以稱是存活於現象世界而已；哲學層次的反省，即如西方羅馬時期的大文豪西塞羅（Cicero）的名言一樣，他說：「哲學！人生之導師、至善之良友、罪惡之勁敵，假使沒有你，人生又值得什麼？」從這一個層次來看，哲學就彷彿是人生汪洋大海中的燈塔，是夜晚明亮的北極星。因此透過前述的方法，吾人想從中國哲學家所關切的「哲學與人生」之問題，建立方法論上的四個意義：

　　1.分析的：對中國哲學所關心的人生問題進行分析，分析哲人在當時的時空

背景下提出的主張具有何種意義。

　　2.批判的：分析方法特色是在於求得觀念的清楚，即推論的嚴謹；而批判方法則在於審慎地檢視出各學派的基本預設及其理論成立的依據，以批判爲方法則是企求建立一套具有普遍性的人生原理。

　　3.規範的：人生的活動到底應該要有何種基本信念或價值觀，以便在多元、變動的社會找到生存之道，並且是符合哲學理性及表現出人生的意義。

　　4.體悟的：生活的事物不是一成不變，純粹知識的追求也僅是理性思考的見解，但生活中尤其需要卓然的洞見，方能悟出其中道理，以對人生有所提示與指點。因此這種體驗有時候是漸悟，有時候是頓悟，端看每個人的慧根如何。

1.3 哲學的思考

　　回首二十世紀以來帶給人類生活最大衝擊的非科技莫屬，這種由知識的發現與技術的變革所帶來的巨變，大幅度地改變了人類的生活型態以及價值觀。隨之而來的現代化、工業化及都市化，也徹底的改變不少現代人的觀念和行為，傳統中國文化所強調「樂天知命」、「聽天由命」的農業社會觀念及生活態度，在科技的衝擊之下，已被徹底轉化，逼得形塑於傳統價值觀的你我，不得不隨科技的腳步而起舞，使得人面對「人與自然」、「人與他人」、「人與自我」等三個層面問題時，在今日社會顯得有點突兀而不知所措。但從另外一個角度來看，處在今日高度工業化社會，價值觀瞬息萬變的情境中，人的茫然與無助卻也顯示出時代之病痛與巨變的徵兆。因此在這種思潮激盪之下，人的生存意義與目的要從過去的偏於消極的「安身立命」觀或是「采菊東離下，攸然見南山」的與世無爭轉而尋找新的價值觀及出路，這不能不說是現代人的一大挑戰。

　　在科技具有「普世化」、「全球化」傾向之浪潮下，直接受到衝擊的即是維繫人心以及人與他人之間互動的價值規範。在科技思潮的主宰之下，人的主體性與尊嚴受到相當大的影響，窮本溯源即是西方近代科學的興起，一方面建立系統化的理論及數據，從而建立實證主義、經驗科學的依據，使之過去偏於玄思的哲學理論，在科學的經驗數據之要求下，和一切講求理性與客觀化之原則下，哲學頓成昨日黃花，形上學的意義與價值被徹底的推翻與否定。這股主流思想，隨著科學技術的日新月異，一切在講求物質主義、實證主義的前提下，過去那種講求人文精神意涵的哲學思潮被徹底改寫。毋怪乎，這股浪潮襲捲近代中國時，「民主」與「科學」的口號竟成為近代新文化運動的主張與不變的圖騰。上世紀二〇年代「玄學與科學的人生觀論戰」，正是這股浪潮發展的高峰。科技之發展固然是來自西方文化的知識變遷與發展，它對於西方文化並沒有造成突然且立即的災害，但對於非西方世界習以為常的固有文化與價值觀，卻形成一場唯科技至上，科技主宰控制一切的浩劫。

　　處今日之世，我們可以這麼說，科技實已宰制了人類的思維與行動，處處皆可看出科技對人的制約，我們只要想到要與他人的溝通無不透過網際網路，資訊的取得也是要靠它，每天的生活無不是在網路的世界中，這種制約無處而不存在，「網路成癮症」也就應運而生，這不得不令我們聯想起作為主體性的自我，是否仍保有在此科技世界中返璞歸真重新建立人價值的動力；否則即落入以科技物化、量化為權衡標準，對於生命的意義與人的價值觀等問題則顯得力不從心了。對此方面的問題，著名的西方哲學家卡爾‧波柏（Karl Popper）即提出他對科學的見解：

> 科學家在嘗試解釋物理世界或心靈世界時，必須訴諸於理論、符號象徵所構成的第三世界（或客觀世界）。科學的變遷與發展，唯有肯定此依客觀的理論界，始得獲得充分的解釋。[5]

　　由此觀念看來，科學本身是一個不斷演變、修正及進步的大系統，它獨立於人文系統與自然系統之外，並且試圖強制其他系統來服膺科技世界的擴張，這也正是我們所強調的科技對人文及自然二元世界形成一巨大的衝擊，人類的文化與文明也正因此衝擊而更顯窘迫。其次，令人深省的是如何激發人對於生命的真誠感受與熱愛，視人如己，互為主體的相對性觀念，如何在科技宰制的社會中維繫一絲文化氣息，而能延續生命的香火，從被科技摧毀殆盡的傳統灰燼中再度點燃生命之光，於是人文的關懷便成為不可缺少的內在動力，一切的制度、社會與經濟等有形建設，如果缺乏人文精神與人文的素養，則「主體性」的觀念將無由建立，人仍然是淪為科技世界的奴隸與附庸，如此一來人存在的真正意義即無法明白揭示，這不啻宣布了人的死亡與價值的崩解。

　　中國哲學曾經有其輝煌的黃金年代（golden age），亦曾扮演了文化內涵中積極性的角色，指導人們在困頓的環境中自我挺立，亦曾撫慰許多騷人墨客之悲愴心靈。依中國哲學的發展而言，作為告別「神道思想」走向「人道思想」的先秦時期，儒、墨、道、法、名、陰陽等學派，亦大膽地提出許多的對策，為中下

階層的人們弭平傷口，為他們找到生命的出口。儘管在爾後的歷史發展中，儒家一直是顯學，但知識分子的傲骨對自然、對人群的感同身受和使命感，卻也普遍的流露在「風聲、雨聲、讀書聲，聲聲入耳，家事、國事、天下事，事事關心」的生命豪情中，作為一個知識分子，他不僅是續接道統，更是小傳統階層的導師和負起人文成教化之功的薪傳師。這種角色的扮演，使得吾人憶起清朝鄭板橋的一首詩，更貼切地道盡知識分子的那分人文關懷與仁愛胸襟。

衙齋臥聽蕭蕭竹，疑是民間疾苦聲。
些小吾曹州縣吏，一枝一葉總關情。

此種關心是打從心底出發，並且表現出仁民愛物的情懷，它是來自儒家的仁愛之心。即如孟子之言：「以不忍人之心，行不忍人之政，治天下可運之掌上。」（《孟子‧公孫丑》）處於今日，面對變幻莫測的社會變化，如何能不隨波逐流實為一大挑戰，稍一不慎或把持不住則身陷滾滾紅塵而淪為波臣。因此只有大智慧方能掌握先機，直指人心，庶無愧於天地之間，而無損於《易傳》所說：「天地人並稱三才」之禮讚。

「哲學與人生」的問題，一方面是嚴肅的，涉及到認知、態度及行為；但另一方面則與今日吾人之生活有著極為密切的關係，因為人不能離群獨居，必須與他人相處，因此如何經營合宜的人際關係當為首要課題。但是這種人際關係之原理原則，絕非現實之偶然，它必當是個人生命價值的投射及努力的目標，否則每個人僅僅只是人間的過客而已。因此，必當從文化的根源上探討中國哲學的根基，由此開展出個人宏觀的視野與事業版圖。西方文化中的功利主義導向，使得人與人之間的「互為主體性」觀念漸漸喪失，道德實踐的內涵也被急迫的功利價值所取代，因此以人為目的或以人為工具乃成為大家所必須面對的課題及選擇。至於評斷個人生命才情及事業，則繫於個人對於自我生命的價值之體會多少，所謂「寒天飲冰水，點滴在心頭」，即是智慧精華之所在。而中國哲人所提供給我們的應世處方，不僅是講求實際的活用，並且也在追求人生之境界，推崇人與自

然的合一，講求天人合一的密契與經驗，幾千年來知識分子對此部分的心領神會，非常值得細細品味，他們的努力與創見，提升了中國哲學的境界與文采。

第二章　中國哲學的特質

2.1 人生的意義與價值

　　吾人面對在生活上的種種困惑時，透過靜思而得之語詞中，即可很清楚的了解到在我們的生活中確實存在著依據古聖賢的生活智慧之理念，逐一來化解人世間的種種煩惱與問題，這是一種文化上的學習和經驗傳承。但若從知識的角度來看西方哲學的發展歷程，不免令人望之卻步，而不敢輕易的接近與接觸，因其概念繁瑣而又難懂，哲學的內容包括「形上學」（metaphysics）、「知識論」（epistemology）、「宇宙論」（cosmology）、「倫理學」（ethics）等主題，討論的方式與研究進路是純粹的知識化系統之建構，要想親近確實有點困難。而人生的問題及挑戰卻又那樣實際及複雜化，因此如何轉化哲學的純理知識，發揮哲理化隱為顯之效用，則必須重視或不可遺忘真實的經驗場域，因此才有可能將哲學之智慧實踐應用於具體的生活中，指導人生的作為。即如德國文學家哥德所說：「知識是灰色的，生命之樹卻是長青的。」生命之樹是吾人生活中的一切事實，每天睜開眼睛後的受、想、行、識，快樂與煩惱，不管是美麗或是哀愁、得意或失意等皆是活生生必須面對的課題，並且無法逃避。如果我們說哲學的思維離不開這個活生生的世界，那哲學的意義與價值又在哪裡呢？我們從浩瀚的理哲大海中，找到如下的一些對人生意義的反省與入門，希望能帶給我們一點靈光與啟發。

　　宋朝著名的大文學家蘇東坡，才高八斗，他在詩、詞、歌、賦、文章、書、畫各方面均卓然有成，但卻仕途坎坷，經常是東貶西抑，縱有滿腔熱血與才氣，確是無處覓知音。在〈水調歌頭〉一闋中，對人生的感觸全然的躍然紙上，但卻不悲觀：

明月幾時有，把酒問青天。

不知天上宮闕，今夕是何年。

我欲乘風歸去，又恐瓊樓玉宇，高處不勝寒，起舞弄清影，何似在人間。轉

朱閣，低綺戶，照無眠。不應有恨，何事長向別時圓。

人有悲歡離合，月有陰晴圓缺。此事古難全，但願人長久，千里共嬋娟。

另有一首〈定風波〉，十足表現出個人在面對逆境之後再出發的勇氣與瀟灑：

莫聽穿林打葉聲，何妨吟嘯且徐行。竹杖芒鞋輕勝馬，誰怕！一蓑煙雨任平生。料峭春風吹酒醒，微冷，山頭斜照卻相迎。回首向來蕭瑟處，歸去，也無風雨也無晴。

民國的創建者孫中山先生，經常引為惕勵的名言：「吾心信其可行，則移山填海之難，終有成功之日；吾心信其不可行，則翻掌折枝之易，亦無收效之期。」

佛教歌曲中有一首〈無常〉，這首歌的歌詞是這樣子的：

人生就像夢一場，你又何必太心傷，
前世劇本今事忙，喜劇悲劇輪流上；
悲歡離合皆無常，有人出生有人往，
紫禁宮殿仍輝煌，歷代君王在何方？

佛教說人生是苦，一般人知道的是「生、老、並、死」這四種苦，其實人生不是只有這四種苦，佛教稱「八苦」。人生的另外四種苦是「愛別離苦、怨憎會苦、求不得苦、五蘊熾熱苦。」

《聖經》的〈馬可福音〉第八章第36、37節有這麼一段話可讓我們省思人生的意義：

人就是賺得全世界，賠上自己的生命，有什麼益處呢？人還能拿什麼換生命

呢？

　　臺積電董事長張忠謀先生在一篇文章中提到他對人生的感悟：

在一個講究包裝的社會裡，我們常禁不住羨慕別人光鮮華麗的外表，而對自己的欠缺耿耿於懷。但就我多年的觀察，我發現沒有一個人的生命是完整無缺的，每個人多多少少了一些東西。有人夫妻恩愛、月入數十萬，卻是有嚴重的不孕症；有人才貌雙全、能幹多財，情字路上卻是坎坷難行；有人家財萬貫，確是子孫不孝；有人看似好命，卻是一輩子腦袋空空。每個人的生命，都被上蒼劃上一道缺口，你不想要它，它卻如影隨形。以前我也痛恨我人生中的缺失，但現在我卻能寬心接受，因為我體認到生命中的缺口，彷若我們背上的一根刺，時時提醒我們謙卑，要懂得憐惜。若沒有苦難，我們會驕傲；沒有滄桑，我們不會以同理心去安慰不幸的人。我也相信，人生不要太圓滿，有個缺口讓福氣流向別人是很美的一件事，你不需擁有全部的東西，若你樣樣俱全，管別人作什麼呢？也體認到每個生命都有欠缺，我也不會再與人作無謂的比較，反更能珍惜自己所擁有的一切。[1]

　　「哲學」這一名詞，在希臘文裡的意思是愛智（love of wisdom），是以凡事喜愛或鍾愛智慧之徒，都可視為哲學的愛好者、哲學工作者或哲學家。這個意義大體上被接受的，並且在許多哲學的著作中廣泛引用。於是當哲學思維落在希臘哲人蘇格拉底（Socrates）時，他強調的是人要有「自知之明」。「認識你自己」，這句鏤刻在希臘特斐爾神廟上的名言，正是古希臘哲人蘇格拉底所主張，人們必須不帶任何成見，用自己的真本性思考問題，才能正確看待周圍的一切事物，這是人活在世上最重要的使命。他的弟子柏拉圖（Plato）則強調哲學是對辯證法的運用，以求得至高無上而又絕對的真理；到了亞里斯多德（Aristotle）他的重點則放在對萬有成因、萬有之存在原理的探討，如此看來哲學是一種追求真理的學問，並且探討萬物最後的原因或存在之理。簡而言之，哲學即是一門知

識之學或稱眞理之學。有的學者把這種論點拿來看待中國哲學有無相類似的談話，陳俊輝認為：

> 這似乎可借用古代中國的《易經》思想之一，即三才的觀念，以表銓對天（天學，即攸關神、神明、道、太極……等的自然神學）、地（地學，即攸關萬有、存在事物的物性之探討，可以科學稱之）和人（人學，即攸關人、人性、人生與人道……等特性的探討之學）此三大領域的論究，約可當成是希臘意的「哲學」（philosophy）的總體意論。[2]

　　這個觀念的詮釋與引申是將《易經》「天、地、人」三才與西洋哲學所關切的論點作一結合，有其思想的創意與見地。但是從這樣的思考角度再予深入探討，哲學所關心的問題，包括人生的意義與價值問題有無可能進一步的具體化。於是另一種對生命探討的哲學見解便出現，即是中國哲學所關心的「探究宇宙與人生的原理原則」的問題，但是宇宙和人生本身即是個論之不盡的課題，佛教所說的「一花一世界」、「芥子納須彌」、「一粒沙一世界」也指出了人生與宇宙的大哉問！但若是討論人生的原理如果過於抽象又恐淪為空洞化。因此，我們有必要將人生的意義予以澄清及說明如下：

　　1.哲學的起源，是來自於我們對自己存在情境的一種感受和反省。動物界中只有人會有反省性的思考行為，這種思考是一種對自己生命存在意義與價值的思考，當我們作哲學思考的時候，我們所關心的問題也都與我們的生活經驗及理論推演息息相關。在我們人生的歷程上，總是充滿著許許多多的衝突、矛盾、折磨與擔心，使得自己陷入迷惘和徬徨，於是我們便會思考如何突破種種問題煩惱的限制，尋找哪種途徑可以幫助我們解開謎團再見陽光。因此，在生活中所出現的種種問題，透過分析、比較及思辨，了解問題的假象與眞象，判別輕重緩急與利害得失，讓我們作出合理、合宜的判斷與選擇。如此一來哲學即在透過整理、融合、爬梳、疏導以及整合的方式，建立我人心中的判準及解答宇宙人生的種種問題，協助我們面對問題而不逃避問題，有勇氣的去接受各種預期或無法預期的試煉。

2.哲學與人生的問題是我人無可逃避的問題,透過理性的思維尋找自我的定位,在時間與空間的座標中建立自我的認知、定向、實踐與追求圓滿,並且在得失之間、成功與失敗之間作一合理、合宜的解釋。

3.人生的意義是作為一個人從啓悟、覺悟而醒悟的歷程中,把握人的本質,畫分自然與人文意義的自我生命,體認到有限的生命雖是短暫,但人生的意義卻是永恆,它不在於生命的長短、距離、成就的大小,而是在當下我們怎樣去看待自己。

4.人生的價值是勇敢地、眞摯地、坦然地將生命的熱情展現出來,對物、對己、對人的共同觀照,雖是短暫而微不足道,但仍是永恆的。正如:「寵辱不驚,看庭前花開花落;去留無意,望天下雲捲雲舒。」

南嶽懷讓禪師有一弟子叫馬祖,馬祖在般若寺時整天盤腿靜坐,苦思冥想。懷讓禪師便問他:「你這樣盤腿而坐是為了什麼?」

馬祖答道:「我想成佛。」

懷讓禪師聽完後,拿了一塊磚,在馬祖旁邊的地上用力地磨。

馬祖問:「師父,你磨磚做什麼?」

懷讓禪師答道:「我想把磚磨成鏡子。」

馬祖又問:「磚怎麼能磨成鏡子呢?」

懷讓說:「磚既不能磨成鏡,那麼你盤腿靜坐又豈能成佛?」

馬祖問道:「要怎麼才能成佛呢?」

禪讓答道:「就像牛拉車子,如果車子不動,你是打車還是打牛呢?」

馬祖恍然大悟。[3]

這個故事指出:當磚不具有成鏡的特性時,是永遠無法把它磨成鏡子。對人而言,此道理相同。也就是你永遠是你,我永遠是我。即使再加以雕飾,甚至刻意模仿都無法替代彼此,因為這是由各自的特性決定的,而這種特性又決定了各自的生存方式和生存狀態。不必羨慕別人的優點,也不用詆毀別人的缺點。可能

你有比別人更優越之處，只是你沒有認識自己那光明的一面。也說不定你在詆毀別人缺點的時候，自己正犯著同樣的錯誤，做著相同的傻事。只是你不認識自己那黑暗的一面。

　　人有自知之明是難能可貴之事，只有自知才能正確地評價自己，才不會犯下蚍蜉撼大樹的錯誤。仔細地觀照自己的內心世界。在喧囂的塵世留一片可以靜憩身心之地，燃一炷蘭香，煎一杯清茶，悠然獨坐，你可以頓悟、參透人生的玄機──知己察己，方能取外物之精華而棄外物之糟粕。這不就是一種哲學的反思嗎？人生的意義與價值，何嘗不是從自己的方寸之地開始，不必羨慕別人的優點，而只看到自己的缺點，每個人都是獨一無二的，價值也是無可替代的。

2.2 生命的理解與詮釋

從上一世紀開始，全世界掀起了一股熱潮，那就是「末世」預言之說，甚至有人言之鑿鑿的說末世之年就是二〇一二。之前在上世紀東西方的預言家紛紛預言在跨入千禧年（西元二〇〇〇年）之際，人類將會有大災難，一時之間眾說紛紜，各種號稱「先知」型之人物語不驚人死不休，提出種種說法，更有人穿鑿附會預言將有各種災難會發生，將各種天然的災害，如南亞地震、海嘯、川震、海地地震聯結成為末世之先兆，說真的，除了地震天災這種無法預知的事之外，人們的生活也並沒有多大的改變。而從理性及哲學的角度來分析，以地震為例，我們生活的這塊土地本來就屬於地震帶，處處有斷層，再經科學的歸納與統計，預測出大自然循環的週期，即可推估地層活動會是如何，這本是科學的實證與統計的推估，無所謂「末世」之說，臆測及預言之說純屬不相干。

雖然透過科學與哲學的角度是可抓住知識的特點是在求真，可能說服的對象僅是少數，大多數人的困惑和惶恐終究還是不能解決，臺灣近幾年來社會上「反智」的色彩及活動更形熱烈，因此，我們除了在理論與理性層次上建構理性思維外，也還必須從實然生活的角度來看待人生重要的問題。中國哲學中的《易經》在《繫辭下傳》第七章有言：「作易者，其有憂患乎？」透過陰陽與八卦這兩個原理，看到中國哲學的出發點正和人生的憂患亦是糾結在一起，人生在瓜熟蒂落之時來到人間（俗稱「落土時」），面對生從何來，死從何去，以及生命的無常變化，生命之大限或世界末日諸問題，又怎能故作鎮靜，而無動於衷？相信這是一般人的正常反應，但是大智慧家就是要能深刻地把握人生切要的問題，從吉凶禍福之循環中超脫出來，點出生命存在的意義與理解，這也就是智者異於常人之處吧！到底對於生命的理解與人生重要的問題是什麼？從哲學角度來思考，可從知識、生命發展與自我實現三方面來於探討。

一、從知識的層面探討生命

這個見解是胡適之先生所提出的,他以六個問題作爲對象,引導出對生命的理解和人生重要的問題,以作爲諸事研究的入門[4],其理解角度是從哲學出發:

1.天地萬物怎麼來的。(宇宙論)
2.知識思想的範圍、作用及方法。(名學、知識論)
3.人生在世應該如何行爲?(人生哲學)
4.怎樣才可使人有知識、能思想、行善去惡呢?(教育哲學)
5.社會國家應該如何組織,如何管理?(政治哲學)
6.人生究竟有何歸宿?(宗教哲學)

上述的六項問題,大體上是從哲學的觀點切入到生命的內容,人生的問題包括宇宙論、知識論、人生哲學、教育哲學、政治哲學與宗教哲學。一個人要窮其一生去探討思考這六大問題,顯然是力有未逮,也是不可能的,廣度與深度兼具僅能是知識追求的一種理想吧!胡適的觀點告訴我們:「吾生有涯而學無涯」、「萬丈高樓從地起」、「羅馬不是一天造成的」,當然從這裡面更看到「學海無涯、唯勤是岸」的道理,而生命也就是像建構金字塔一樣,一層一層、按部就班的逐級探討與建構,而完成生命系統。人在有生之年若能完成其中一、或二項的知識建構與成就,就對得起我人的生命了,無忝所生了。

二、從生命發展的層面

生命就自然因素來說,是維持生物生存的基本要素,人若沒了生命也就是死亡,即消失無形,也不可能挺立於天地之間。但是生命不能僅從外在的形軀來看,論人的外在條件稟賦,實不敵動物,因此人的生命能有意義即是從發展的角

度來看，因為生命是由物質和精神二者結合而成，此即是古希臘所稱的靈魂與肉體相結合而成。因此，當人處在物質生命的時候，必須仰賴於萬物的資源，以維持生命的發展，正如人餓了即想要充飢，填飽肚子之後才能幹活。但是人不能僅僅只是物質生命而已，人還要有精神生命的發展需求，如果沒有精神食糧來支持我們的精神生命，則精神生命之樹就會快速凋萎，人也就枯萎了。精神生命，從其大者而言，就是一個人的理想，從其小者即是知識探索與道德行為。因此，從生理以及物質生命的角度而言，人與禽獸之差異即不存在，人如果一昧的追求物質生命之成就，那生命的意義也就僅止於物質的、生理的表現層次，因為人還是無法脫離動物本能，而另一精神生命告訴我們人要有三件事來努力以實現，這三件事即是「人生的理想、知識的充實與道德操守的操持」，如此生命的發展才有意義。從古今哲人的傑出表現與被歌頌流傳的事蹟，即可看出生命的發展，從物質之性、動物之性提升至精神之性是理解生命的另一涵義。

三、從自我實現的層面

自我實現也就是「如何展現自我價值」的問題，人的價值顯現不在於歲數活得多久，端看在有限的生命中自己有何貢獻。古代人所說的小從修身開始，大至齊家、治國、平天下的事業，或是內以安己、外以度人，或是儒家孔子所說的：「己立立人，己達達人」皆是這個道理。心理學家馬斯洛（Maslow）的「需求理論」亦是以「自我實現」來作為生命展現及最高層次的需求之總體表現。

回首來時路，許多人都會去思考過往的生活方式，從中體會得失與成敗，但是日子也就一天一天的過去，但也有許多人亦無此反省思考的習慣，也就依循著這樣的模式，就這樣的過了一生，在這條人生的路上又留下些什麼？著名的日本電影《送行者——禮儀師的樂章》，其中有一段情節是片尾男主角接獲離家多年父親的死訊，趕至發現之地，才發現他父親活了七十多歲，但行囊也就一只箱子。男主角感歎的口吻說：「活了七十幾年，留下的東西卻裝不滿這只箱子，不

曉得這個人的七十幾年是怎麼過的？」有沒有駐足片刻，反思自己過往生活的點點滴滴，得到了什麼？失去了什麼？當然，如果我們能體會蘇格拉底的那句名言——「沒有經過檢討的生命是不值得活的」，當更能深刻的體會出生命的真諦何在。哲學思維的出發點是要將生命的每一面向都加以探討，以對世界的實然面作一個清楚的介紹與思辨，對此生活世界有一全面性的了解。從中選擇可以選擇的價值、可採取的行為模式與處理問題的決策智慧。從小我以迄大我，每個階段的分分秒秒皆是我人可把握的寶貴時刻，因此許多社會賢達、知識分子所主張的「把握當下」、「活在當下」、「活出豪氣來」便是自我生命完成的期許與寫照。如果我們將生命與當下作一結合，此中的真義就會顯現出來，「人是活在對過去賦予意義的現在，人也是活在對未來寄予希望的現在」。

2.3 中國哲學的思維方式

　　哲學的思維方式與對人生意義、價值的深刻思考，不管是從知識的層面、生命發展的層面及自我生命完成的層面來看，皆在使得我人在尋得「安身之命」之時，也能達到「兼善天下」的目的。這個中心的觀念，即如牟宗三先生所說的：「提高人的歷史文化意識，點醒人的眞實生命，開啓人的眞實理想。[5]」因爲強調自我生命的開發與完成，是基於認知我人之生命是包括了生物的、理性的以及精神的立體結構，是上下縱貫的系統；更直指核心的說，中國哲學的核心即是強調「生命的學問」追求及實現生命的意義，是由眞實生命的本然覺醒，向外開出追求知識與建立事業的理想，向內參透此種理想的眞實本源，使得內在與外在取得平衡的安排，在理想與現實的二元選擇中避免過度地衝突，理想而能具體實現。因此中國哲學所呈現出來的是一種東西方哲學截然不同的思維方式，以下分三點予以說明。

一、直觀與體會

　　對於中國哲學思維的方法，即如 P.T. Raju 在其所著《比較哲學導論》一書中對於中國哲學的特質的看法很值得參考，引述如下[6]：

1.任何學習中國哲學的外國學生所得的第一個印象是它即不極端地內在亦不極端地外在。它是在兩者之間保持平衡，一種中庸，以及較注重現實的社會政治學，而不太喜歡玄思冥想追根究柢的形上學、知識論。一般的問題都不鑽牛角尖推的極端，在論證上並不一定要堅持他的邏輯結論。中國思想首先肯定人，並且從未忘記這種肯定。儒家在社會之中肯定人，道家以他自己的立場肯定人；但在兩種實例，至少他們都肯定了人的地位，雖然

道家是傾向於貶低他肉體存在的價值，而著重在精神的逍遙，如果儒家被認為是中國的典型，則中國哲學是外觀的。

2.參考印度與西方哲學的背景，就可顯出中國思想對世界哲學有一特殊的貢獻。它要基於人的情感本質，而不是理性本質已建立它的倫理及形上學。倫理的理想主亦可建立在理智上，則也能有一個倫理的理想主義建立在人的情感與同情上——像孟子所說的四端。前者忽略了倫理活動的推動力。但不要忘了這種著重情感在倫理範疇的功能，這便是中國哲學的特殊貢獻。

3.中國哲學比較注重人的現實生活，在他的學說裡特別顯現出實用主義的特徵。一個學說如果涉及修齊治平的理論，它即被接受，否則即被揚棄。

4.中國哲學比較注重善，而不太注意到美，並且比美更不重視到真。再者，它是在日常生活追尋善，而不是在與上帝神靈交通，是在與他人來往的人事上追求盡善，而不是在於控制與操縱物理的自然，且在於有關於他人來往中節制自己。

5.中國哲學對於人性問題有明顯的興趣，而不是在物質的或精神的本質。因為它強烈人文主義的色彩，中國幾乎缺乏神祕主義或唯物論的極端形式。所以中國人的這種態度對我們是一種啟示。無論人的存有被提高為精神或被貶低為物質的，但若沒有人的存在，兩者都不具有重大的意義。

6.同樣地，中國哲學思想關於實體（實在 reality）的分類確是很少。有一些德目的分類，其中仁是最高的德，以仁統攝諸德；有些是以道來分類，道是由人性所理想化的道，不論這個理想化的頂點是什麼——恰像黑格爾的上帝是以人的理智所理想化，亞里斯多德的上帝是人類思想的理想化，柏拉圖的上帝是人類之善所理想化的並且有些以陰陽的元素而分類，對中國人來說，實體，我們可以說是人性；因此某些人性的分類，是奠基在人性上，並且從人性出發而來。但當這分類的實施，並不是精密的方法或完整的系統，我們在分類上找不到理性的重要地位，甚而陰陽分類的討論，也是很不邏輯的。

　　從上述六個對中國哲學的觀察來看，可以約略地看出中國哲學所強調的是以「生命」為重心的思維。以「生命」為重心是對人生的意義提出最高的關懷，並且要求生命獲得最適當的安頓，這種關懷與安頓不是透過知識的進路而來，而是要求在實際的生活中加以體會及實踐，唯有透過實踐的過程，才不會有缺憾。強調生命的安頓即是中國哲學所關心的課題，作為中國哲學主要內容的儒、釋、道三家，其之所以能為「教」，並對中國文化造成巨大的影響，以提供生命意義與尊嚴之價值的根本方向，安頓吾人生命而為「教」。此後，無論是儒家以聖人為人生命的最高價值典範，抑或是道家的真人、至人、神人，佛教的佛、菩提或涅槃，都是以生命的圓滿完成為其標的。

　　當然說中國哲學的特質之一在其以生命為中心，並不表示中國人完全忽視外在的自然條件，對於中國哲學而言，對生命的關心是首要的，即使是對自然的興趣，也是基於對生命的重視而展開的。因此，自然對中國哲學而言，首先乃是一生命活動與自我完成時所經歷的場域，它是伴隨吾人生命之意義而一起實現；自然不是純粹認知的對象、也不是一個索然無味的物理世界，而是我們生命意義中的一部分。因此，中國人對自然的態度，便不是將它當成知識的對象而加以分解，而是透過自身生命的實踐而加以體會與感通。所謂「小鳥枝頭亦朋友，落花水面皆文章」，正是此種與大自然感通無間、親和無比關係之寫照。

　　讓我們再細細品會如下的這首詩：「江山扶繡戶，日月近雕梁，大壑隨階轉，群山入戶登。天地入胸臆，吁嗟生風雷。文章得其微，物象由我裁。」它的意思是雕梁繡戶是我們生活的世界，隨處可見，我們也是從這個生活世界觀看日月山川的變化與呈現的美感，從人的運轉動作角度來看，呈現在我們眼前高聳的大山、寬闊的長河，會在人的一念之間轉為我人心中的高山及長河，人的才氣才有氣吞山河的豪情，萬事萬物皆以變為現象，以不變為常道。天地的奔騰盪漾，皆出自於人的感懷，而抽象的精微巧思，亦出自我人主觀的剪裁。人能將眼前物、身邊事融入我心中，體驗「萬法唯心造」即是吾心本源，不就是超越知識範疇而入美感的世界嗎？

　　知識是外在於你的東西，是材料，是工具，是可以量化、可以知道的，有知

識與無知識的差別，關鍵在於你是不是懂了它，了解其中的意思及點醒。但知識就是要進入人的認知本體，滲透到人的生活與行為中，不能單單僅是坐而言而不起而行，要能內化成為自己生命中的一部分，行住坐臥皆能表現，這才是素養。從人文學的四大內涵：文學、史學、哲學及藝術美學，在這些名詞的後面都有一個「學」字，所有的「學」都要成就實現在「人」的身上，離開了「人」的關懷及表現，只能說這個人有人文知識，而無人文素養。「墨翻衫袖吾方醉，腹有詩書氣自華」，中國哲學正是有此富於人文學的特質，以直觀和體會的方式，表達出豐富的內涵如下：

1.理性的精神。這是一種對知識的尊重，不為名、不為利地追求知識及智慧，努力地探索宇宙與人生的真相，從中獲得啟發。

2.美感的創造及價值的追求。表現一個人的自我品味及審美的美感，有素養也有教養，對自己在生存空間及內在的生活準則有一定標準。

3.人的自我要求與品味的提升也就是品味、風格與教養。這是來自於自律而非他律，懂得自我約束及適宜的行為表現，顯現人道主義的精神。

從古典的文學、小說與哲人語錄，皆可看出中國哲學的思維影響了中國文化，這種強調直觀與體會，卻是發展出「漸悟」與「頓悟」的思想特色，因而異於西方以邏輯化的知識為思維進路的方式。也因此中國哲學並沒有像西方哲學有所謂的形式邏輯（formal logic），講求嚴謹的論證和知識論的系統性建構，儒、釋、道三家對人的隨機指點，直指人心的棒喝和生命自然的瀟灑，皆是受到這種思維方式的影響。

二、強調「境界」的概念

中國哲學中的「境界」觀念，不僅表現在日常生活諸方面，尤為特出者即在人格修養的意義上展現，相應於吾人修養的程度，便有不同的意義展現，由是而有不同的生命層次與境界。表現最完美者稱之為聖人，其次為賢達俊秀、為君

子，再次之爲孔子所不齒的鄉愿，而最低者乃爲道德品性卑劣的小人，這裡也充分顯示出人的不平等性與差異性。這也正可對比著成聖賢所根據的德行的普遍義與平等義，而顯示出成聖修養上的個別差義與不平等義（人的生命才情）。亦唯有兼顧此普遍與個別、平等與不平等之概念，才是眞正掌握中國哲學中要求成聖的正義與期許，才不致因強調平等而抹煞差異，或強調差異而忽視平等，所謂「人人皆可爲堯舜」即是基於這樣的理念而發。

儒家的聖人所指的是完美的道德人格，而所謂完美可由二義說明之，此即內聖與外王，此亦表明儒家是重視現實人生，並且透過內聖的功夫，看到境界的高低。所謂內聖，乃是指自我生命的修養，「爲仁由己」、「克己復禮曰仁」，修養的形式縱使是隱逸亦可顯現本質風貌與個人風采，進而成就出「肉身道成」的境界。換言之，生命修養的極致，便是孔子所說「七十而從心所欲，不踰矩」，也就是自己的生命已完全合理而與價值規範原則無二之別，此心此境爲寂然不動之心之境，對人生的理解亦作如是觀。

其次，人不能離群而獨居，人存在於社會中，存在於日常的具體生活中，而聖人亦然。然而聖人因其自我生命的合理與完美，是以能對日常生活中的一切人、事、物，皆給予合理的尊重和回應，而日常生活中的人、事、物的安排也正是在此合理的回應中充滿意義與秩序，此所謂「成己成物」，我們是在完成自己的同時，也完成萬物的意義。而作爲一位聖人，更是要關懷生命及成就一切的存在，這就是「己立立人，己達達人」的意涵，聖者的生命是一無限的關懷與分享的歷程，他如同天地一般的稱三才，無不覆及無不載，方有可貴、無限的偉大生命，但儒、道、佛三學派皆指出「爲仁己而由人乎」的自我實踐要求，方有不同於往昔未經反省的生活之「境界」出現。

三、強調動態、變化與有機

中國哲學另一思維方式即是文化中存在著動態、變化與有機的觀念，即如

　　《易經》對於變的解釋，即是從變化當中發現生生之義，高懷民教授即以此作解釋，他認為〈繫辭傳〉所言之「一陰一陽之謂道」有兩層意義[7]：

　　　　第一、「道」之流行為圓道。古聖觀察天時、人事、物境，無不圓道流轉，故泰卦九三爻辭謂：「无平不陂，无往不復。」〈繫辭傳〉謂：「周流六虛。」「道」既為圓道周流之運動，則在有立場的人看來，自然有進退、往反，陰陽之義於焉成立。此就思想之上層義而言。

　　　　第二、「道」為萬物變化生生之法則。此則就宇宙萬物之生成而言，「道」由「一」下落為陰、陽二性，陽性為始動先發，陰性為順承繼起。從此，二性交替往來，變化生生由此展開。

　　〈繫辭傳〉之「一陰一陽謂之道」，重在第二層義，所以下一句接著言「繼之者善也，成之者性也」。「繼之者善」乃讚頌變化生生之功，「成之者性」乃言陰陽之落入萬物之性分之中。由此可知，陰陽之分，此即變化之事起，生生之功現，「陰陽」、「變化」、「生生」，在實質涵義上是相同的，言「陰陽」，乃就萬物化生之性上說；言「生生」，乃就萬物現形之功用上說；言「變化」，乃就萬物形現形消之狀態上說。大易哲學為重「生」的哲學，故特別在「變化」中再有「生生」二字，以示萬物之繼起而生生不息。

　　人是萬物之一，而吾人亦自詡為萬物之靈，人之所以為人，即為「道」之功用的呈現。而人與其他生物之不同者，在於有靈智知能而可知「道」。如此古人把「體證」自然與人文二重世界的功夫歸到一個「誠」字上，《中庸》上說：「為天下之至誠為能盡其性，能盡其性，則能盡人之性，能盡人之性，則能盡物之性，能盡物之性則可以贊天地之化育，可以贊天地之化育則可以與天地參矣。」孟子也說：「萬物皆備於我矣，反身而誠，樂莫大焉。」這都指的是內省體證而得盎然生機的功夫。人秉一「誠」，反身內求，脫落物障，從意念初動之最細微處，體會出「道」之作用，萬物之道既然不是一個靜態的狀態，而是一個活活潑潑的「生生」之理，因此「動態的人生」、「變化的人生」乃為理所當

然，故拋開靜態、宿命之觀點，以看待多變的人生，乃是正常之事。

　　若人體認此「道」，即知這個道、這個世界是一個有機的系統，宇宙之道並非是機械的、物質的、命定的，而是在此活活潑潑的有機世界中，掌握變與常的眞正意涵，如此的人生觀便不會淪於消極和無奈，因爲「旡平不陂，旡往不復」、「否極泰來」、「三陽開泰」這是很自然的道理。在生活態度上便不會極端的二元對立，如成功與失敗絕對二分、物質的精神二分、靈魂與肉體二分、理想與現實二分等這些觀念，在此有機的系統內都被消解，亦可紓解彼此矛盾的衝突帶來的緊張關係。對待成功與失敗之二元對立觀，中國哲學中便有「失敗爲成功之母」、「在成功的同時也種下了失敗的種子」之警語；對物質與精神的二分概念，中國哲學的主流思想是「心物合一論」；對於靈魂與肉體的二元觀念，中國哲學是「吾生有涯知無涯」，「精神不死、浩氣長存」，此外尚有「佛爭一炷香，人爭一口氣」的豪情壯志，上述種種皆是存在於中國哲學有機、有情、有愛的世界中同步脈動，有立命而後有使命，命不再是消極而灰色，而是在多變、有機、動態的情境中，展現生命的光采。

第三章　人生思維的三個層面

3.1　人與自然以及超自然

　　如果我們把歷史的眼光拉回從前在文明初起之際，中西哲人的思維及結果無不繫於對客觀世界的觀察及反思。三千年前，地球上有數種高度發展的文化族群，像中國、埃及、巴比倫、希臘、希伯來、印度、墨西哥等，這些文化群帶著各自的文化特徵，各自發展出獨特的文明與文化，同時也適時的針對人群的需要提出各種不同形式與內涵的人生觀，引導著眾生改變生活的價值與態度，因此幾千年的發展下來，每個民族即有了不同的價值觀與人生觀。總之，這種源自對生命理解的不同而形成的人生觀，是來自於對三種存在領域的思維，經由思考、分析、整理、判斷而得出的具有普遍意義以及個別差異的智慧。換言之，人所思考的這三種對象，因著思維方法的不同而有不同的認知與實踐，即構成了不同的價值觀與人生觀。中國哲學的思維亦是如此，這三種存在的領域即是如下吾人所要討論的三個議題。

　　1.人與自然以及超自然的關係

　　2.人與他人的關係

　　3.人與自我的關係

　　在哲學的用語上，人與自然界及超自然界的關係，即是中國哲學對「天道」理解是怎樣的觀念。時至今日，科學昌明，但是人類思想的源頭及發展，卻讓我們不能迴避此問題，因為天道問題，是人類文化所必須探討的問題，是天人關係的依據所在，也是人的終極關懷，亦是個人生命的最後安頓所在。英國哲學家羅素（Bertrand Russel）曾說：「人一生下來便有三個敵人，一是自然（nature），二是他人（other people），三是自我（ego）。」可見自然是人類生活的最大殺手和變數，我們無從預知天災地變，又不知明日會是如何？使得人對自然界崇敬有加，因而產生了畏懼意識，對於不可知的神祕現象稱之為神，於是自然與超自然的兩重關係實質上緊密相連。人類的思維經常是從現象界走到哲學界，再從哲學界作一超越與突破，進入所謂的「宗教」與「神學」世界。理性的

思考對象是自然界，即是存在於自我之外的世界，但理性的推演得知，我人所處的世界之外，尚有一個具有超越性、精神性與神祕性的世界，稱之為超自然的世界，不管有無宗教信仰。

　　首先在人與自然的關係上，可說是各民族文化的進展與哲學的萌發前後所共同關心的焦點，因為人活在這世上，面對的第一個挑戰便是與大自然的搏鬥，生命也經常在無聲無息的一瞬間，被大自然吞噬，因此才有羅素所稱自然是人類的第一個敵人之說。自古以來人類對於這個可怕的敵人是敬畏有加，因此人類也就試著要來了解這個像謎一樣的可怕對象，企圖在渾沌未開、真相不明的環境中找到一個趨吉避凶的規律，使得人能充分的了解這個對象，找到保命維生的法則。並且試著以理性說明自然界的原理及變化法則。

　　自然這兩個字經常和宇宙連在一起，有時候中國哲學也常用宇宙來代表自然。《莊子・庚桑處》把「宇宙」解釋為：「有實而無乎處者宇也，有長而無本剽者宙也。」在《淮南子》也說：「往古來今謂之宙，四方上下稱者宇。」這又進一步說明宇宙包括了時間和空間，因此凡占有空間與時間的即是宇宙，而時間與空間具有其客觀的存在性與獨立性，這也就是我們身處的生活世界。從哲學的角度來看，人類對於自然宇宙的認知過程，大體上可以分成如下三個階段，而中國哲學又進一步的用「天」來解釋自然，我們日常所用的觀念及成語，如「順天莫逆天」、「天人合一」、「天生人成」等詞語，皆可看出天的一些涵義。高懷民教授對「天」即提出他的論點：「三個思想時代，四重涵義」[1]。其對比指謂的關係如下：

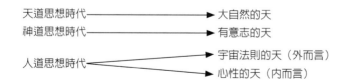

　　從上述的三個思想時代的演進與四重涵義來看，人與自然的互動關係，發展的歷程正好是從天道而至神道，再由神道推演至人道的發展。中國哲學的「天」

也就顯現了四個不同視野的意義。論「自然之天」即是我人頭上蒼蒼茫茫渾然巨象，眼睛所看到的既存之事物。簡言之，即是日月星辰、山河大地、草木鳥獸，令人敬畏有加，不知其變化之道者即是「天」，稱為「自然之天」。再看神道思想的天即成「意志之天」的代言，我們會假設天為有意志者有主宰性的意涵，能降人吉凶禍福，中國古代強調祭祖與卜筮中作為祈求禱告之對象的「天」屬之。在此時期天的意義，即為有意志者，能降人吉凶禍福操生殺之權柄。而在「人道思想」的時代，由於理性已漸萌芽，智慧進步，認知天是宇宙運行的法則，到了這個時候，人漸漸的把天看成是自然運行的規律，就外而言，天成了「自然之天」當中運行的軌跡和印象，人類的理性找到了天的自然法則與規律，從中悟出內在的涵義，如觀看自然，而想到人何嘗不是要循規蹈矩，順天之意而行依天理而行。再往內層思考，「天」是由人的心性體悟而得，內體性命之理（人之道），即可得出宇宙運行的法則，這也就是孟子所說的「盡其心者，知其性也，知其性則知天矣。其存心，養其性，所以事天也」。《孟子·盡心上》由上所述，我們了解中國哲學的「天人關係」，點出了人要與大自然同情共感，要順天而愛物，而不能逆天而暴物，人不能太過於自我膨脹，《易經》稱「天、地、人謂之三才」，要能確實把握「立天之道」、「立地之道」以及「立人之道」。天地之道，乃行其自然，非人力所能左右，至於人該當如何自處，中國哲學告訴我們，人以其天生靈覺，體會天地創化之道，而內在地建立做人原則，善與人群，在境界上則如莊子所言「天地與我並生，萬物與我合一」的圓融境界，更高一層的境界即是要忘記「小我」，使其融於「大我」的自然之境中。

當西方文明於十八世紀提出「物競天擇，適者生存，不適者淘汰」這樣的價值觀與判斷準則來審判一切（包括人）時，對人類社會帶來的是一巨大衝擊，「人定勝天」的口號漫天價響，再加上科技的推波助瀾，使得這種價值觀如入無人之境，產生許多人間的浩劫和新的問題，至今我們仍然深受其害，中國古代的哲人老早即提出警語：「天作孽，猶可違，人作孽，不可活」，自作自受自食惡果之例，屢見不鮮。吾人觀察西方在文化發展的歷程上，從希臘人發展海上貿易與波斯人的征戰及半島上各城邦的攻伐，皆顯示出他們追求並實踐「人定勝天」

的道理。至近代這種主張更是高漲而襲捲全世界，也是他們實踐「人定勝天」的目標。而從發展的事實來看，太過於強調人類能力對自然世界的巨大宰制力，由此而產生的種種問題，實在是一個令人深憂的問題。

中國哲學中的大智慧家，面對此問題提出了一段頗令人深省的看法──「向自然界學習」，在《周易・繫辭下》有一段很生動的文章，來描述先民的智慧，化解了人與自然的緊張關係，消除認知上的謬論。《易經》的〈繫辭下傳〉作了如下的描述：

> 古者包犧氏之王天下也，仰則觀象於天，俯則觀法於地，觀鳥獸之文與地之宜，近取諸身，遠取諸物，於是始作八卦，以通神明之德，以類萬物之情。

「人與自然」的關係是透過和諧、學習、尊敬的態度開始，以謙卑的心向自然學習，因此觀察天地變化之原理與內省之心得，體察到人類避免凶禍追求幸福，應對自然予以充分理解與尊重，而人面對此問題又該當如何自處？道家開出「道法自然」的理念，自然無為、樸實為美、追求返璞歸真的生活，而儒家則以天道為師，大體小體本無分別，小體之我體會大體之創生、生生不息之精神，以個人道德修養與實踐作為基本法則，儒、道二家對於「人法天，天法道，道法自然」雖有不同的體會，但是皆主張人文世界與自然世界互為依存而密不可分。

一、人與超自然

當我們以理性的態度來思考人與自然的問題時，從衝突與畏懼中讓我們發現人的渺小，從教訓中讓我們理解自然的不可測與無常，在時間與空間所編織而成的環境中，人的命運變得非常的卑微與不確定，充滿著惶恐與不安，如此一來我們不禁要問：還有多少是可以掌握在人的手中呢？毋怪乎！對於人生命運這樣的

概念，很多人是抱著「得過且過」的態度，很可惜看不到人那豪氣干雲的部分。從中國哲學史的發展來看，其實是把人與超自然界的問題，用一個簡單的概念來表示，那就是人類生命的限制與超越的問題。宗教在中國哲學中並不是顯學，也沒有被提升到一個很高的價值觀念的層次，我們是用「天命」這個觀念來替代超自然界，用「天命」來指導及解釋人類生命的限制與超越的問題，對此問題，張永儁教授即提出他的見解：

> 談命的問題，也就是談人類生命的限制與超越的問題。何以是生命限制的問題？因為當吾人思考生命的起源問題時，必然要推本於天，而不是無中生有的。推本於天，也就是要思考無限的超越者與有限的人類存有者的關係問題，中國人並不以為天絕對地超越於人的生命之外，反而視天與人有一定的相互感通與關聯。因此，對於人之性命所必然有的限制，其感受並不是完全負面的，或完全排斥的。更重要的態度，是在知天命之不可違的觀念中，更想探求如何辨別天命的內容，或人生命運的走向，以進而求得能超越有形的限制，達致現實生命的最完美展現，不論完美的定義是基於什麼動機與目的。[2]

儒家的孔子首先對此問題，一針見血的指點人要「知天命」，在《論語‧憲問》，孔子說：「道之將行也，命也！道之將廢也與？命也！公伯寮其如命何？」在此可以發現：孔子對於自己道德本性所稟受的先天使命的堅持與專注，是無人可以動搖其信心的，也因著天命信念的掌握與堅持，人間的災難與困頓厄運，對孔子來說都是甘之如飴。再就人生之命運安排，生命大限天年之問題，孔子也有所認知與覺悟。面對於他所鍾愛欣賞的弟子顏回不幸英年早逝及其他弟子不假天年之事，他的悲慟與感傷亦可知。因此「命」即用以突顯人的有限性與超越的問題，當我們從存在的角度或價值思考的角度來看，命的內涵便有三個，一是自然之命，二為道德之命，三為宗教之命。一般人所關心的命為自然之命，也就是凡夫俗子日用而不知其義的「命運」問題，這基本上是屬生理條件、心理

條件與社會條件三者所共同構成與決定的，當人的先天條件與後天條件的不同組合，即產生每個人不同的生命型態，這是「自然之命」，但哲學要探討的是「道德之命」與「宗教之命」的問題。

在中國哲學中，自古以來即把「道德生命」和「宗教之命」看成是同一件事，所謂的「宗教」是「神道設教」，是屬於「道德生命」的延伸，在俗世的人生對於「自然之命」通常是落入「命運」的觀念中，命運也就是人有著先天與後天不同條件的組合，因此在人的自然之命的發展史上，把命運與人之間看成是一種神祕的關聯，並且試圖去掌握及解釋，於是發展出「氣」、「氣數」的觀念，而且認爲命運是可以藉由後天的努力而改變，這是市井小民、小傳統所關心的地方，一個人終其一生可以不明白超越的概念是什麼，但是在他的生活哲學中卻可以用「命運」來含括和讓他接受一切的安排，而不覺得有任何不安。但是從文化發展的角度來說，「道德之天」的「義理之天」或「主宰之天」的概念，便是人與超自然界的一種有意義的連結，於是我們發現人是一個活生生的個體，我們有口腹之欲，我們也有人性上的弱點，如果不再深入思考這種生活的價值，讀書人和販夫走卒、愚夫愚婦並無不同，讀書人被稱爲四大族群之首的士，總該有一些與眾人不同之處吧！中國哲學賦予士的文化生活是一種具備超越的遠見與洞識，在此道出了人是過一種道德的生活和超越的生活，而與他人（農工商的小傳統）有所不同，孟子在〈告子〉篇說得很明白：「理義之悅我心，猶芻豢之悅我口」，這樣的比喻確實貼切，因爲儒家是要在現實世界建構和諧的秩序，並且把生命的情調充分發揮在活生生的現實生活中，因著宇宙生生不息的天行健，實現道德價值與理想，儒家透過義理生命的開創精神，來取代命運的各式限制和有限性。孔子即以坦蕩蕩的心胸指出「生死有命，富貴在天」、「不怨天、不尤人，下學而上達，知我著其天乎」。這種認知及胸襟都是前所未見的，他向大自然發出正義之聲，承認人有自然之命的限制，但在道德之命的指引下，敢於向未知挑戰，並且絲毫不減信心，樂天而知命，依義理而行。

中國哲學沒有發展出像西方的「宗教之天」的觀念，認爲只有至上神才是宇宙的創造者，人是無法和上帝同樣擁有那種智慧和權柄，因此人必須承認因其原

罪而來的罪過而謙卑與渺小，只能依照上帝的指示在今世生活。換言之，現世的
生活價值美善是歸於上帝的創造，「人格神」的觀念建立，宗教的啟示指引人類
脫離生活的迷津，依上帝所規定的律令過教徒的生活，是通向天堂的渡口，人的
地位是從屬的而非自由的，超越的權威是獨立於現世生活之外，天或上帝可以被
認識，但並不是從我人的自反自覺的深刻體證，因為人並無此力量和智慧，只有
靠著上帝的啟示才能獲得真理。中國哲學所認定的價值之源雖出於天而實現則屬
於心性之中，他們肯定人性中有善根這一點便夠了。余英時教授的看法頗值參考
和深省：

> 整個的看，中國文化只對價值的超越源頭作一般性的肯定，而不特別努力去
> 建構另外一個完善的形而上世界以安頓價值，然後再用這個世界來反照和推
> 動實際的人間世界。後者是西方文化外在超越的途徑。[3]

二、天人合一的觀念及新的詮釋

談到「天人合一」相信是許多研究中國哲學的這個主題——人與自然關係的
綜合性看法。我們在前面討論了人與自然以及人與超自然，人與超自然涉及宗教
領域，在中國哲學中稱之為「人文化的宗教」，甚至主張「以道德代宗教」。因
此就中國哲學而言，著墨較多的是人與自然關係中所呈現的「天人合一」觀念。
楊國樞就從心理學的角度加以闡述，或許可以幫助我們把握這個觀念。

> 這個古代知識分子的「學統」上一脈相承的觀念，我們可用兩個現代
> 的概念來解釋，一是「融化」的概念，一是「外化」的概念。
> 從「融化」的觀點來看，所謂天人合一，也許就是人融入自然而不突
> 出，中國的圖畫常常就表達了這樣的境界。中國的山水畫裡，人物與背景的
> 對比總是不明顯，似乎主題是山川大河的靈秀或磅礴，而人物只是淺淺勾勒

幾筆，作為陪襯。這就是人跟自然合而為一的境界投射。

　　至於「外化」，這就是英文的 externalization 之意。所謂人外化於自然，就是把人比作自然的一部分。……中國人的傳統思想，是以外在環境及外物為主，人在萬物中也只是其中之一。西方人以人為萬物的中心，環境或外物皆為輔。這兩種迥然有異的觀念，造成中西兩方在倫理、道德及文化發展路向上的重大差別。[4]

　　從心理學的角度探討「天人合一」，讓我們接觸到不同的視野，也領略到西方文化是以人為萬物的中心，人是主人，環境及外在的世界是僕人，是從屬於人的安排，因此人擁有絕對的操控權，因此人不等同於自然，也不把自己當作自然的一部分，因而人與自然是對立，「人定勝天」的觀念也就應運而生。反觀中國哲學主張的理想境界是「天人合一」，人與天就不是對立的、衝突的，在人與自然結合為一的境界中，人的地位雖只比自然小一些，基本上還可稱得上平等，而人的地位與自然的地位構成了某種交流的情境，人也是自然的一部分。我們經常從歷代文人的詩詞歌賦感懷中，看到一些譬喻，人生如蜉蟻、流星、落葉、蝴蝶、飛鳥等各種外在的東西，藉以抒發我人內心的感觸，可能是無奈蒼涼卑微等。而人也經常自比為孤舟、一葉扁舟、小舟或是虛舟等，融入到自然情境之中，人與自然的關係呈現出一種和諧的狀態。

　　時到今日，這種傳統「天人合一」的觀念到底還剩多少？我們和古代的知識分子看法又有何不同？楊國樞在其文章中直接點出在今日社會這種觀念已有改變，他說：

　　這種改變的推定，並不是依據文獻記載所下的結論，而是根據我們對當代中國人的主觀文化所作的研究，以及中國人在現代化過程中的改變方向。現代中國人對於人跟自然的關係，已由過去的人跟自然應合而為一，或人應屈服於自然的態度，轉變為人要克服自然、運用自然，從而成為一種積極進取的現代人生觀。[5]

　　對照於今日的工商業社會，楊氏的分析頗為貼近事實，但是中國哲學的「天人合一」還有兩個進步的詮釋，一是人了解自己的有限性，不能憑恃著自己的欲望而為所欲為，若是如此即為暴虎馮河，因此必須體認到人的渺小而作自我修正；另一意義是身不能之而心嚮往之，心的作用可以讓我們與天地之大德、自然之美感以及生命的情調融合為一，於是「天地與我並生，萬物與我合一」（《莊子・齊物論》）即是天人合一，人不再是孤零零地被棄置在人間，人可以向自然學習，體悟實踐而得生命的真義。

　　從本節對於「人與自然」以及「人與超自然」的兩重關係來看，中國文化與哲學的思考，本質上沒有走上超越世界的結構中，人與超自然之關係則是出現「宗教性」的觀念，而形成中國哲學的一個特質。余英時先生認為：中國的超越世界與現實世界卻不是涇渭分明的，他的看法如下：

中國的超越世界沒有走上外在化、具體化、形式化的途徑，因此中國沒有「上帝之城」（City of God），也沒有普遍性的教會（universal church）。六朝隋唐時代佛道兩教的寺廟絕不能與西方中古教會的權威和功能相提並論。中國儒家相信「道之大原出於天」。這是價值的源頭。「道」足以照明「人倫日用」，賦予後者以意義。禪宗也是這樣說的。未悟道前是砍柴擔水，既悟道後仍然是砍柴擔水。所不同者，悟後的砍柴擔水才有意義，才顯價值，那麼我們怎麼樣才能進入這個超越的價值世界呢？孟子早就說過：「盡其心者知其性，知其性則之天。」這是走內向超越的路，和西方外在超越恰成一鮮明的對照。孔子的「為仁由己」已經指出了這個內向超越的方向，但孟子特提「心」字，更為具體。後來禪宗的「明心見性」、「靈山祇在我心頭」也是同一取經。 **6**

3.2　人與他人的關係

　　哲學思維的第二種存在領域,即是「人與他人」的關係。在個人與群體之間,以及不同層次的社群之間之關係發展,以個人為一切關係的起點,並且這個起點是建立在血緣親情與友誼友情上。這是中國哲學的特色之一,人與他人的關係,是透過以個人為中心,一圈一圈的往外推展出去。為什麼是以個人為中心,因為肯定人類是得天而獨厚的生物,具有超越一般動物的優越地位,如「天生庶民」、「民受天地以生」等讚美的話,對自我生命的意義與價值特別重視與強調。在《易經》中稱天、地、人為「三才」,稱天道、地道、人道為「三才三道」或「三極之道」。而人與他人關係的遞嬗及演變,事實上是有脈絡可循,同時有其關注之處,但亦有其限制,這樣地向外擴展便成為一種倫理關係。

　　從《大學》一書中即可看到以個人為起點的人際關係與網絡,「修身、齊家、治國、平天下」便是這個系統的發展及延伸,不管是個人的修為或人際網絡的擴大,從個人開始,強調以血緣關係所構成的「家」,無疑是這個倫理之環中最早的一環,並且是重要的支撐,以家為單位,漸漸擴大「國」與「天下」。家與國不可分,個人與家庭關係亦不可分,因此形成如下的觀念──「積善之家必有餘慶,積不善之家必有餘殃」的觀念深植人心,把個人行為的善惡報應,實現在家的傳承所顯示的吉凶禍福之上。把「家」的基礎與關係打穩了,「國即是家」,家即是國的最小基本單位,「國家與家國共用」、「四海之內皆兄弟」的觀念便自然而生。

　　這種對現世人與他人關係的特別看重,表現在中國人所稱的人情味上頭,所以人情的內涵及運用,便成為講求人際關係上的一大學問,只不過這種人際關係仍有其疆界,古代所說的「五倫」便是人際關係的範疇與界限,人與他人的互動,除了先求主體之我的「五倫」觀念外,「五福」之祈求所指的是壽、富、康寧、攸好德、考終命。人要避免「六極」,所謂「六極」即是凶短折、疾、憂、貧、惡、弱。追求五福避免六極便是個人在推展人與他人關係中,首先應確立的

目標，不能確立人在現實世界的順位及欲求，則五倫的關係亦將無以建立。一旦確立人的地位及倫常之後，便是依著人與他人存在互動的基本法則——人情味，經由個人對「人情味」的內涵把握，進而應用在人際關係上，而發展出一套講人情、面子、禮數的文化，於是「人情留一線，日後好相見」，特重「關係」之文化遂成特色。余英時教授提出他的見解：

> 我們分析中國傳統的社會理論必須著眼於兩個基本元素：一是有價值自覺能力的個人，一是基於自然關係而組成的「家」。「家」以外或以上的群體，如「族」、「國」、「天下」都是家的擴大，鄉黨、宗教團體、江湖結社也不例外。[7]

因此，由此關係所推衍的人與他人的關係，是從「家」發展出來的，家既然不允許衝突，社會、國家的價值亦是如此，均衡與和諧便是人我必須努力達成的目標，人與他人的關係，便也希望達成「和」、「均」、「安」，能如此才是常道，因此從人與自然的和諧向下擴展至家的和諧與社會的和諧，人際關係的目標亦是朝向和諧。

前述以血緣，親情和友誼所構成的倫常關係，統括來說可稱之為社會取向（social orientation），中國人的性格在此方面表現得非常明顯而突出。幾乎社會處處無不呈現著「五倫關係」的圈子，「同」這個字就可看到其影響力及無所不在，例如同學、同窗、同宗、同道、同盟等，皆可看出此字之影響力及橫向的人際面之開展。從心理學的角度而言，此種人與他人間的取向與作法，因具社會性，因此我們相當重視外在的社會情境和社會現實，尤其是關係取向，同時人人都很在意別人對自己的評價和看法，甚至有時候常會為了要符合別人對自己的期望，或是迎合社會情境的特徵和要求，適合社會情境的要求，作出適合那個情境的反應。根據楊國樞的研究，中國人的社會取向有如下五個重要特點：[8]

第一，強調人際或社會關係的和諧。中國人往往寧可犧牲個人的許

多利益，來努力維持和諧的人際關係，起碼要維持一種表面的和諧關係。例如，在傳統的大家庭裡，個人的地位非常渺小，必須為了維持家庭的和諧，去做許多應該做但卻不一定樂意做的事情。大家都很重視自己和他人的和諧關係，以及整個家族的和諧狀態，但卻因此常與個人的興趣及利益相衝突。所以，這類和諧關係常僅止於表面，背後卻隱藏著許多埋怨，甚至潛伏了極端的不和諧。

第二，重視別人的意見或批評。中國人對他人的、家庭的或社會的意見和評價，看得比個人的好惡和評價還重。這顯示了中國人不重視個人自身對事務之看法和意見的社會取向。

第三，重視因人因時因地制宜。俗語說：「見人說人話，見鬼說鬼話。」外在情境一旦改變，個人的因應態度與行為也必須加以配合，以使自己的言行能時時具有社會的適當性，並能維持和諧的人際關係。自己在言行上的先後一致性並不必要，統一的主張也不會重視；能識時務，因人因時因地制宜，維持外表和諧得體的人際關係，才是社會生活的重點所在。

第四，習於壓抑自我以求和諧。中國人因特別重視表面社會關係的和諧，便格外講求壓抑自己。最好少活動少說話，不把心中真正的意見表達出來，這就是心理學上所講的「壓抑作用」（suppression）。在很多場合中，中國人都好像沒有反應。殊不如，「不反應」就是中國人最標準的反應。

第五，強調反求諸己而不外責。反求諸己是標準中國人應有的做法。為了維持外關係的和諧，常常先怪罪自己。

由以上五項特點可知，中國人的社會取向的主要作用在於應付外界，希望能夠維持自己跟別人的良好關係，這裡頭可以看出在追求「和諧」的目標下，會有犧牲自己的尊嚴與壓抑自我的表現。

就上述所言的人與他人的關係而言，傳統的「五倫」中「父子、夫婦、長幼」是自然關係，而「君臣」則是屬於「非自然關係」。這兩種關係仍然是以個人為中心而發展出來；換言之，個人的關係不同，則為維繫關係的原則也不同，

如「父子有親」與「君臣有義」二者皆有差異。前者的「自然關係」在今日人與他人的範疇中，仍然受到重視，但也面臨一些危機，如家庭的危機、親子關係的危機、兄弟鬩牆的危機等，但基本的價值與規範仍有其效力，任何人若違背這些自然關係的法則，則無所逃於天地之間。但就第二層的「非自然關係」，在今日功商業社會就更顯得特殊性及重要性，因為這層非自然的關係，雖已不是古代君臣關係，但它的外貌已改為「上司與下層」、「領導與被領導」、「老闆與雇員」的關係，而它的本質就牽涉到職場的認知與工作態度，付出與所得的對價關係，個人的權利與義務，甚至是「企業倫理」的議題，在此領域中「成就取向」與「權利義務的法律關係」就成為重點。

　　「成就取向」不同於中國傳統的「關係取向」，它重視個人對團體的貢獻，人不過是生產線上的一顆小螺絲釘，是整部機器運轉的一個小單元，團體（公司）所重視的是個人的效率與產能，如何表現自己與公司的密切關係、績效關係，列為用人考量的首選。相對地，「權利義務的法律關係」也就變成社會運轉的依據，個人的權利義務，以及團體（公司）如何確實執行這一層的法律，牽涉到個人權益的保障，也是在今日社會要予以注意的。

3.3 人與自我的關係

談到人與自我的關係，哲學上的定義較側重個人自省的功夫，尤其是對於道德實踐上的反思與修正。中國文化探內在超越的觀點來探討「自我的本質」，人是一個有感情、有理性、有益智、有欲望的生命體，向外的開展是通向宇宙而成就「與天地萬物一體」，對內則是成就人倫秩序，而通向人間世界。既然通向現世的世界，他的方法就不是認知的，而是成己為仁，而不是認識的理解。因此人與自我的關係，便是「自反」、「自省」、「反求諸己」、「反身而誠」這即是修養及修身的意涵。而修身之目的仍然是以成就人倫秩序與宇宙秩序的和諧。

從社會學的觀點而言，中國社會就是一個集體主義的社會，因此在集體主義的中國社會裡，社會取向的中國人對個人本身雖較忽略，但在日常生活中，人與自己的關係仍然有其特點。關於人與自己的關係，楊國樞認為可以分幾個重點來談，他的看法引述如下：[9]

第一，由於中國人特別重視社會與家族的集體功能，在現實的社會生活中，個人相對地顯得較不重要。換言之，傳統的中國人並不著重個人的私生活。這個特質明顯地表現在房屋結構上。中國式的傳統建築格式，多是為一家人群居生活而設計的，留給個人獨處的空間很少，而個人獨處的時間本來也就不多。至有知識分子階層，因為擁有自己的書房，才有較多獨處的時間與空間，算是中國社會中一個較特殊的現象。即使是讀書人，有時還要到古廟或僻靜之地，尋找完全屬於自己的時空。

第二，個人獨處的時候，中國人講求的是無念、無欲、無思，就是不要胡思亂想，使腦中呈現出最高境界的空寂狀態。羅素曾經比較中西方的幸福觀，認為西方人心目中的快樂就是多多向外活動，如工作、郊遊、開車、運動等；中國人所講求的快樂是沒有外在活動，而要身心寧靜。我們北方人有句話：「最好吃的是餃子，最舒服的是躺著。」總之，中國人的

幸福觀是外在活動減少，內在思緒也減少，尤其不可胡思亂想。中國人講求「慎獨」，在獨處的時候，希望盡量做到心境澄淨平和，不要有過多活動；即使有些活動，也要以文靜者（如看書、打坐、寫字、畫畫為宜）。

　　第三，中國人講究內修的功夫。這種修養的工作，主要分為幾方面來進行。首先，要反省自己的過失；其次，要研究如何進德修業；再者，要洞察人情世故，通達事理，俾能在生活中動靜得宜。另外，還要修練內在的定力，培養出泰山崩於前而色不變的氣魄。

　　第四，要談到個人獨處時自我所占的地位。中國人認為一個有修養的人不能過分強調與表露自我，否則很可能因此破壞了社會關係。西方人卻是講求擴充自我，不是內斂而是外爍，亦即自我發展。西方人所謂的自我發展，不僅要使自己在內涵上豐富增益，更重要的是如何透過行動在實際生活中將自我的內涵、秉賦及特質展現出來。

　　第五，從個人的情緒生活來談人與自己的關係。基本上，中國人不太喜歡情緒生活，尤其不鼓勵過度複雜、強烈或不自然的情緒。這並不是要人無情，而是希望人能忘情，也就是要讓情緒自然的平和與寧靜。

　　上述從社會學與心理學的角度分析中國哲學的人與自我的關係，是從「外緣」的範疇切入，外緣是客觀的觀察，是如此的景象，也是現象界的分析與著墨，可令我們借鏡思考的是對於個人獨處時候，所表現出來的無念、無欲、無思與慎獨，但這種慎獨自我反思的課題，仍然是內在的道德秩序，即是「道之不講，德之不修」的議題。至於個人情緒的問題，中國的知識分子是內斂的、保守的和隱密的，不輕易表達自己的感覺與情緒。

　　人與自我的關係在俗民社會中，具體表現在「罪感」的項目上。人的犯錯（罪）之可能性，知識分子用「不欺暗室」來作自我要求，而一般大眾的看法便是透過一種中國化與世俗化的佛道思想而建立的。譬如玉皇大帝、觀音菩薩及陰間的閻羅王，都是這種思想下的產物。經由這些世俗化的佛道思想的傳播，在民間形成了助人、向善等觀念，而超脫輪迴之說，更使民間易於產生害怕面對未來

審判的罪感。過去有句俗話：「白天不做虧心事，夜半不怕鬼叫門。」當然，中國人在人與自我關係上有罪感的意識，主要還是由於良心的形成。他也會有罪惡感，那是因為害怕將來可能會受到報應（果報之說），但亦有可能因為受到良心的責備，因此「良心」的決則判斷即成為一種普世的價值。

　　但是，現代化所導致的社會變遷，使中國人越來越強調外爍的實踐功夫，傳統中少思慮、少活動的內斂想法已日漸式微，對外表現自己與追求成功的進取觀念則日益增強；恥感情操也逐漸減弱，人們不再那麼在乎別人的看法。這些方面的改變和本章所提到的人和自然的關係、人和他人的關係等方面的改變，都有互相關聯之處，但是「良心」所具有的「價值自覺能力」，無法向對客觀事物之理解，由知識以證成，但人與自我的關係之確立，是可已經由「反身而誠」而感受到它的真實不虛，而中國人所強調的內省修養卻是有助於改善與他人的關係，並且過一個心理健康的生活。

第四章　人生問題的真相

4.1　人生的問題

　　到底人生的問題是什麼？佛陀在菩提樹下領悟：人生不過就是生、老、病、死的問題，因此佛學是要人拋開我執，離苦得樂，這個發現可說是千古的大智慧及大啟示，但人在六道輪迴中往往復復，如此一來，人仍然離開不了宿命，我們想要跳出卻又跳不出來，生活周遭卻是滿布挑戰與苦難，我們想要超越，眾說紛紜當中，卻又不知何者為真？西方基督宗教的看法，是以另一個超越世界的價值來指引現實的世界，因此天堂是在彼岸，而不是在此時此刻的此岸。如此一來，我們人的身軀和靈魂會歸於哪裡？只有身軀而無靈魂，那不是行屍走肉嗎？如果只有靈魂而無身軀的歸屬，那也不能稱為人，可能僅是精神世界的另一種符號吧！

　　再繼續思考下去，我們究竟從何而來，往何而去，亦即是「生從何來，死往何處」？這是千古年來眾多的哲學家想要解開的謎，但這個謎卻又像個迷霧矇住了人們的眼睛，在我們還沒踏出人生的第一步前，其實「生」的另一面「死」已無時無刻的隱伏在我們的身上，當「死」降臨的時候，人和他人、社會、群體便斷絕一切存在的關係，人的生命歷程也就到此告一段落了。在這裡，我們不是要從各種角度解開生死之謎，也不是要去探討生命的限度問題，更不是教人貪生怕死，只是有必要先從這裡開始談起，掌握根本的關鍵，才能真正了解人生的問題。

　　在中國哲學中，對人生的問題種種，看得最灑脫的學派，非道家莫屬，尤其是莊子的「生死觀」堪稱古代哲學的大智慧，對此問題之見解能超出其右的可說是寥寥無幾。在《莊子・養生主》一篇中，他對人生這麼嚴肅的死生話題，是看得如此的輕鬆與自在。

老聃死，秦失弔之，三號而出。

弟子曰：「非夫子之友邪？」

曰：「然。」

「然則弔焉若此，可乎？」

曰：「然。始也吾以為其人也，而今非也。向吾入而弔焉，有老者哭之，如哭其子；少者哭之，如哭其母。彼其所以會之，必有不蘄言而言，不蘄哭而哭者，是遁天倍情，忘其所受；古者謂之遁天之刑。適來夫子時也；適去夫子順也。安時而處順，哀樂不能入也；古者謂是帝之縣解。」

　　人如何面對死亡如此巨大的衝擊之事，我們在實際的日常生活中也會談到死亡的話題，甚至是會恐懼死亡這件事，但我們從來未曾感受到可能有那麼一天，自己也會死亡，也未曾經驗過，因為在實存的生活狀態中，這種對死亡的感受是來自於「別人的死」所帶給我們的感覺與衝擊。而莊子提醒我們要以一種灑脫的心情來化解對死亡的恐懼。在〈大宗師〉莊子說：

夫大塊載我以形，勞我以生，佚我以老，息我以死。故善吾生者，乃所以善吾死也。

　　我們把莊子在〈養生主〉及〈大宗師〉這兩段話結合起來看，便可知道生命是隨自然的變化而消失生命，他說人要「安時而處順」，該來之時，應時而生，該去之時，順理而死，這是極為自然不過的事情，即如陳鼓應在《莊子哲學》一書中的分析：

世俗的人群，莫不生活在倒懸的狀態下。倒懸生活的重大枷鎖是人類自身被死生的念頭——死之恐懼與生之情欲——所困住。人們如果能視生死好比來去——飄然而來，翩然而去。乍去乍來，「安時而處順」，把生死置於度外，不受俗情所牽累，便像「懸解」（解除了倒懸）一樣。達到這種心境的人，視生死是一如的；對生不必喜，也不必厭，對死不必懼，也不必樂。人生於天地之間，勞佚死生都是極自然的事，所以應坦然處之。[1]

　　人之所以對生死問題有著牢不可破的迷障與忌諱，其因乃是人對此問題出於認知的謬誤，人類自己被生死的念頭所困住，人皆欲生而惡死，生與死皆是人所該當予以肯定的事情，生肯定了死，死亦表達了生的意義，人類的「死」如果沒有「生」來賦予它的意義，那麼人的死和其他虫鳥魚獸之死便無差別。因此在自然天地之間，這件事是極其自然不過的事。即如大家所接受的觀念：人有生老病死，大自然的節氣便有春夏秋冬，兩者之間似乎存在著某種相互關聯的關係，生老病死是人生的歷程，這就好比是宇宙的時序輪轉，有如四季更迭，這是一件稀鬆平常的事，因此，當我們以莊子的心去體會這個人生的大問題，肯定生亦即是肯定死，死的意義要由生來解釋與彩繪，如此，人所面對的問題，便會從生與死的兩難困境中跳脫出來，這時人死所要思考的是，如何善用人的生命，活出自己，發揮潛能，造福人群，縱使已至生命的終點站，依然活得自在而怡然自得。

　　「人定勝天」的觀念一直是我們生活的信念，並且視爲自我以及全體社會的價值信條，並且都相信「只要我喜歡，有什麼不可以」（幾年前流行的一句廣告詞），我們都把人看得太偉大而近於超人，相信無所不能，無堅不摧。但是臺灣百年來最大的地震，在一九九九年九月二十一日凌晨的一時四十七分震驚登場；從媒體報導中，我們看到親友、同胞在震災中受傷、哭泣；看到大家胼手胝足打拼建立的家園被震垮、震碎，生命的死亡與流離失所，天下之大竟無容身之處，這個天災更令許多樂觀的鐵漢應聲倒地不起，如此的打擊可眞是亙古未有。這個殘酷的現實，我們除了感受生命的無常之外，該用何種態度來重新思考生與死的問題，因此身後的問題，應該倒過來想這一句話——未知死，爲知生。因爲當我們眞正面臨人生所無法掌控、亦無從預料的巨變之時，或許很容易使人掉入虛無主義的人生觀，認爲討論生命的意義是很沒有意義的。莊子的灑脫讓我們看到其實這個問題可以很自然而又自在的吧！

4.2　哲人的思考

　　在第一節中，我以莊子那種灑脫的態度與大智慧來看待生與死的問題，這樣的功夫確實需要大徹大悟才能得出如此與眾不同的看法，但是如果我人沒有這種智慧，也不能領悟出大道理，又該怎麼辦？因為我們是活在活生生、實實在在的人生環境裡，莊子的灑脫一時還學不來，在境界上還無法契合和體會。不妨先來看看西方哲學的啟蒙代表人物，希臘哲學的大智者蘇格拉底（Socrates, 470～399 B.C）對於「死亡」這個問題的看法，蘇格拉底認為：肉體的死亡，無法一概論斷其幸與不幸，蓋藉此死亡所獲致之永遠安眠的大好時機，是較那些日日輾轉反側，無法成眠者更幸無數，而且或許人死後之魂魄還會繼續悠遊於天地之間，是故，這不也是仰聆賢人教誨之良辰？（《柏拉圖・蘇格拉底的辯明》）

　　這個答案夠炫了吧！蘇格拉底把「死亡」當成是永遠安眠的好時機，而且是幸或不幸，還很難論斷呢！於是，當他的屬下慫恿他越獄時，他說：「赴往之機已屆——我即將死！而諸君尚且要為生存長此以往。然而，我與您兩者間，究竟會遇及更佳之命運呢？此就極難論定了！相信除了神外，未有人知我們未來的發展！」言畢，即從容飲鴆就義。[2]

　　古往今來要再找到像蘇格拉底這樣認識死亡意義的人，並不多見，確為智者之言，他也為西洋文化中對於「生死」問題立下了一個持平、理性而不激情地看待生死的典範。如果我們要拋開那形上層次的生死論的討論，轉而走向實務面，看看自己五尺血肉之軀，頂天立地的自我形象，卻又經常飽食風霜、滿布傷痕的你我來說，中國先秦時期的孔老夫子對生死問題的看法，或許能滿足暫不墮入形上思維的務實需求，在《論語・先進》篇有這樣的一段話，孔子談到了生與死：

　　季路問事鬼神。子曰：未能事人，焉能事鬼。

　　敢問死，曰：未知生，焉知死。

　　這是孔子對於「生死」問題最簡明扼要的答覆，也是孔子的人生哲學與態度，我們或許以為孔子對生死問題看得很消極，似乎在逃避什麼不可碰觸的問題。但是如果再看〈衛靈公〉篇：「子曰：志士仁人，無求生以害仁，有殺身以成仁。」的主張，我們即可看到了對於一般鬼神生死等對象及生命終極的問題，孔子並沒有表現出強烈的好惡與偏好，而是用一種點醒世人、啟迪迷津的方法，要人思考生命存在的本質及意義是什麼。人要先把人該做的事情先釐清楚，這即是一種務實的、貼切的人生觀。人如果就成為一個主體價值之我的內涵都把捉不到，談鬼論神那反而是空談而不切實際的。因此，在孔子的理念中，就是面對活生生的形軀之我，思考如何往上附加生命的價值，因此當人面對生死交關的利害問題時，是生是死的問題即刻浮現，但是孔子跳開事實層而進入卻以一個「是非觀」來指導人的生死存活這個大問題，石破天驚的兩句話──「無求生以害仁，有殺身以成仁」，這可真是將生死內涵徹徹底底的明確化，在仁的價值觀照及要求之下，人的肉體生命固然可貴，儒家也從來沒有要人放棄對生命的熱愛，但是一旦在無法取得仁的總體價值之時，肉體形軀我的犧牲、毀壞皆是無上的價值。人的道德生命才能逐漸浮現，所有的道德美善及歌頌，均無法涵括人的道德生命的指謂，這即是孔子所念茲在茲、特別推薦的「聖人」與「君子」之人格典範，因此，生命的層級，從肉體我，提升至道德我，甚至是超越的我！在孔子的「生命觀」中是不迴避此類問題，他鼓勵人擺脫物質條件的羈絆，轉而向修身的層次走去。一旦面對生命大限的問題，判斷的依據，就不是以有限的肉體生命之條件來衡量，而是以無限寬廣的大仁愛人作為準繩，人若有此認知，就知道何時該做什麼，而不會次序混亂，顛倒錯置生命的莊嚴。歷史上有名的文天祥及洪承疇，最後的評價卻是南轅北轍，留給後人借鏡與評價是如此的懸殊。

　　所以生命的昂揚與奮進，是來自最基本的概念──我不放棄，我願意如此作為。此係在一個很清晰的道德原則下，一方面人了解形軀生命的有限，肉體生命不可能百年長久不壞；但是在道德生命或是靈性的生命來說，這正是修道修德的開始，我人能跨越有形生命的羈絆，走向自我肯定，因為人若不能如此的愛自己、肯定自己，則談生命的潛能與開發便無意義。這樣的路途之門一經打開，前

面便是坦蕩大道,人還有什麼可以畏首畏尾、裏足不前的事,讓我們再看看這種對生命的熱愛所表現出來的熱忱是什麼?

　　子曰:「志士仁人,無求生以害仁,有殺生以成仁。」(〈衛靈公〉)

　　子曰:「富與貴,是人之所欲也,不以其道得之,不處也。貧與賤,是人之所惡也,不以其道得之,不去也。君子去仁,惡乎成名?君子無終食之間違仁,造次必於是,顛沛必於是。」(〈里仁〉)

　　在人的實際生活中,大家都很關切生命的壽夭、長短、一生的財富、社會地位及個人成就等這些事,並且有時候會把生命、財富、社會地位的追求當成是人生奮鬥的唯一目標,甚至是唯一的價值,但是孔子很理性又客觀的點出,在一些「選擇困境」下的抉擇是很重要的,生命固然重要,但苟延殘喘即無意義,社會地位、貧賤富貴固然影響個人之動見觀瞻及自我評價,但是若無核心價值來作為行事判斷的依據或參考,那麼人是不是有可能變成金錢遊戲的追逐者,甚至隨波逐流而為一輩子的守財奴。如果我們再深入思考,人存在的意義何在?孔子理性而務實,莊嚴而慎重的告訴我們:人可以有不一樣的生活選擇及價值選擇,當道德的意識成為我們生活中的一部分時,人的意義即顯現出來,這也就是孟子所說的人與禽獸者幾希之處。此點正也說明人為萬物之靈的理由,人因為有道德意識貫穿吾身,人才有肯定個人尊嚴的理由,因此才讓我們看到生命氣象及偉大格局之氣度。

4.3 生命向度的轉折與重建

　　人的一生到底要怎麼樣來過才會有意義，並且可回答歷史的問題？這個問題便是當下一個很實際的問題，我們說要過一個有內涵的生活，有尊嚴的生活，就是要活在當下，是要人和動物不同，是要生活充滿多采多姿，是不枉費來此生一遊等等的要求，雖然許多哲學家試圖解開生命之謎，告訴我們生命是什麼、生活是什麼，或許，我們會突然想到一句頗富哲理的話，「生活的目的，在增進人類全體的生命；生命的意義，在創造宇宙繼起之生命」，但是這段話畢竟太過玄思抽象，恐怕不是一般人所能理解領悟當中的道理。如果我們不好高騖遠，實實在在的在生命世界中反省而有無憾人生，我們便可發現，人所能擁有的歲月也不過是數十寒暑。每一階段我們又給自己立下一些目標，不管是理想或是現實，也不管是個人的生涯規劃或是團體的目標，我們生活中到處都有一些擺在眼前，有待克服的工作等著你去做，你也不能逃避，我們就是這樣每天過著同樣的日子，用同樣的步伐來面對，日子的簡單單調或許還不是頂嚴重的問題，問題是生活像「日出而作，日落而息」的習慣一樣，如此好像是命定的，再怎樣的努力好像到頭來是一場空，那人生還有什麼意義？

　　我認為人生就像一條時間的長河，蜿蜒曲折的流過大地，在時空的特定條件下，放下你我共譜人生的悲、歡、離、合與春、夏、秋、冬。在這個曲曲折折的人生長河上，擠滿了熙熙攘攘的人群，每個人的想法都不一樣，生命的長短亦不同，境遇亦有不同，但是如何過此生確是一個共同的話題。宋朝憂時憂國的詩人陸游很有感觸的道出他的心得：

吾生如虛舟，萬里常泛泛。
終年厭作客，著處思繫纜。
道邊何人居，花竹頗閒淡。
門庭淨如拭，窗几光可鑑。

堂上滿架書，朱黃方點勘。

把茅容卜隣，老死更誰憾。

　　這是陸游對人生的心得，他以「虛舟」來形容自我，道出人生在晚景淒涼之寫照，以詩明志是中國文人共同的寫照。中國歷代以來的哲學家面對人生的種種經歷，不管是悲、歡、離、合或是酸、甜、苦、辣，對於人生境遇的感觸，總是含蓄的、婉約的，只有清末民初的王國維最後選擇自我了結的激烈手段，來表示對殘酷人間的一種無言的抗議。對人生之體驗，表現得瀟灑自然的，莫過於莊子，有名的「莊周夢蝶」即是一例。莊子說：

　　昔者莊周夢為蝴蝶，栩栩然胡蝶也，自喻適志與，不知周也。俄然覺，則蘧蘧然周也，不知周之夢為蝴蝶與？蝴蝶之夢為周與？周與胡蝶，則必有分矣。此之謂物化。（《莊子‧齊物論》）

　　這個寓言式的夢中情境，莊子他所要追求的是一種「心靈上的解放與自由」，莊子稱為「懸解」意思是解除痛苦。因此「物我兩忘」、「道通為一」的精神境界是他所追求的目標，當人進入「逍遙無待」、「遊心德和」的如眞如幻的境界，必然地要倒懸對智性的執著和物物互為對待的論點，如此，人才能從「對待」及「智性執著」的牢籠中獲得解放與自由。抱著這樣觀點的人，和所謂「遊戲人間」畢竟是有不同的，「遊戲人間」意指過的是一種頹廢而無主體意識自由的生活，生命的眞實絕對不是遊戲人間，而是我們作思考、作判斷，如何面對自我，如何安排自我的問題。每個人皆有順境及逆境的時候，如何從谷底爬上來，這確實是不容易，此時即需要智慧來處理。換個角度，這何嘗不是一種試煉，它的存在讓我們發現其實人生還是有意義的，畢竟「不經一番寒徹骨，哪得梅花撲鼻香」，聰明與愚笨僅是一線之隔。宋朝大文學家蘇東坡，在他的人生中有高潮也有低潮，亦有得意與失意的時刻，在他人生最低潮的時候，他仍然表現出不為外在環境之逆勢所影響，著名的〈定風波〉膾炙人口，正足以給我們不同

的體會，此種體會與感悟，成爲他重新出發的內在動力。

> 莫聽穿林打葉聲，何妨吟嘯且徐行。
> 竹杖芒鞋輕勝馬，誰怕。
> 一蓑煙雨任平生。
> 料峭春風吹酒醒，微冷，
> 山頭斜照卻相迎。
> 回首向來蕭瑟處，歸去，
> 也無風雨也無晴。

　　蘇東坡對自己的心境是拿捏得那麼穩重和有把握，因爲他知道人生的起起伏伏本來就是常態，人生是一個動態的生活世界，而非一成不變，處處有驚奇，同時處處有挑戰。一句「也無風雨也無晴」說出了他心中的平靜無波，心中海不起波瀾，表現出何等的豁達與開朗。俗語說：「上臺靠機會，下臺靠智慧。」雖是形容官場的權位變動與物換星移，但不以狹隘的角度來看這件人生境遇事，若放大來看生命本來就是和自然的演變是一樣的道理。在這一節的開頭，我們介紹了幾位思想家，如陸游、莊周、蘇東坡等三人的心境描述之後，相信各位或許有「於我心戚戚焉」的感觸，但不管是哪種心境，這都是人的自由，因有自由我們能作選擇，不是嗎？既然作出選擇，也就是表現一種主體的自由和責任，以下分成數個小段落來介紹生命向度的轉折與重建。

一、人生的態度

　　儒家所規劃的人生道路是平順實在，盡其心而問心無愧；道家所指引的人生大道是逍遙自在，人能學得自然而然便有快樂與滿足；墨家所安排的人生道路是苦澀的，這條路有它的理想及執著，但是真的能做得到的，畢竟不多，真的要

是有人選擇走墨子這條路，還要有點堅持及忍耐。法家這條路，坦白說充滿著挑戰，何時成功不知道，也許在成功的背後已經隱藏了不少的危險，種下了失敗的原因，所謂「一將功成萬骨枯」，在這樣的日子裡生活總是如履薄冰，所謂「侍君如侍虎」，提心吊膽，這種日子顯然並不好過，其實人生的歲月裡充滿著三個因素──有當然、有自然、有偶然。過去老祖宗告訴我們「一步一腳印」、「一分耕耘、一分收穫」、臺語的諺語「樹頭立得穩，不怕樹尾颳颱風」、「不要還不會坐，就想要學走路」，這些充滿著腳踏實地、努力耕耘的話即是當然的事。「一夕致富」、「偏財運」、「大樂透」、「鋌而走險」、「投機主義」等本來就是偶然的事，但是偏偏人是不信其當然，而執著於偶然，如此一來，我們的日子是在賭注押寶中過生活，萬一押錯了，賭輸了，人生不就是黑白的嗎？臺灣本來就是個寶島，終年常綠，青山綠水人間仙境，但曾及何時，大家忘了要順服自然，不違背自然的規律，比比皆是的各種濫墾、山坡地超限使用，最後造成大地反撲，此起彼落的土石流，家毀人亡，正應對了老子的一句話──「天地不仁，以萬物為芻狗；聖人不仁，以百姓為芻狗」，這就是我們自作自受，必須承擔的後果。或許這樣說會更為確實，不需要大地起來反撲，人類自己就可以使這個世界變得難以忍受。今日我們社會的潮流，正好不是依照「信其當然、聽其自然、而不惑於偶然」的規律來走，而是採取「悖其當然、昧於自然、而泥於偶然」，如此一來，人間的悲劇乃處處可見。所以我們的心態以及在態度上，應該是「信其當然、聽其自然、而不惑於偶然」。

二、人生的價值選擇

　　談人生的「價值選擇」就是讓人需要有正確的價值觀，人有了正確的價值觀，我們便不會去做糊塗的事，也不會去做傷害自己的事，更不會去做傷天害理的事。一旦人沒有正確的價值觀，對挫折我們無法容忍，對失敗無意理解及接受，對他人的好我們吝於給別人掌聲，有句話說：「一個對自己有自信的人，絕

不吝嗇於給別人掌聲。」因此，在對人與對事方面，別人對我們的評價好壞，端視我們自己有無正確的價值觀，價值觀會影響人的表現是正向或負向之取向，依哲學的看法，人的價值選擇其實是心的動念之作，在一念之間成善，也可在一念之間成惡，積極與消極，樂觀與悲觀，皆是在那一念之間的改變。「一念之間」即是在心，佛家的名言：「萬法由心生，一切唯心造，三界唯心所現。」人若無心，則世間無物，有了心才能用心，去關心，體貼他人，所以寬恕心、慈悲心、感應心才能使人的價值觀顯現。宋明理學講：「一物一太極」這是講每個人都是主體，主題能思、能言、能動便是心的作用，太極表示圓滿，表示周全，所以決定人的完滿與否，端視有心與無心而已。

「價值選擇」對於人的一生影響甚大，我們的生活，在過去受到傳統的價值影響較深，尤其是在農業社會，人與他人的互動關係，我們都秉持傳統價值的觀念，樂於助人，強調助人為快樂之本。但今日是工商業社會，人與他人的關係處處講求功利與利害關係，別人對我有利則深交，無利則是淡淡之交，甚至是漸行漸遠，人失去了作為一個德行我的必要表現，世俗性及功利性的價值觀，凌駕於超越性及純粹性的價值之上。這幾年來一般的觀察，不由得讓吾人憂心，社會已漸漸呈現道德價值式微、敬業態度貶低之事實。美國社會心理學家馬斯洛（A.H Marslow）就針對道德價值低落，提出他頗為憂心的看法，他說：

由於無價值而導致的病態價值，有各種不同的稱謂：反快樂、反常、反道德、冷漠、絕望、犬儒主義等等，同時亦可能轉變為身體的疾病。就歷史而言，我們正處於一個價值中空期，在這段時期，所有外在賦予的價值體系卻被證明是失敗的（無論政治、經濟、宗教等方面皆然）。換言之，沒有什麼是值得我們冒死以求的。……我們需要一套真確有效，且可資運用的人性價值體系，我們可以全心信賴此一價值體系，並為其奉獻一生。[3]

馬斯洛的分析可說是鞭辟入裡，切入今日社會問題的核心，也正反應出我們這個世代的病灶，無價值觀正如無舵之船隨波逐流，亦如射箭無鵠的，不就是

「無的放矢」了嗎？我們要掌握人生的方向，船的舵正如人的價值觀一樣，所以有人就說：「失敗了再爬起來」，「在哪裡跌倒，就在哪裡爬起來」，最近更盛傳「跌倒了再爬起來時，要留心注意周邊有無值得保存的東西」，這是賦予失敗一個頗具積極與樂觀之定義及看法，古人言：「以前種種譬如昨日死，以後種種譬如今日生。」這是何等的豁達才有的見解。

三、人生的理想

　　研讀中國哲學家的智慧與生活，其目的即是希望在現在的生活中，藉著老祖宗的語彙珠璣，行動中的熱情與勇氣、百折不撓的奮鬥精神、經歷成功與失敗之後的瀟灑等等，但求一個永恆的希望及理想。人生哲學是在追求人生理想的學問，人生的理想方向及目標非常的多，但要合乎哲學的目的，則只有一個，那就是我們希望在生活中獲得人生的指標，在生命中獲得希望，這樣的真切盼望，不管是自律或是他律，吾人心中的意念才是關鍵。

　　人生理想不是一個空泛的名詞，它是有實際內容的生活方式，人要是沒有這個生活的理想，真不知道如何還會有人生的意義這樣的命題存在。理想是指一種對未來某些狀態的渴望，人之理想也就不外是一個人對其一生及其所生活的時代和人類所有的一種態度，這種態度是我們由衷地盼望人類活得更好，人生更有意義，生命更能把握其方向。西方哲學的巨匠亞里斯多德就爲我們提供了一些達到現實人生理想的方向：[4]

　　1.在物質理想上：
　　(1)健康。
　　(2)財富。
　　(3)社會關係──人緣、地位、友誼及運氣。
　　2.在精神理想上：

(1)理智發展（追求真理）

(2)德行發展。

(3)享受：（真理：有學問）。

　　　　　（德行：心安理得）。

　　黎建球教授在其所著《人生哲學》一書中，論到亞氏之精神理想，他將亞氏論點改爲如下之內容：[5]

1.求知：追求真理、善及美。

2.德行發展：友誼、合作、溝通、實行道德規範。

3.享受：真理、德行。

　　亞里斯多德的分類，提供我們在人生理想的把握上，很簡單也很方便的即可找到兩個重要的內容，一般人如果能掌握此重點，在物質理想上與精神理想上各有持重，不偏於物質，亦不囿於物質，物質是爲我們所借用，是人有使用權但並無所有權，因此要善用。它並非人對物質世界擁有所有權，或是將對方占爲己有。對於精神理想，我們可以參考亞氏之說，以追求眞理、重視德行發展，進而享受眞理及德行，應是人在精神理想上可以把握及做得到的。上述的論點，是藉著西方大哲亞里斯多德一個較爲持平的論點來加以介紹，因爲持平之論點，是站在人的立場來思考，不會有太多的批判性和超現實性。因爲是人，我們較難跳脫「物質與精神」的兩重形塑與二分的概念，但亞氏之說是很持平而中庸的觀點，或許也可以發展以「人的立場」來思考理想的內容與實現方法，或可爲符合理性之作法。

　　臺南啓聰學校的鄭武俊校長，長年投入特殊教育，對人生之體會頗深，對於人生的哲學，亦有許多的體會及感觸，亦曾到處演講及鼓勵人要快樂的活下去，其內容亦揉合儒、道、佛三家之思想，在研讀他的演講〈人生何處去〉一文，亦頗敬佩他對人生的觀察[6]，其對世人之警語頗值參考，特予摘錄如下：

1.「是非成敗如演戲，世上本來非久居」。

2.「一世迷，萬世墜，無窮悔恨；一世悟，萬世昇，含笑長春」。

3.「迷是海，悟是筏，聖凡就在一念差」。

4.「人生只一趟，主角就是你。至於怎麼安排、怎麼規劃就看你自己。你可以死而聞，也可以死而無憾。一字之差就有天壤之別，看你怎麼去把握、怎樣去選擇而已。」

5.北宋五子之一邵康節夫子講過一段話：「有人來問卜，如何是禍福？我虧人是禍，人虧我是福。大廈千間、夜臥八尺，良田萬頃，日食升合。算什麼命、問什麼卜，欺人是禍、饒人是福。天網恢恢，報應甚速。」

第五章　人性論的理解與啟示

5.1　從兩部電影談起
——「硫磺島的英雄們」與「來自硫磺島的信」

　　二〇〇六年曾經榮獲奧斯卡金像獎的美國導演克林伊斯威特（Clint Eastwood），以二次世界大戰美日兩國在硫磺島（Iwo jima）的殊死戰為題，拍了兩部劇情片。有趣的是，一部是以歌頌美軍拿下硫磺島的浴血戰爭片——「硫磺島的英雄們」，以一個為大家所熟悉的畫面，經過一番槍林彈雨流血奮戰死傷無數美國子弟兵的激烈戰役後，豎起了美國的「星條旗」而為人們所傳頌的經典畫面。經由感動千萬人的畫面，再藉由揭發內幕的方式，這齣戲後來被視為戰爭英雄的四個人之辛酸歷程，由此也看到了戰爭無情地對人性的摧殘，還有藉機發國難財的政客嘴臉。由這部電影看到了人性的貪婪和無助，真實地反應出人性的黑暗面，固然結局是美國贏了這場戰爭，但是卻是對人性的一個沉重的打擊與反諷。電影的情節固然來自杜撰與加油添醋，充滿了戲劇性，可是從四位被認為是戰爭英雄的反思行為而言，他們心中充滿著無奈與煎熬，至少讓我們看到人性的善良面，可是無所不用其極的政客，卻逮住了這個機會大發利市募款牟利，電影的結局這四位英雄有的受不了良心的譴責而發瘋，亦有人迷途知返，因為他們對為國捐軀的弟兄做了最不應該的事而幡然悔悟，在這裡讓我們看到人性（human nature）的善與惡。

　　同一個戰爭，另一個不同的題裁，卻是不同角度的電影——「硫磺島手紙」（letters from Iwojima）或譯為「來自硫磺島的信」，故事敘述一位小兵眼中的硫磺島戰地指揮官栗林忠道將軍，栗林和他的手下及士兵憑藉著堅忍的意志力，在孤立無援、明知不可為，亦不可能改變結果的情況下，讓原本看似一面倒的戰爭變成長達四十天的英勇奮戰，在電影中所顯示出來的是戰爭之下小人物和大人物的生命結果都是一樣，卻必須接受無情命運的擺布與捉弄，他們經歷犧牲、掙扎、勇氣和悲天憫人的情懷，但終究無法跳脫戰爭對命運的擺弄。在小兵眼中的栗林將軍面對戰局既感無力亦無法改變，但他必須在沙場赴死而無懼，做一個道

道地地為國捐軀的軍人，但內心深處卻流露出人性的關懷，「知其不可為而為」
這句話形容這位無畏的將軍是最真實；但他又必須告誡他的子弟兵，保全性命不
作無謂的犧牲才是上策。最後的結局是宿命的、灰色的、冷血的、無情的，人所
能做的不是以暴制暴，而是對人生命價值的提醒與關懷。

　　這兩部電影構成了一個強烈的對比，兩方人馬誓不兩立，以殲滅對方為職
責，這對人來說是何等的諷刺和殘酷；戰爭畢竟殘酷無情的，但在這兩部電影中
正好讓我們看到人性的兩種不同表現方式，其中有對生命的熱愛與執著，固然明
知結局仍難免一死，但死得要有尊嚴，活著更要有尊嚴。兩部電影從不同的國情
出發，卻激盪出一個普世的價值，那就是這些美、日子弟兵的母親們的母性光
輝。來自不同國度的母愛竟然是一樣的指涉到人性的最深層一面，對生命的熱愛
與不放棄，期待孩子平安歸來所顯示的無奈與無言，母性的光輝雖然無法改變既
成的事實，但卻給了讀者一個反思，到底人性是什麼？人為什麼會是一種互相殘
殺的動物？有什麼方法可以阻止殺戮？什麼樣的人性論可以提供給我們反思：人
該當如何走正確的路？

　　電影固然是以虛構為主，也強調衝突的情節，並且往往為了票房而大肆賣弄
血腥。但是 Clint Eastwood 卻以這兩部電影給了我們一個深沉的反省和體悟，那
就是人性論的議題。電影中有些情節與畫面看了令人動容與不忍，如下數則可作
為吾人思考人性問題的參考及線索：

1. 美國大兵受傷而被俘虜，日本的軍官反而以最後所剩的嗎啡替大兵止痛，
　 當藥物用盡美國大兵仍然死去，可是在日軍這邊再也沒有麻醉藥品，又要
　 如何對同袍交代？但是基於救人為先，縱使是敵軍，這位日本軍官仍然做
　 了一個救人的事。人的生命價值有時就像螻蟻，一踩即死，但此刻卻從這
　 位日籍軍官的身上看到人性的光輝。

2. 在美國大兵身上所找到的那一封信，是一為懸念遠方孩子母親的手稿，信
　 中的內容道盡一位母親對孩子的關懷和叮嚀，表現出全天下母親的共同心
　 聲。相對的我們看到日本兵的母親對她的孩子的關懷亦是如此，這種母性

的光輝卻不是戰爭的血腥所能掩蓋的。

3. 日本軍官逼迫他的部屬自殺，自己反而成了戰場的逃兵。我們實在無法認同他這種色屬內荏的行徑，嚴以待人寬以待己，無視於弟兄面對死亡恐懼的眼神，拿著「天皇」之語要士兵愚忠地為天皇效忠而自殺，這是何等的諷刺！而到最後人性的懦弱傾巢而出，不僅出賣自己的靈魂，亦同樣地死於戰爭中。看他逼迫他人自殺的作為，真可稱是「偽君子」。或許這種反諷，才能讓我們看清真實，在言行不一的情境下，這位軍官的作為，讓我們認識到人的多重性格與自私。

4. 一位不忍殺狗的忠厚人士卻也因一時的不忍反而被派赴戰場，卻也陰錯陽差的死在沙場。如果當時他在巡邏時能不考慮自己的想法，就直接槍殺住戶家的狗，或許他的命就能留下來，但因一時的不忍而遭致如此的下場，著實令人不勝唏噓！人的命運又該當作何解釋？那條狗值不值得救？在那樣荒謬的年代，人命真的連狗命都不如嗎？

5. 栗林將軍要求他的子弟兵不可輕言自殺，人能活著終究還有希望，但卻也引起其他軍人的反對，這些人認為要死得其所，要死得堅決與壯烈。但受過西方文化洗禮的他，卻有另一層想法，他知道自己一定會死，但若能讓士兵保全生命回到家園，那他的死也才有意義，最後仍然有些士兵活著離開硫磺島回到了家與家人團聚。如果不是栗林將軍的堅持，這些人將也是戰場上的冤魂。他很清楚知道自己將會死，但何需那麼多人陪葬呢！

6. 那位印地安族的士兵，因受不了良心的譴責，無法見容於自己荒謬的行為，最後竟走上絕路，這是何等的可悲。可是未見美國人對他平等相待，亦未見同袍伸出援手，他就只能無助地，而又無奈地自我放逐以迄死亡。

7. 為了要達到發戰爭財的目的，這些英雄的代表，只能無助地配合演出，直到他們的利用價值被耗盡為止。苟延殘喘而活下來的人又怎樣面對那不堪的歷史？

　　上述七則從電影中看到的人性面，有善有惡，有堅強也有懦弱，經由這樣的

對比才讓我們對人性有一個較爲清晰的輪廓。貫穿美國人角度的「硫磺島的英雄們」我們看到的是貪婪與自責，卻也無力改變事實，只有隨波逐流。而從「來自硫磺島的信」，讓我們看到人性在戰爭中的光輝，歷史雖以成敗論英雄，但英雄卻不以成敗作唯一的評價。

　　談到了人性我們往往馬上會墜入傳統哲學的四種說法，分別是：1.人性是善的、2.人性是惡的、3.人性不善也不惡、4.人性是捉摸不定的，因而無法判斷善惡。事實上，人的困擾與痛苦便是在於理想與現實的反差，卻也讓我們無法大聲說出人性是善的，因爲現實世界仍然存在著惡，人在抉擇上的痛苦即是由此而來，所謂「愛之欲其生，恨之欲其死」這種愛恨強烈的對比是如此巨大。但我們又常聽到「人性的弱點」的說法，或是「人性向善」之說，無形之中帶給我們一絲絲信心，但我們又要如何判斷呢？

　　我們從同一件事（指的是戰爭）的不同角度來探討人性的諸多問題，那到底一般人所說的「人性」是何概念？站在哲學角度的人性觀又是何種概念？於此，我們借用勞思光教授的說法，爲「人性」作一個比較清晰的概念導引：

> 理論地講，當我們講到「人之性」的時候，「性」可能有兩種不同的意義。一種是指「人」這種存在的一切性質；這就將「人」的物理性、生物性以及較高級的各種能力等等完全包括在內。另一意義是指「人」這種存在的獨有的性質；這就指人的本質條件。前一種意義的「性」，可用"Nature"表之，後一種意義的「性」，則相當於亞里斯多德所用的"Essence"。[1]

　　從上述的引文進而分析人性的概念，用英文字來說 human nature 包括了兩部分，一是 nature，另一則是 essence。Nature 是指我們人的物理性、生物性以及各種能力，這一部分可稱爲「自然之性」，是人與生俱來的本能以及後天經學習而得的能力，或是經驗的累積所形成的能力。人性的另一個內涵所指的是人之所以爲人的基本原因，這是一種價值自覺，只有人有，在別的生物上是找不到也看不到的特質，essence 的意義是指只有人才會有的特性。人有動物性、物理性

這是事實，其他的動物也是會有，古云：「飽暖思淫欲，飢寒起盜心。」這是動物性，是生物本能；而人不能見死不救，人應該遵守道德的約束和法律的規定，這是人之所以為人的本質。由於人生來即具有動物性，並且在自然狀態中，原本人就以動物性居多，而人之所以與其他動物不同，並不是隨波逐流的去發展動物性，而是要將人的 essence 發展出來。因為這是人類所獨具的能力：「人之異於禽獸者幾希」（孟子之言）。正是人不同於禽獸的這一點點能力，也是人的文化生活與價值判斷的根源，也是人擺脫獸性朝向人之性的起點，文化與文明即由此展開。

引進美國「卡內基訓練」，幫助企業發揮人力資源潛能，增強企業競爭力的黑幼龍先生在他所著的《贏在影響力》一書中的〈自序〉一文，有一段發人深省的話，可作為我們思考人性議題的參考：

> 如果你回想一下，會發現過去在探討人性時，多半也著重在人的缺點、問題、毛病方面。其實，我們大可幫助人找到自己的優點，肯定自己做得好的事，甚至發揮自己的天才，好好地活一生。[2]

在與人的互動過程中，我們經常以一種習慣及習以為常的方式評判自己和他人，這個習慣便是以負向思考的方式來作自我評析及批評他人，如此一來，我們只看到事物的一面，而沒有看到事物相對存在的另一面，看不到並不表示它就不存在。生活經驗中，卻也常常出現「樂觀的人會有好運氣，正向的人會有更多機會的情形」，一個人的思考若是採負向，難免看到的是障礙和失敗，如果他的人生觀是正向並且積極，那麼他比較容易看到機會。

繼續往下探討時我們便要問：「人性的弱點是什麼？」這是一個「大哉問」的問題。其實每個人對自我的評價及評價他人，應不是落在動物性或是物理性上，而是對人性 essence 的真實把握及擴充上。心理學大師 威廉·詹姆士（Willian James）說：「人類本質中最殷切的需求是：渴望受到肯定。」他所使用的字是渴望（craving），就如同口渴的人對喝水的盼望。若是順著 William

James 的思維，人性的弱點之答案便呼之欲出了──人性的弱點便是人渴望被人關懷。

　　在電影中我們看到對生命生存的渴望，看到對榮譽的渴望，縱使非死在沙場不可，我們也看到要有尊嚴的死去之渴望。受傷的士兵在垂死掙扎之際，仍然存在著對生命維續的渴望，日本軍官看到美國大兵受了傷，他仍然不放棄對他的救治，這是人超越動物性的地方，也是邁向一個人性關懷的開始。戰爭是動物性的行為，發生戰爭是出於無奈與人的自孽，而生命的尊嚴確是來自人超越動物性之後的反省與行動，這個渴望是自覺為人應該要有的態度，絲毫沒有做作，亦沒有扭曲，而是真情的流露。

　　黑幼龍先生在《贏在影響力》的那本書中，提及卡內基人際關係九大法則中的第二法則──給予真誠的讚賞與感謝，提到英國大文豪狄更斯的發跡過程，讀來令人為之動容。[3]

　　　十九世紀初，倫敦，一處陰暗的小閣樓中，有一個年輕男孩正在埋頭寫作。

　　　這個叫作查理・狄更斯的男孩，滿懷大志想要成為作家，但是事事不順利。由於父親沒有能力償還債務，鋃鐺入獄，使得這個年輕男孩只受過不到四年的正規學教教育，平時只能在破舊的倉庫工廠，從事黏貼標籤的工作。

　　　貧窮和饑餓並沒有抑止狄更斯對寫作的熱情，他寫了又寫，但是沒有一篇作品受到採用。

　　　終於有一天，他收到了一封編輯的來信，對他的作品表示稱讚。年輕男孩收到這封信之後，情緒十分激動，他漫無目的地在街頭漫步，淚水滾落面頰。這次投稿所得到的贊同和認可，改變了這個年輕人的生命，也改變了英國的文學史。那位寫信鼓勵狄更斯的編輯可能沒有料到，就是因為他樂意讚賞一個年輕的創作生命，今天的讀者才能讀到《雙城記》和《孤雛淚》這樣氣勢磅礴的文學名作。

　　從狄更斯的例子，我們了解到人性中那份渴望受到照顧、尊重與肯定的需求是如此的強烈，但是只要有人發現這個規律，並且善加運用，出於真誠而非虛偽的加以運用及擴充，必定會產生極大的效果。這種「受到重視的感覺」正也是人類的基本需求。而關懷別人也是一件重要的事，有句話說「人不為己，天誅地滅」，就人性的關懷角度而言，這句話實有改正的空間，一個人如果自私自利，總是想到自己而不去關心別人，恐怕朋友會越來越少，做事成功的機會是不高的。

　　理性地看待人，並且從中發現人性的弱點是人需要被他人關懷；而人又是天地間的產物，人與天、地並列為三才（中國《易經》的觀念）。根據生物學的研究，進化已不只是一項假設，而是確實的理論，進化的內容與意義是顯現「走向意識的上升過程」，自我的反省是進化的頂點，也是人性重要並且關鍵的試金石。依進化論的理論推演，人還能進化，但始終落在自我反省的範圍內進化。因此，我們可以說人性是不變的，不變的是經由自我的反省，反省生命中的過往，反省人類的未來，人性的弱點——人需要被他人關懷的論點亦是不變的。經由這一層的反省，才讓我們對人有那麼一點信心，把握到人性發展的上升過程，西洋哲學對此問題，給我們提供一個思省方向的導引：

　　然而，人之所以為人卻超越了大自然，因為他還有超過物質及必然世界的精神生活。人的精神認識深入事物內部核心，深入理解存有及存有之最後基礎及絕對存有。人的意志對一切有限事物享有至高無上的自由，而兼收並容一切的善，甚至能達到最高的善。由於精神生命超脫一切極限而在無限的領域中逍遙自在，所以是最高級的生命。因此對人而言精神是至上的，其他一出均處從屬地位。這最高層面深深影響並鑄造了人的其他層面，譬如感覺生活及外型（如直立）；因此，儘管人有許多層面，他始終是統一的整體。**4**

　　由人性回溯到人的基本觀念，當我們看到人的自然之性（nature），例如人的男女二性的關係，性機能本來就屬於純生物界，是生物性的傳宗接代功能，但

卻由於精神的介入，使得生物性有所提升，男女以授孕及愛的關係提升至男人可以成爲高貴的、有責任的父親，而女性亦因而成爲令人欽佩而景仰的母親，俗話說「女爲母則強」就是這個意思。父母與子女的關係，也因超越了生物界的範圍，提升至骨肉至親的親密關係，並且在人格上超越了生物界。換言之，人的整個人格亦爲男女未來的不同職責，蓋上一個無形並且深具意義的戳記。這種人性關懷的深入，造就了人高貴的氣質（humanity），使得人的能力及潛力可以向各方面去發展，而展現人的整體價值。

5.2 西洋哲學對人性的看法

　　希臘的神話故事被認為是西方文化的源頭之一，它不僅有著善惡與哀愁，更多的是人性與神性的諷刺和警惕。因為在希臘神話中，神就像是人一樣，有著種種不同的欲望，因而產生了悲劇與喜劇的情節，人最終是走向死亡，而神除了免除一死之外，他的困擾與痛苦，亦不因其為神而有所減低。為了對人性有個概括性的認識，我們不妨從神話故事中去發掘人性顯喻及隱喻的部分，更能指出人性所關切的層面與重點。

　　方東美教授曾說：「歐洲人有種習性，對人性既尊重又鄙視，若從中國的思想家來看，它們的說法相當怪異矛盾，然而深究之下，便知也有其根由。」[5]他介紹了如下的說法：

一、人是什麼？

　　古希臘從外邦傳入的奧菲派宗教（Orphic religion）根據他的看法，人類是由兩種神力所湊合而成。一種是純潔的善神，叫大安理索斯（Dionysus），一種是可怕的惡神，叫迪挺（Titan）。大安理索斯原是葡萄樹神，因為葡萄可以釀酒，所以又被尊為酒神，象徵著人們在酣飲美酒之後，能夠激發藝術美感，表現創造能力，在大安理索斯的鼓舞之下，連渺小粗俗的人都會歌舞吟唱，陶然忘我，所以後來大安理索斯又被尊為詩樂歌舞之神。他平時寄居在高山上，每到葡萄成熟、醞釀醇酒的時節，便會下山親近人間，激發人們美感，並且帶領男女老少一起上山酣歌醉舞，慶祝佳節。

　　然而，這種盛會被善嫉的迪挺看在眼裡，卻是妒火中燒，立刻乘其不備猝而擊之，撕成碎片，這副慘狀被「智慧之神」雅神娜（Athena）知道

了，立刻去報告宙斯。宙斯是最高的「公道之神」，聞之大怒，立刻用雷電
將迪挺擊成灰燼，但是深思之後，又覺善惡一起都毀了未免可惜，於是又派
「雕塑之神」阿波羅將那些灰燼重新塑做人形。由此我們可以看出，人類的
起源乃是以大安理索斯作靈魂，以迪挺作肉體，這兩者的怪異揉合，促使善
良的靈魂一直受罪惡的肉體幽禁，數千年以來，都在渴求解脫，從存在的輪
迴中得到超度。**6**

　　西洋文化中對於人性的討論及最後的結論，大體上不脫此根源。從中吾人可
理解出如下二點：

　　第一、人性被貶抑為先天性的惡，自從生命有肉體以來就是如此，除非死亡
不能解脫，因此，物質世界與肉體一樣，都成了罪惡的淵藪；第二、唯有肉體因
罪而死亡時，精神生命才能因上帝的賜予而展露出來，並且皈依於基督，但他的
新生命只有在堅決的出世之後才能得到，因為精神生命是不在物質世界的。因此
人的出路便是在尋找救贖，獲得神的恩賜赦免而重新獲得自由，並且依照宗教之
神的指示，過著規約的生活才能開啟救贖，這是唯一的機會。

　　如此的生命景象，對人類的原罪真是刻畫入微，此時人生猶如一張油畫，充
滿了陰鬱與黑暗，必須受苦受難才能解脫，西方的基督教遂有「原罪」之說，因
人類的遠祖亞當與夏娃犯了原罪而被逐出「伊甸園」因而浪浪人間，終其一生無
法脫離原罪的束縛，只有尋求告解及贖罪，方有得救之機。

　　希臘神話所顯示的道理，指出兩個層面：一是顯性的，另一則是隱性的。所
謂的顯性是人的天性或本性皆是自然（nature），這是生物本能，因此也就會有
Titan 的嫉妒之心如熊熊烈火，縱使是神亦不能例外，這亦如 Dionysus 對人可說
是無私的好，卻也死於非命。另一隱喻則是宇宙的主宰宙斯認為善與惡一起卻毀
了未免可惜，於是將善與惡揉在一塊成為了人的原貌，這種怪異的組合，使得
善與惡永遠處在掙扎與痛苦之中。讓我們從 human nature 的 nature 字源義上來探
討，應有助於我們進一步了解西方哲學對於 human nature 的看法，並且從其歷史
的演進中之到一些哲學意義：

英文 Nature 源自於拉丁文 Natura，意思完全和希臘文 Physis 一樣。這兩個字均和「出生」有關，首先表示 1.生命體生來就有或成長時出現的特徵。較廣意義 2.指任何存有物從其起源即已具有的本質特性。這兩種意義的 Nature 可以譯為「天性」、「本性」或「自然」。一般的用法往往把「天性」、「本性」與「本質」（Essence）視若同義，嚴格來說，天性在本質之上還加上動態成分；因為天性是存有物發展的起源：存有物之得以活動及感受，其內在基礎即係天性（本性）。從這一點去看，每一存在物均有其本性，人也如此，甚至神也不例外（但應屏除本性概念中的一切不完美及變化成分）。這樣的天性 3.就是寓於每一存有物以內的構造計畫，因此也限定它活動的標準；也就是說：自然律植根於天性。人以下的事物是無知的，因此必然地隨從自然律；有精神生活的人的自然律卻有倫理特徵，因為人知道他的自然律具有倫理的「應該」性，涉及他的自由。基於此，凡是違反自然律尤其違反倫理自然律的事，都顯得是違反天性或違反自然。有了這些背景，Nature 4.因此也指具變化的天性的事物之整體，中文可譯為自然界或大自然。泛神論認為這就是存有物的全部（斯比諾撒因此說：Deus sive natura ＝神即大自然）。通常我人稱具時空性事物的全部為自然界，因為均由其特殊的天性所產生、發展並一起構成自然秩序。由這一角度看去，自然界往往只包括一切的秩序意志；因此有人擬人化而稱之為「大自然母親」（Mother Nature）；也有人說大自然做任何事都不徒然，它不作任何跳躍（non facit saltus，意即一切按部就班）。**7**

　　人的本性或自然，是伴隨著生命的成長，所以天性自然如此，也就是說「自然之性」，由於人的生物性質某部分來說亦屬自然，所以自然之性是無法刻意加以忽視的；但是人的本質（essence）卻也給予人的尊嚴帶來一種可能性，那就是由此本質所發展出來的人的文化，因為文化是人自動地計畫、創造而發展的歷程與結果，這個時候人的本質顯現在不止息地為更高境界而奮鬥以實現自我。所以 human nature 可以包括如下數個具體的內容：1.人的靈魂、肉體和完整

的軀體；2.由此自然之物（人）而來的特性、傾向及活動的能量，包括人的理智和意志等，甚至包括經由此特性而發展自己達成最高目的之必要方法；3.人性有向外探索與自然相對立的「超自然」的意涵之傾向，此超自然是「外於自然」（preternatural）。以西方哲學出現過的觀念而言，即是由神的恩寵而分享神性生命。這個時候，人的本質性顯現而能跳脫生物性而進入人性，有了人性才能擺脫自然，如果不跳脫，其結果乃是人與自然皆在一切是經驗的、感官的原始狀態中，人與事物皆從屬於自然律，永遠只有在生與滅的來回擺盪中周而復始，而無歷史與文化可言。

像上述希臘神話所顯示的「人性觀」正好爲西方哲學糾纏不清的人性解釋提供一個思想的源頭，但也變成西方在「宗教」與「科學」二方面的困境。一方面走宗教的途徑，透過信仰之啓示，掌握人性的本質，人是原罪，所以人之性依然是帶著罪或惡，只有透過一個自然之外的絕對精神的救贖，才能找到人性。由於信仰具有排他性，所以只能依信仰而建立人性。另一個途徑則是科學的進路，透過知識能力而達於對人的理解，對人性的把握，但因受到唯科學論的影響，對人的解釋與人性的推演，必須符合科學原理，它的人性論及世界觀便只能是一套具有強烈批判色彩的知識論，否則即會被認定是虛幻。如此一來仍然沒有跳出希臘神話的困境。

由於在傳統西方哲學中，對於人性的理解，往往採用「惡性二分法」（Vicious Bifurcation），所以人性中也就出現了「大裂痕」（方東美先生語），這個大裂痕將人分成兩半，一方面，人是神的形象，而另一方面它卻又是惡魔的化身，水火不容，所以人的存在與現實不只是一種矛盾，更是一種內在的自我衝突，此世的肉身難脫罪惡，而善良的靈魂卻屬於他世不在現世，這是何等的悲哀啊！反觀在科學主義的觀點下，人性又是什麼？英國哲學家羅素曾有一段頗爲深入但卻又充滿灰色的描述：

人類只是一些前因的後果，根本無法預見未來，他的一切根源、成長、希望與恐懼、一切愛與信，都只是偶發元素的安排結果；因此事實上沒有任何熱

誠或任何思想與感覺，可以在入土死亡後，還能保存在生命的，所以當代所有的工作、所有的奉獻、所有的啟發、所有的天才，最後終將注定在太陽系中毀滅，而所有人類成就，更將無可避免的與宇宙殘骸一起被埋葬人生就是短暫與無力，在人類全體來說，其劫數終將無情的繼續下墜。[8]

　　從西方學術的觀點而言，不論是從宗教的觀點或科學的觀點，顯然對於人性並不是那麼的有把喔。進一步言，宗教觀之下對人性的看法，只有透過信仰的啓示而對人性有一掌握，但這樣的信仰很明顯地有強烈的排他性，因此必須建構一套附屬於神學的觀念系統乃成必然。其次，若是走入科學的場域，人生卻又是被切割得支離破碎，在科學的檢視下，一切事物的分析（包括對人的看法）必須符合科學原理，人的世界觀與人生的意義也能相應於此套批判性的知識系統，否則便是虛幻的表徵。如此一來，一切就只能從實際的世界中打轉，透過分析檢視，眼見爲憑。人性就變成了一組有待檢視的符號，人的本質性探討便束之高閣，或僅是以科學化、知識化的形式聊備一格而已。因此，對於人性觀念的思考，及人性在社會中的關鍵角色，我們必須超越宗教與科學的角度，尋找另一個層次文明的創造性思維，爲人性作詮釋，而不僅僅只是純粹文字的遊戲，我們對此問題的思考，應當要有一個更高的維度，而能替人類找到安身立命的基礎，同時也找到一種賦予意義所需的奮進動力。

　　西方文化中固有人性善惡二元之說，並且強調「罪與罰」的懲處，解決之道唯靠「救贖」的學說，同時對人性之惡似有過於強調負面之嫌，加上近代工業革命之後的科學主義之影響，更加深了人性性惡的思潮蓬勃而興，使得人性性善的說法逐漸退出歷史的舞臺。我們承認人的善端眞是不容易彰顯，正如要我們說出某人的優點，我們的習慣卻是經常說不出，可是若要說出某人的缺點，可能是不假思索便會有無數的缺點及批評湧上心頭，何以如此？這與教育、社會的風氣或是個性有關，而關鍵卻是來自人的心靈被蒙蔽或是未發現人有這種能力，可以將人性之善發揮出來，改造自我，改造世界。史蒂芬‧柯維（Stephen R. Covey）在其所著《與成功有約》（*The 7 Habits of Highly Effective People*）一書中，提到

一種主動積極的力量，就是掌握「選擇的自由」，他介紹一位二次大戰時被關在納粹集中營的心理學家法蘭柯（Victor Frankl）的故事：

　　法蘭柯是一位受過佛洛依德（Sigmund Freud）心理學派洗禮的決定論者。這個學派認為一個人的本性在幼年時期即已定形，而且會左右一生，日後改變的可能性微乎其微。

　　法蘭柯由於身為猶太裔心理學家，二次大戰期間被關進納粹（Nazi）死亡營，遭遇極其悲慘。父母、妻子與兄弟都死於納粹魔掌，唯一的親人只剩下一個妹妹。他本人則受到嚴刑拷打，朝不保夕。

　　有一天，他赤身獨處囚室，忽然之間意識到一種全新的感受。日後他將此感受命名為「人類終極的自由」（the last of the human freedoms），當時他只知曉這種自由是納粹軍人永遠無法剝奪的。在客觀環境上，他完全受制於人，但自我意識卻是獨立的，超脫於肉體束縛之外。他可以自行決定外界的刺激對本身的影響程度。換句話說，在刺激與回應之間，他發現自己還有選擇如何回應的自由與能力。

　　他在腦海中設想各式各樣的狀況。譬如說，獲釋後將如何站在講臺上，把這一段痛苦折磨學得的寶貴教訓，傳授給學生。

　　憑著想像與記憶，他不斷鍛鍊自己的意志，直到心靈的自由終於超越了納粹的禁錮。這種超越也感召了其他的囚犯，甚至獄卒。他協助獄友在苦難中找到意義，尋回自尊。

　　處在最惡劣的環境中，法蘭柯運用難得的自我意識天賦，發掘人性最可貴的一面，那就是人有「選擇的自由」（the freedom to choose），這種自由來自人類特有的四種天賦。除自我意識外，我們還擁有「想像力」（imagination），能超出現實之外；有「良知」（conscience），能明辨是非善惡；更有「獨立意志」（independent will），能夠不受外力影響，自行其是。[9]

　　跳脫西方二元論的限制，我們從法蘭柯的感人事跡中發現人有無窮的潛力，是人性最可貴的一面，一個人的意志讓他自己可以超越束縛、限制甚至是苦痛，替自己和別人找到活下去的意義，也尋回自尊。我們擁有「自我意識」、「想像力」、「良知」以及「獨立的意志」這四種本有的優秀能力，此種資質是本有而非外鑠，如此可以超越本能與外力的限制，可以不聽命於本能及屈服於環境，此種主動積極的人性觀給予我們一個新的視野，衝破藩籬，即如印度聖雄甘地之名言：「若非拱手讓人，任何人無法剝奪我們的自尊。」

5.3 儒家哲學對人性的看法

在本章的第二節，我們從西方哲學中的兩大顯學——宗教與科學之觀點中來討論人性，不免讓人陷入失望與憂鬱的情境之中，難道人性是那樣的卑賤到無法尋找人的主體價值，只能從救贖中找到自我，或是人性就是負面的、機械的傾向嗎？宗教的意旨在追求人生的極樂，為現世及來世找到活下去的根由，是在求到達「聖」之境界。而科學則是在探討「真理」，求得知識的統整與系統，為人生求得一個「真」字。兩者都不可偏廢，亦有其價值，但是「人」卻不能貶低自己，畢竟社會文化與世界進步或退步的關鍵及發動者仍然在人身上，而人性更是居於核心地位。

中國哲學的內涵及其組成要素，主流思想不外是儒家、道家與佛學三個學派。由於長時間的融滲及哲學內容共通的因素，自宋明以來，這三個學派的思想，基本上已糅合為一互相充實，而稱為廣義的中國哲學及中國文化。所以客觀地說中國哲學可稱之為「東方的智慧」，尤其是對「人性」的看法，中國哲學的人性論純以「哲學的思考」（philosophical thinking）為根據，進而有了「哲學的突破」（philosophical breakthrough），既看不出有某一特定宗教出世的教義，也沒有走上避世、遁世之途。這種「極高明而道中庸」的思想當是以儒家為核心，進而指導世俗的生活。以下吾人將就字源義、本質義及發用義三者加以論述中國哲學對人性的看法：

一、自字源義而言：性由「生」字孳乳而來，其意乃指自無出有之出生與生命。

當代新儒家學者徐復觀在其《中國人性論史——先秦篇》一書中即說[10]：

生之本義為「象草木生出土上」；故作動詞用則為自無出有之出生；作名詞用則為出生以後之生命。許氏說文「性，人之陽氣，性善者也，從心，生聲。」按以陰陽釋性情，乃於漢初。許氏對性字的解釋，乃以漢儒之說為依據，固非性字之本義；而對「從心，生聲」，亦無進一步之說明。謹按由現在可以看到的有關性字早期的典籍加以歸納，性之原義，應指人生而即有之欲望、能力等而言，有如今日所說之「本能」。其所以從心者，心字出現甚早，古人多從知覺感覺來說心；人的欲望、能力，多通過知覺感覺而始見，亦即須通過心而始見，所以性字便從心。其所以從生者，既係標聲，同時亦即標義；此種欲望等等作用，乃生而即有，且具備於人的生命之中；在生命之中，人自覺有此種作用，非由後起，於是即稱此生而即有的作用為性；所以性字應為形聲兼會意字。此當為性字之本意。

徐氏進一步指出：「中國的人性論，發生於人文精神進一步的反省。所以人文精神之出現為人性論得以成立的前提條件。中國文化，為人文精神的文化，……中國的人文精神以人為中心的這一點上，固然與西方的人文主義相同；但在內容上，卻相同的很少，而不可輕率比附。中國的人文精神，並非突然出現，而係經過長期孕育，尤其是經過神權的精神解放而來的。」[11]因此，「性」字本從生，即是「象草木生出土上」的本義，此「生」指的是生命，人無生命即無現實，只是虛無，萬物無生亦不知其將如何，因此「生」是性的字源義。即如方東美先生之論述，他對「生」有著精彩的說明：

所以就哲學立場來說，真正的中國人認為，生命之美就因根植於此世，所以能萬物含生，勁氣充周，進而榮茂條暢，芳潔璨溢，蔚成雄渾壯闊的生命氣象，令人滿心讚歎，生意盎然。我們的理想世界就是將此現實世界提升點化成為絕妙勝境，我們的理想德業就是在此現實世界上腳踏實地，奮發努力。除非我們能先確認這一個中心思想，否則對中國哲學的人性論將無從談起。[12]

　　方東美先生認為：「『性』字（nature），特別是『人性』，在中國哲學上，大都作『生』字解（life），自周代一直到唐朝，很少例外，人類受命以生，或本天命，或法自然，成就於人，形於一體，都可以叫作『性』——更確切的說，就是人性。」**13**

　　此處之生命當然是指人的自然生命，就人的生活能力及本能而言，人實無法獨立自主，自幼童以至於成人，這個過程皆屬本能的自然狀態，饑餓則哭，哭飽則睡，所以才會有將人與動物作一比擬，這純粹是自然之性的表現。但人若是一輩子皆是如此，那恐怕文化與文明就無從建立，所以人之性固從「生」而來，但其本質意義應所有突破，人才會有文化與文明。以下續述之。

二、自本質義而言，中國哲學提出以心釋性，心是主腦而產生人應然之德行。

　　方東美先生在《中國人的人生觀》一書提出：一個縱貫法的簡圖說明這種發展：**14**

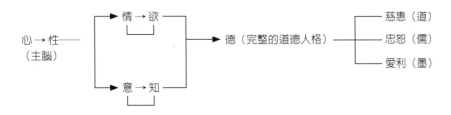

　　透過上述縱貫法的圖示，我們了解到此種由核心觀念至行為表現，其發展的進路是由心到性，而後是性的發展透過情與理而至於德，但心才是一切生命意識活動、感官活動的決策中樞，人的思想、意識、行為無不受到心的影響。此心已超越生物功能的心，而是自我的靈明及主體價值意識，它是由天地之仁心而孕育而成人的心，是人的純粹至善，因而由人心之至善，開出人性的完善與完美。天

地之心爲人立規，人之心秉天地之心而有仁的美善，而能振起精神，積健爲雄。因此人便是以性承心，以心繼天，天既然生生化育萬物，生生謂之易，故以生爲心，而能生生不已，生生爲德，性承天心，亦無惡理之可能。而且人是高等的理性動物，以心御行，以心統御性情，人有這個至善之心方爲主體價值意識，有自制之力克服人之情欲糾結的惡，因此心善之理乃成中國哲學的主流價值的核心觀念，並進而指導人性的發展，糾正後天之情欲產生行爲的惡及偏差。如果不走此正途，人之心即無主宰，無道德判斷，人之性只會逐漸向性惡一邊傾斜，此時人的性回到動物性的本能領域，若是如此的發展下去，便是荀子所觀察到的實然世界「性惡」領域，不能不察。

三、自發用義而言，人之性即在成就聖人氣象。

　　馮友蘭在《新原道》一書，即以孟子之言作爲人性善以成聖人氣象之依據。儒家是以主張「仁義」之說而著稱於世，仁義合而言之即是道德行爲，而此道德行爲只見於人身，而未見於其他動物身上，可見具有仁義美善之人才是儒家所要實現的聖人氣象。馮友蘭說：

> 孟子說：「仁，人心也。」（《孟子·告子》上）《中庸》說：「仁者，人也。」程伊川說：「公而以人體之謂之仁。」（《遺書》卷十七）無條件地作與社會有利，與別人有利的事是行義。若如此作只是因爲無條件地應該如此作，則其行爲是義的行爲。若一個人於求社會的利，求別人的利時，不但是因爲無條件地應該如此作，而對於社會，對於別人，有一種忠愛惻怛之心，如現在所謂同情心，則是人的心，就是人的惻隱之心、同情心。以惻隱之心行義謂之仁。所以說「仁，人心也」，「仁者，人也」。孟子亦說：「惻隱之心，仁之端也。」（《孟子·公孫丑》）義可以包仁，是仁底行爲，必亦是義的行爲。[15]

曾昭旭曾以「人性的兩重需求與人性發展的兩階段」概念為基礎，他提出人有初級與進級的兩重需求，首先是在初級需求部分：

> 凡人之存在，都有初級與進級兩重需求。其初級需求就是與一切動物乃至生物相同的生存需求。告子即以此界定人性（人之動物性），而說「食色性也」（《孟子·告子上》）。也可以用美國羅斯福總統向美國人民許諾的四大自由的前兩項來表示，就是「免於匱乏的自由」與「免於恐懼的自由」，亦即民生必需物資的需求與安全感的需求。
>
> 這重需求當然是有優先性乃至迫切性的，當其尚未獲得充分滿足之前，是無暇亦無心去感知、關懷進級的人性需求。因此人的生活自然會環繞謀生這核心而展開，是為「以謀生為生活中心」。為了滿足這重需求，人除了要努力工作，還需納入一「集體安全體制」，也就是從政治到家庭的各種社會組織（尤其是傾向於權威的組織、體制），依附強而有力的管理階層的領導（君、父、男人），以獲取安全的保障。這就是過去以「三綱」（父子、君臣、夫妻或說男女）為名，以尊卑上下為關係特色（管理者與被管理者）的社會結構。**16**

其次，在進級需求方面，他認為：

> 但當人性的初級需求已獲得滿足，或社會的進步發展到可以普遍滿足人的初級需求時，一種屬於人所特有而動物沒有的進級需求便會出現，那就是意義、價值、尊嚴、自由與愛的需求，或總稱為自我實現的需求。孟子即從此處界定人性，而說：「人之所以異於禽獸者幾希，庶民去之，君子存之。」（《孟子·離婁下》）而且即訂這樣的行為價值之源，而說人之性善。
>
> 這種價值的需求如果獲得滿足，人就會真正感到悅樂，這可稱之為「正向的存在感」；如果不得到滿足，人就會到憂、懼、惑、尤（依儒

家）、負累（依道家，即心理倦怠感）、煩惱（依佛家），或空虛、無聊、煩悶，這可總稱之為「負向的存在感」，實即是一種不存在感。這當然是來自意義感付之闕如而非衣食的匱乏。而這種因意義缺如而產生的負向存在感是當人還沒吃飽之時不會產生的，所以嚴格地說，當人衣食未周時，只是動物而還不足以稱為人，須得這種意義之需求產生，且因不得滿足而感到空虛煩悶之時，人才進入人的範圍。因此這種強烈要求要成為仁的心靈需求，乃可界定為人性的進級需求。**17**

在哲學史上有許多的哲學家對於「心與性」的問題有過爭辯，尤其是在人性的善與惡問題上。但底下吾人引出數則智者之言以證明心之善確為人走向「正向的存在感」之可能：

1.《孟子・盡心篇》：「君子所性，仁義禮智根於心。」
2.《孟子・告子篇》：「心之所同然者，謂禮之義也。」
3.《荀子・解蔽》：「心者形之君也，而神明之主也。」
4.《荀子・正名》：「心也者，道之主宰也，……心合於道。」
5.《管子・七法》：「實也、誠也、厚也、施也、度也、恕也，謂之心術。」
6.《周易・文言》：「君子黃（皇）中通理，正位居體，美在其中，而暢於四支，發於事業，美之至也。」
7.宋儒程伊川：「心譬如穀種，生之性便是仁。」又曰：「心本善，發於思慮，則有善有不善。」
8.清儒戴東原《原善上》：「仁義之心，原於天地之德者也。」又《原善中》：「天地之心，可以一言盡，仁而已矣。」「人之心，可以一言盡，仁而已矣。」

所以方東美先生認為：「中國人對『心』的看法，與西方大不相同，對我

們來說，心代表了1.精神的作用，2.理知的核心，3.良心的本質，4.感情的源頭，5.斡旋的官能。事實上，『心』就是所有這些整合的一體，而『心善論』乃是所有中國哲學家的共同肯定。」18

由此可知中國哲學肯定人的心善具有普遍性，但是為何後來會有性善性惡的大辯論，包括告子與孟子的辯論而喋喋不休，鄔昆如教授在〈性善性惡的反省與檢討——漢儒的人性論〉一文之前言，點出了爭辯的關鍵：19

先秦儒家道德取向的哲學，在人性的探討方面，最易突現為辯論的課題的，首推孟子的性善與荀子的性惡。善惡問題原是心靈生命中對「應然」問題的反省；而孟子的性善取向於「道德我」的「應然」面向，荀子的性惡則取向於「真實我」的「實然」事象。而這兩種面向都實現在社會人際關係中，對「他人」之好壞、利弊、得失作為再批判的尺度與地點。而孟子「應然」只保證了「善端」，卻未必催生出道德行為；荀子「實然」的了解則揭開了倫常的敗壞；兩位大哲在這裡，都認定「教育」可以揚善隱惡；孟子從「性善」到「善行」還是要透過「孟母三遷」以及「斷機教子」的機會教育；而荀子的「化性起偽」更是需要教化才為功。

社會秩序的失調從春秋時代開始，就有先知先覺之士挺身而出，指點迷津，提出化解之道：孔子和孟子的學理，雖不能為當時社會作出當下的時效，但在比春秋更亂的戰國，從孔子學說的儒家，以及從老子學說的道家，仍然設法透過理論的實踐，來挽救衰世。孟子的性善，荀子的性惡，就是典型的代表。可是，荀子性惡說所希望的教化，卻沒有如期地完成，倒是支持了法家的具體運作，更使秦併吞六國後，實施嚴刑峻法的暴政。

由此脈絡觀察，我們從儒家的義理脈絡中，將「人性」的問題作一澄清，「心性」的問題在中國哲學中，是以孟子的「性善說」為主流，在〈盡心〉篇，孟子提出「盡心、知性、以知天」以及「存心、養性、以事天」的高度領域，亦由主觀的「主體我」之意識，以擴充存心養性的方式，走向客觀的「大我」之境

界。所以「人性」的問題，端視自己有無發現及涵養擴充這種仁義之心性，並且還要存其心養其性而擴充之，若能如此，人性的意義與價值才能貞定如一，有了自覺心，自覺爲人，因而有作價值判斷的能力，才不會淪爲情欲之軀、血肉之軀的附庸，也才能彰顯儒家人性論的價值。

第六章　終極信仰

6.1　終極信仰的意義

　　哲學的理性思考，旨在提醒人要過著一種有意義並且經過反省的生活，人活在世上不過是數十寒暑，要過一種有意義的生活，除了是自身的努力，對身邊事物的演變要經常保持靈敏度之外，有一個問題是不能逃避的，那就是對人生與世界終極意義的探索。這個觀念也正是哲學不同於其他學問的地方。因為從價值源頭上的確認，才能使得現實生活的種種立論與行為有所依據與遵循，根據沈清松教授在《解除世界魔咒》一書中的見解，「終極信仰」的觀念如下：[1]

　　　　終極信仰是指一個歷史性的生活團體的成員，由於對人生與世界之究竟意義之終極關懷，而將自己的生命所投向之最後根基，例如，希伯來民族和基督宗教的終極信仰是投向一個有位格的創造主；中國人所相信的「天」、「上帝」、「老天爺」，或「常道」等等亦表現了中國人之終極信仰。

　　　　終極信仰有時明顯，有時隱微，視當事人有否知覺而定。若當事人對自己的終極信仰有所知覺，則為顯態之終極信仰，但若當事人對此並無知覺，其實又有終極信仰在，則為隱態之終極信仰。其次，有些終極信仰是超越的，有些是內在的，有些則是既超越又內在的，視信仰的對象與信仰的主體間之關係而定。最後，終極信仰在歷史上的發展，常會經歷俗化之歷程，而這種俗化歷程在知識階層和在民間百姓身上所展現者，並不盡相同。前者走向理性化和內在化，後者則是走向功利化。但是無論或隱或顯、或超越或內在、或聖化或俗化，終極信仰畢竟不可化約為以下任一系統，尤其不可視之為認知系統之一種型態而已。

　　從上述的定義來看，終極信仰有時候是顯性的，有時候是隱性的，如個人對某一理念的堅持與執著，形成個人生活與實踐的標竿，並且成為人格特質，如有

「非洲之父」之稱的史懷哲醫生，原爲管風琴演奏家、神學院教授，年少及立志
爲社會服務，只因二十九歲看到一篇傳教士的非洲報導，述說剛果雨林有眾多飢
餓兒童及麻瘋病流行，一百平方公里，不見一位醫護人員，於是二十九歲才去學
醫，三十八歲遠赴非洲懸壺濟世，求仁得仁，七十七歲獲得諾貝爾和平獎，造福
落後地區，改善了當地人民的健康與生活而爲舉世所推崇。在今天，我們常常聽
到「人文關懷」、「發揮人性的光明面」、「追求社會正義的實現」等口號或是
某些關懷社會弱勢族群、不幸的少數特定的族群之主張，這些皆是屬於一種人文
性質的終極信仰。以對某種理念加以詮釋並以行動追求實現來看，皆是屬於終極
信仰的範疇。

其次，終極信仰也有可能是隱性的，他所表現出來的可能不是拋頭顱、撒熱
血的生命豪情，而是默默的行善，在社會上到處可見許多善心人士默默耕耘造福
人群，這些人可能並不太喜歡拋頭露面，但是只要是符合這些信念並且與其所追
求的價值信念相符合，這些行爲皆能被解釋爲符合隱性的終極信仰之觀念。例如
在南臺灣嘉義頗富盛名，造橋鋪路的「嘉邑行善團」即是一例，行善的作爲便是
他們的終極信仰。於是我們看到在他們身上「諸惡莫作，眾善奉行」的信念。在
終極信仰中，最常被大家所關注的，莫如宗教。宗教所強調的是一種造物主對人
的啓示，人透過「啓示」以獲得救贖，宗教的信念及理念不全是來自純粹理性的
思考，或是反覆詰難、思辯而得的觀念及宗教的行爲，在這樣的發展歷程上，讓
我們看到「聖化」與「俗化」之二條不同發展的路線。以臺灣的宗教信仰爲例，
對「慈濟」的認同與奉獻，是許多人津津樂道的，並且以參加慈濟各項志業爲無
上的光榮，從這幾年來慈濟對社會的影響力大增，對於宗教教化功能的重視及提
倡，讓我們看到終極信仰的顯性作用，是爲終極信中最爲傑出者，慈濟在各種人
禍或天然的災害中，他們的名言──「最早到、最晚走」之精神，頗令人動容。
在臺灣的山地或窮鄉僻壤之處，我們也看到了許多來自歐美國家的天主教神父及
修女、基督教的牧師，在宗教信仰的支持下，犧牲奉獻造福原住民，亦同樣令人
敬佩。任何一個宗教，要成爲眾人信仰的重心，定有其吸引人之處，宗教在理性
上及心智上之辨識皆屬超越的心靈，同時又要能走入俗化的歷程，喚起信仰者的

追隨，完成人間福田或地上天國的使命，確實有其獨到之處。基督教、天主教、佛教的茁壯和在當地社會形成顯學，風行草偃變成全民一致追隨與認同的信仰，這的確是顯性又超越的終極信仰。再如：臺灣臺中大甲鎮瀾宮的媽祖遶境活動，吸引了無數的信徒，徒步到新港，風雨無阻年年如此，信徒虔誠的心意及行動表現可說是至真、至美、至善的表現，以個人身歷其境，虔誠信仰的歷史經驗，道出媽祖與他們之間的那種內在神祕契合（神祕的經驗），可看出這是宗教的俗化過程，但祂深植人心，並且為信仰者所堅信不移，確實也是終極信仰的一種典範。這事實皆讓人不得不面對終極信仰的問題，那些信徒可能說不出一套大道理，或是建構系統化的哲學，學院式般講求嚴謹的論證，但是終極信仰就是有此足以打動人們心弦、鼓舞熱情響應而起的衝動，這是一個很有趣的話題，但可由此看出了人的有限性以及無限創造的可能，和對神祕世界開放的態度。

　　《哲學與文化》雜誌第二百九十五期的社論，篇名為「終極關懷」，其中提到了一些重要的論點，或許更能讓我們清楚捕捉到「終極信仰」的思考，包括顯性與隱性的終極關懷；在臺灣曾發生過以宗教之名來詐財的事件，或是假借宗教之名而行違反社會法律及公序良俗之實，造成對宗教的誤解。為了讓大家對「終極信仰」有更清楚的認識，不妨先從「宗教」角度予以把握，尤其是該篇文章提到中國大陸前國家主席江澤民的困惑：「為何西方的一些大思想家，尤其是大科學家，個個都是虔誠的宗教信徒這個問題。」其實說穿了這個問題即是在碰觸「終極信仰」的內涵與價值問題，以下引述這篇文章，或許有助於大家對「終極信仰」有更進一步的理解：

所有的政治關懷只涉及到今生今世，以及此世的利益。人生問題一旦涉及到來生來世，涉及到彼岸的禍福時，勢必進入到「終極關懷」的課題。也唯有智者與信徒，就在平常日子，也知道經營自身終極問題的出路。當然，一個政治家，尤其是一般政客，也總是要在「臨終」時，才意識到自己一生所致力的，未必在面對死亡，就要進入來生來世，就要從此世走向彼岸時，有何助益。**2**

　　從上述的這段話看來，可見「終極信仰」是一個人在此生此世所必須予以認識的，而不是等到死後才有所謂的審判，此點與基督教所謂「死後才有審判」稍有不同。換言之，人是要在有生之年，完成其終極關懷的目標，才稱得上不枉費這一生。宗教上所稱的「天國」和「涅槃」是要在人間世完成，這才稱作是「地上天國」和「人間淨土」。因此，人生的智慧與歷練的可貴之處，是人們在關懷此時此刻之福利時，能不忘掉來世幸福的追求，在注重肉體利益時，也不忘記靈性生命的境界。知識分子更要在人生的體驗中，創造文化，在文化中實現人性的光輝。

　　在該篇社論之結語，也提到宗教所扮演的角色：

宗教存在的合理性，也就是因為它是終極關懷課題的解答者；各種學科之要對宗教開放，也正因為世上各種關懷到最後勢必進入終極關懷的關鍵時刻，科學家、大學問家，在面對「死亡」時，跟最普通的一般老百姓一樣，都面臨到來生來世的課題，而亦將意識到，在來生來世面前，今生今世的一切，都將顯得微不足道。[3]

　　宗教是屬於「終極信仰」內涵中的一個重要部分，並且由此終極關懷而產生一系列的思潮，包括對人性的理解、生命的安頓、現實生活的規範，和來世的預測。人在宗教的領域中，變成是在一個預先安排布局之下的棋子，有的人接受這樣的安排，有的人便反對這樣的安排。譬如：德國近代哲學家尼采所說的：「上帝已經死亡。」但不管如何，終極信仰絕對不是人在嚥下最後一口氣時，才想到的問題，也不是因著個人的需要或功利主義之想法才產生的一個觀念或衝動，而是我們在此生此世，當下即應培養的一種普世的關懷。

　　再往更深一層思考，人在現實世界的思維表現及對自身意義的反省，使得我人必須正視此一問題。人一方面追求在此生此世找尋生命的意義，但另一方面也不免讓我們擲筆而歎，今生今世的任何事物皆不是吾人可以滿足自我突破與成就的對象，對存在意義的深度思考永不滿足。此種情形也就呈現渴望與焦慮交織

之情況，即如沈清松教授所言的「界限狀況」的概念，使得吾人裹足不前，人在
面對生、老、病、死諸問題，或者不在預期中出現的事時，我們莫不深感無可奈
何，人人深深覺得無能為力，尤其是在判斷的問題上，有時候不免對人性失去信
心。也正是因為如此，面對這些「界限狀況」，人要求超越現狀與免除羈絆之心
便油然而生。因此從超越的角度而言，「終極信仰」正式開啓了人生生活的另一
扇窗。這扇窗，讓陽光照射進來，使我們更清楚地知道人人在現世該如何生活，
該如何實現對自己的關心、對他人的關心、對社會的關心和對超越界的關懷，並
由此開啓與超越的世界展開對話。

　　回顧從十九世紀以來的西方文明，在失去原有的宗教性終極信仰之心靈
後，文明的內涵化約為簡單的「人與物」的二元關係，在這個觀念之下，僅有並
且只有唯一的表現方式，便是要在科技與經濟上去表現人類的創造力，甚至把這
樣的成就譽為「人性的光輝」、「人類偉大的文明」。科技無疑是近代的寵兒，
人類的生活也少不了它，科技所呈現給我們的是，人是如何宰制利用物質世界。
邇近的科技發展神速，在可預知的未來，將會看到「複製人」的出現，這可能帶
來人類文明發展的另一巨大衝擊，屆時我們又要怎麼來面對，確實是必須深思的
課題。經濟的發展，讓我們在民生問題上享受到前所未有的成果，物質享受是最
具體的表現，但不管如何，科技與經濟的成就層面終究是一種過程而不是目的。
從終極信仰的角度來說，只要人類無法擺脫死亡這一關，這些課題與處理的方法
皆是過程，我們也無法把科技與經濟當成是目的，二者是無法使人在終極信仰的
課題中找到安身立命的理由。

6.2　中國哲學「終極信仰」的理念

　　從比較哲學的角度來說，中國哲學的「終極信仰」（終極關懷）毋寧說是內在的、隱性的、人文的、現世的、修己安人的思想型態，對於採取超越及帶有信仰性的觀點的形上關懷，並不是中國哲人所特別關心及注重的部分。「天」的觀念，是中國哲學家在「終極關懷」的信念中，所共同關心的焦點，中國哲學家由對「天」的理解，而去發展出他們每個人的思維特色與哲學系統的建立。論及「終極信仰」在中國哲學的發展歷程，先秦時期「人文化的宗教」概念是一個開端。更是人文主義理念之源頭。方東美先生在〈中國形上學中之宇宙與個人〉一文中，以生動的筆調道出哲人對「天」的理解：

> 天德施生，地德成化，騰為萬有，非惟不減不滅，而且生生不已，寓諸無竟。因此呈現於吾人之前者，遂為浩瀚無涯，大化流行之全幅生命景象，人亦得以參與此永恆無限、生生不已之創化歷程，並在此「動而健」之宇宙歷程中取得中樞地位。[4]

　　正因為如此，方東美先生認為中國形上學具有兩大特色：「第一、肯定天道之創造力，充塞宇宙，流衍變化，萬物由之而出（《易》曰：「大哉乾元！萬物資始，乃統天。」）；第二、強調人性之內在價值，翕含譬弘，發揚光大，妙與宇宙秩序，合德無間。」[5]這樣的描述，讓吾人是得天之偉大，獨人能予思維描述和完整的表達，這是人之特殊性所在。肯定了這個超越源頭，人的所作所為才有意義，並且代表著天地創生和包容。即如前面所述這個終極信仰是人生活與行為的價值淵源，也就是生活的動力來源。在現實世界看待行為的意義，端看是否契合行為背後存在的價值觀，而不是停留在表象的層次，僅是看到浮面與表層而已。就中國哲學之內涵而言，先秦儒、道、墨三家是最具代表性的三個學派，他們的哲學影響了中國人的價值觀與行為表現。對「終極信仰」這樣的課題而言，

儒家所提供的是人間的生活處世智慧，對現世的關懷，是從自己修身做起，以仁爲本，充滿德性，達到德性的圓融，內心的平安喜悅，對人間事物充滿人文關懷，對人、對事、對物皆有更上一層次上的價值提升，對人生順境與逆境的反應充滿信心與執著。

反觀道家是在無窮的時空中，展示無限豐富的可能性。對於終極關懷，老莊認爲是「瀟然而來，瀟然而往」，人們所作所爲，即是重新找回失落的自然之道，依道而行，遊於無窮，從生死的憂困中獲得解脫，解除生命痛苦的倒懸。

第三個要介紹的是墨家，墨家爲「終極信仰」提出一個很完整的觀點即是「天志」的思想，爲中國哲學開出另一個思維的空間。墨子的「天志」理念實有別於儒、道二家的論點，其思爲確實與衆不同，以下分述影響中國文化最深遠的三家學派。

一、儒　家

儒家哲學是中國悠久的文化傳統，原始儒家的哲學是構成中國文化的一個重要內涵，從孔子以降的儒家諸子，無不是以「經世濟民、安身立命」爲社會關懷的起點，並且依循這樣的理念作爲終極信仰的歸趨，這種著重現世的一切脈動，強調現世價值實現的取向，使得「來世」的觀念並未成爲儒家重要的關切焦點，對「現世」的經營和關注，確有其動人心弦的一章。而對「現世」與「來世」二者的關聯性，鄭志明在〈儒家的現世性與宗教性〉一文中，看法如下：

> 談儒學的現世性格，就不能不談儒學的宗教性格。儒學的「理」能不斷地與時代的「事」相貫通與實踐，不只是其「理」具有哲理的學術性格，還具有著超越的宗教性格。儒學的「理」在現世的操作下，除了是形上的抽象理念外，亦是具體的信仰情感。[6]

　　上述的這段話，我們再予簡約地說，儒家把古代的「主宰之天」化成「義理之天」而成「天道」的觀念，這個「天道」是內在於吾人之心，它是超越而內在的觀念，宇宙的運行秩序本是天道之用，天道給予人們一種社會生活的規範和價值標準，天道的內涵就是人生具體的目的與歸宿，從天道內涵之眞、善、美，推出人的該做與當爲，人的生活目的應是如何。宋明理學所主張的「存天理、去人欲」即可看到天道落在人心上的價值判斷。在儒家的哲學系統中，「天道」可以與任何宗教形式相結合，滿足孟子所說的「盡己之性、盡物之性、與天地參」的體認和實踐程序，孟子之言正足以說明天道滿足人之自我與宇宙合爲一體的期望與過程，個人存在的現世意義也得到完整的解釋。而對於人的奮鬥，孔、孟二子首先強調自我肯定，正是「爲仁由己」、「仁心義路」之實踐，勉人「知其不可爲而爲」。對於人的自然生命之限制與有限，他們提出「天命」的論點來作爲心靈寄託與自我消解矛盾的基礎。唐君毅在〈論中國原始宗教與儒家天道觀之關係兼論中國哲學之起源〉一文中，對此問題曾深入剖析，他肯定儒學的「天道」思想源自於中國古老的「天神」與「天命」信仰，將宗教成分加以淨化，保留「理」的超越性與哲學性[7]。如此一來，「天道」與「天命」是一脈相承，肯定了天地化生萬物的根據依據，此「理」是天人合一之哩，人在現世便是依理而言、依理而行、依理而動，人有了這個「理」，有理走遍天下，無理寸步難行，人在宇宙中找到了安身立命的依據。當「理」落在人文之事上時，「人文化成」便是理的作用，而「人文化成」也就成爲儒者現實關懷的理念，西方哲學強調的「宗教的」與「超越的」的終極關懷，便不是儒者首先要思考的第一命題，因此「終極信仰」的信念與態度隱而不顯，顯而易學的便是要教導人如何面對人生的眞實，包括道德關懷的世界，實現仁心義路的和諧社會，如何讓這些理想能早日實現，就成爲必須予以正視及實踐的目標。因此，此生的價值不是來世，而是「風聲、雨聲、讀書聲，聲聲入耳；家事、國事、天下事，事事關心」，更是「先天下之憂而憂，後天下之樂而樂」的知識分子強烈道德使命感的性格。是故儒家在現世由形上天道開出仁心義路，以造福百姓，提倡義理深植我心教化群倫爲職志，其終極信仰確是一種對人間普遍關懷的表現。

二、道　家

　　談到道家，不得不讓我們想起老子的智慧和莊子的瀟灑，這種智慧和灑脫，事實上影響了中國文人的性格。比較著名的例子是陶淵明不為五斗米折腰，那種「採菊東籬下，悠然見南山」的灑脫與不羈於物質條件之情懷，實有其可觀之處。當孔子還在為「我已如此努力，為何事事不能如我所願」尋找答案時，老子已經輕鬆自在的坐在山頭上，欣賞著大自然創造萬物的奧妙與神祕，不禁啞然而笑，何必自討苦吃呢？這本來就是很自然的事呀！不值得大驚小怪，所謂「天下本無事，庸人自擾之」。中國哲學對「道」的本質理解，在「內在性與超越性」的範疇中，老子的「道」實為鳳毛麟角的大智慧，在《道德經》二十五章開宗明義指出：「人法地，地法天，天法道，道法自然」，在第六十二章「道者，萬物之奧，善人之寶，不善人之所保」。「自然」二字道出「道」的內涵以及優越性與崇高性，使得在「道法自然」的前提下，人世間的所作所為，皆屬於「道在萬物」、「道在人間」的素樸表現。因此，道家的終極信仰之觀念說是隨著老子對「自然」的解釋而大幅度的降低具有主宰義的信仰意涵，天、地、人三者同歸於道，同入於道的整體觀中。再來看莊子對「道」的發揮：

> 夫道，有情有信，無為無形，可傳而不可受，可得而不可見；自本自根，未有天地，自古以固存；神鬼神帝，生天生地，在太極之先而不為高，在六極之下而不為深，先天地而不為久，長於上古而不為老。（《莊子・大宗師》）

　　於此可看出「高」、「深」、「久」、「老」等具空間性和時間性的觀念和「道」無任何關聯，「道」的自本自根便落於「物物在己」的範疇中。由此論點來看，老莊哲學的終極信仰，是鼓勵人應當學習自然的種種演變之理，如「上善如水。水善利萬物而不爭」，再如「以其不爭，故天下莫能與之爭」，人間世應有的作為其實是「道法自然」，處世的智慧是以「返璞歸真」、「自然無為」為

主軸，開出生命存在的法門頗值玩味。

1. 功成不居：「生而不有，為而不恃，長而不宰」、「功遂身退，天之道」、「生而不有，為而不恃，功成而弗居；夫為弗居，是以不去。」
2. 盈不可久：「故飄風不終朝，驟雨不終日，孰為此者？天地。天地尚不能久，而況於人乎！」
3. 禍福無門：「禍兮福所依，福兮禍之所伏」、「故物或損之而益，或益之而損。」
4. 柔弱勝剛強：「天下莫柔弱於水，而攻堅強者莫之能勝，以其無以易之。」

　　後起之秀的莊子，對道家的「道法自然」之核心觀念有更深一層的發揮，由於道家所關切者不是超越界的一切或對象，而是我人自身所處的社會，人的終極關懷便是如何塑照一個健全的自我，莊子的「自然無為」點出了人性的自由伸展與人格的光榮發展，但自我的個性與亦念都不能過分突出與主張。「無為」是要人不要以自己的意欲強行加諸他人，這種「自然無為」的觀念是反對人的虛偽及刻意的造作，自然界四時運行，萬物滋長，這一切皆自然而已。以莊子那種大氣魄和強調人的自由來看，如下的三段話，確有發人深省之處。

　　　　昔者海鳥止於魯郊，魯侯御而觴之于廟，奏九韶以為樂，具太牢以為膳。鳥乃眩視憂悲，不敢食一臠，不敢飲一杯，三日而死。此以己養養鳥也，非以鳥養養鳥也。（《莊子・至樂》）
　　　　南海之帝為儵；北海之帝為忽，中央之帝為渾沌。儵與忽時相與遇於渾沌之地，渾沌待之甚善，儵與忽報渾沌之德，曰：「人皆有七竅以視聽食息，此獨无有，嘗試鑿之。」日鑿一竅，七日而渾沌死。（《莊子・應帝王》）
　　　　天地有大美而不言，四時有明法而不讓，萬物有成理而不說。（《莊

子・知北遊》）

　　老、莊的哲學內容中，從表面上來看一致強調社會的政治秩序，但其實他們卻擁有更深刻的存在體悟，對人賦予更高的重要性與期待。他們企圖由存在層級，透過自我超越而至存有本體的層級。於是開出「無為」對待儒家的「有為」，而有知識論的「無知」、倫理學的「無欲」，社會政治的「無為」等漸層的否定色彩。

三、墨　家

　　在中國哲學中，獨樹一幟建立符合終極信仰的概念的學派，墨家是一個頗具代表性的學派，墨家哲學的「天志」觀念，順著《詩》、《書》經時期的「意志之天」、「主宰之天」的觀念，構成典型終極信仰的特色，標榜著與眾不同的主張，提醒世人不要忘了人的有限性，墨子要人服從「天志」的信念，「天志」成為莫家學說的價值根源與終極信仰，並且他把「天志」譬為人間社會的法儀與標準。筆者在《墨子政治哲學探微》一書中，曾將墨子的終極信仰加以深入分析，得其作為終極信仰的「天志」觀念，歸納整理出如下五個意涵：[8]

　　1.「天志」為一切價值美善德政之根源。

　　2.天為宇宙萬物之創造者。

　　3.天能賞善罰惡。

　　4.天為貴且知，且為萬事萬物之法儀。

　　5.就統治權威之終極關懷而言，天是政治的最高統治者。

　　墨子對「主宰之天」的肯定與推崇，在先秦諸子之學說中，無人能出其右。梁任公將墨子之天析分為六方面言之：「1.天為萬事萬物之標準。2.天者，

人格也。3.天者，常在者也。4.天者，至高貴而善之所初也。5.天之欲惡與其報施。6.天之所欲惡者何在？」王桐齡將之析分爲四點述之：「1.天爲萬事萬物之標準。2.天者，具有人格而全知全能者也。3.天者，有感覺、有意欲、有情操、有行爲者也，天爲義之所從出。並謂此皆以天爲造物主，無所不在、無所不知、無所不能，與猶太教之 Jehoval，耶穌教之 God 意義同也。」[9]墨子之「天志」觀念，就其內涵而言，本是對「天」之義理發揚，他是繼承《詩》、《書》經時其「主宰之天」的理念，但是他反對儒家將「主宰之天」予以刻意漠視，並且認爲人世間的混亂，關鍵因素是在於儒者對此終極信仰的冷漠，使得維繫人心的價值標準不能一致化，因而導致人間的混亂和價值體系的崩潰。我們從他所留下來的經典中，亦可發現他以「天志」爲權衡事物的價值判斷依據，進而提倡「明鬼」，強調對鬼神的崇敬，此點又與儒家「敬鬼神而遠之」之觀念不同。當儒家要把「義理之天」內化而成「心性之天」時，墨子是斷然不能接受這樣對「天」的不敬，從先民的信仰及關懷來看，天道的信仰問題，是人不能逃避的問題，也是人類文化所要面對的問題，它也是人的最終關懷，墨子在這方面替人找到了生命的最後安頓，人的現世生活的表現，及庶民文化所稱的「舉頭三尺有神明」、「冥冥之中自有主宰」的觀念，皆可印證墨子思想的影子。因爲「天」除了主宰兩重世界（自然界與人間世）外，天還展現造生及載行萬物的功能，同時又有昭示善惡與審判賞罰的作用。釐清了基源論點，墨子鼓勵人奉行天志而使人人能兼相愛相利，並輔之鬼神報應之說。梅貽寶認爲：「墨子具有一種人格神上帝之顯明意識，而爲正統宗教之說客。他認爲孔子對宗教之緘默，乃顯示缺乏信仰，而孔子之懷疑態度則危及道德。宗教誠然有待復興與改造，但成爲萬物之中心主宰，必然是上帝，而人不足以當之。」[10]

　　墨子的「天志」思想，確實讓我們看到了中國哲學多采多姿、多元文化的一面，孔子可以說「敬鬼神而遠之」的話，另一邊墨子則大力提倡「天志明鬼」之說；孔子一邊對鬼神保持距離，罕言怪力亂神，要人做道德主體，人人確立自己的使命與角色，而在另一邊的墨子則要人完全依照天志的命令來做事，要崇敬鬼神，不可有任何的懷疑，這確實是思想史上值得大書特書的一頁。再來看道家的

主張，那更是與儒、墨二家相去千萬里，這也成就了中國哲學對鬼神崇拜的不特別看重，要看重的是人要如何能發揮人的本色，在責任與自由之間，在實踐與瀟灑之間，如何活得自在，活出自我。

6.3　天人關係與信仰

　　「信仰」的問題在各民族文化間呈現不同的特色，在原始部落也有他們的信仰，在古埃及也有他們的信仰，在中國亦是。這些民族在他們從事文化創造及生命思考時，都不能逃避此一問題。探討信仰的觀念，一般是採取狹義的定義，在信仰二字前面加上宗教，即成宗教信仰，如某人是基督徒，我們便知是指某人信仰了基督宗教，或說基督是他的信仰，這種信仰是承認有一客觀權威的最高存在並且無所不能的權威（如：上帝、神）的觀念，祂具有種種與人不同的特質與內涵。因此我們先介紹「宗教」的概念：

> 「宗教」（religion）此一字語，若從它的語源上來看，可知它具有下述二義。一是「religio」，意指人與神之間的契約；另一是「religare」，意指再次的約束（bind back）。後者亦被視為緊緊的約束（to bind fast），泛指一種教會或是會社的活動，而其成員為了崇拜，即敬奉他們所定的終極主宰，都會作定期的聚會，並且嚴守一般的戒律。**11**

　　從上述的觀念來看，宗教代表的是人與神之間的約定，這種約定也是一種約束，並在生活中確實遵守與神所規定的戒律。傅偉勳教授指出宗教建立的幾個不可或缺的基本要素，包括：(1)終極關懷（ultimate concern），(2)終極真實（ultimate relity/truth），(3)終極目標（ultimate goal），與(4)終極承諾（ultimate commitment）等互相關聯的四項。**12**傅偉勳先生以這四個論點來說明宗教的本質及其現代意義，確實指出了宗教所應處理的內容，就這四個內容來看，不能忽略宗教信仰所關心的「終極」（ultimate）的特質。如果我們再以更寬廣的視野來看待宗教信仰的目的，宗教信仰所給予的內容是何等的嚴肅，它包括了四大主題，包括：人生的價值、生命的意義、真善美的理想與人的自我超越等課題，皆使得人不管從學術的角度或是信仰探索的領域，上述的主題是必須予以正視的問

題。

　　當人類知道生、老、病、死的四大問題無以逃避時，在理性上我們了解人的有限性，因而有的民族文化想盡各種方法要來突破上天的命定與限制；有的文化則採取超越此一思想層面，進而轉向無垠宇宙直指天際，尋找眞正的答案。這裡即顯示了一個事實，人與天存在某種特定的關係。在古希臘文明中，對於天人關係是以「神人關係」來描述，余國藩所著的〈宗教研究與文學史〉一文中，便將古希臘的「神人關係」作如下的描述：

　　　荷馬詩中的神祇，一向著稱於世；詩人每以人類的德性和惡習來鑄造他們，致令其行事險峻難，情感時或毛躁不堪。雖然如此，這種神人同形的特色，卻不應該讓我們忽略希臘古典文學常令人感到十分無奈的一個事實：神人之間，確實有一道天定的鴻溝。儘管奧林帕斯諸神一直都是天地間的不朽者，為人所祝禱，但人類卻是宇宙中的蜉蝣，天神一日間製造出來的可憐蟲。在《伊里亞德》裡阿波羅說過：人類「只要服食地上的果物，就會像綠葉般成長；待時日移，便會隨著生命的逝去，歸於虛空。」

　　　只有勇於對抗人生苦短，毅然超越人類的渺小，我們才能看到史詩英雄的德性最強烈的表現，他們的奮鬥與痛苦，才能令人刻骨銘心。也只有在面對訓令，過止人類逾越本分的一刻，為了追尋神性，人類才不會忘掉自己終與時俱化的事實。**13**

　　上述這段具有文學性與哲學性的描述，已經清楚的指出神人之間的關係，充滿著矛盾與難題，以及人作為被創造者的無助與悲劇角色，因此往往在神話的架構中，人成了神所愚弄的對象和悲劇的英雄。對於神人關係的描述，中國文化中的原始宗教亦多有所著墨，但是不像古希臘把悲劇放在人的身上，而是企圖把人與神的關係重新定位，並且把天、神對人的影響降到最低，並且透過歷代哲學家的努力與詮釋，宗教方面的色彩轉趨平淡，發展出人一套與西方不同路徑的文化。以下，吾人試從三方面來探討此種關係與信仰：

一、人生來源意義和終向要求解答

　　人生來源的意義及終向這個問題，是相當深刻而且複雜的問題，其實也就是提示吾人思考：「生從何來，死從何去」的問題，亦是基督宗教所稱的「此岸」與「彼岸」的問題。反觀在中國文化中對此問題的解答，並不如西方那樣以「此岸」、「彼岸」二分為兩個世界。走入中國人生活與心靈的佛教，確實扮演了舉足輕重的角色。東漢明帝時，佛法東來，從印度發展起來的佛教，在中國經歷七個多世紀的演變，早已形成完備的宗教體系，尤其是在教義、儀式、戒律、僧團組織、經典詮釋、學理探討等方面，已自成一個體系，是一個紮紮實實的宗教系統理論。佛法所主張的「輪迴」之說，恰如其分的點出「自身作業、來生受報」的思想，在佛法中也提出「六道輪迴」之說，將人世間的表現與死後所得之獎懲作一對應，使得人慢慢地理解「今生」、「今世」與「來生」、「來世」這些觀念亦深深的烙印在人的心中，所謂「善有善報、惡有惡報，不是不報，時機未到」之說，也就口耳相傳，形成活生生的教材與警訊。

　　再來看看在中國文化中的本土宗教——道教，其發展歷程，在思想淵源上是以道家為主，但亦可以追溯到儒家與道家，但更確切的說，應是從平民世界的需求及民間信仰中的神明所共創造而生的一套信仰理論。道教的發展較無前述所稱的「今生、今世」以及「來生、來世」的觀念，而是非常務實的結合各個朝代的信仰，如漢代流行的讖緯之學、神仙方術、巫術儀式等俗世化的文化活動。傅佩榮即提出道教思想充滿了實用性格與折衷主義的特色：

> 道教從成立之始，就顯示了實用性格與折衷的特色。以實用性格而言，道教的三法是「藥、符、氣」，可以助人長生保健，為人驅鬼役神，使人消災解禍。道教除了幾位主要的神祇之外，其他的神祇都是從人們現實生活中所遭遇的問題推衍而成的。至於折衷的特色，如在教義上推尊老子與莊子的觀念，同時加入儒家的倫理思想，並且在有關輪迴與地獄的說法上借用不少佛教的教義。**14**

　　道教在入世情懷的表現方面較佛學（教）更為徹底，它沒有意識強烈分明的來世觀念，它的修身成道，除了是道家典籍之指引及自我修煉外，大部分是走向「煉氣」與「煉丹」的途徑，側重性命雙修、煉心與養氣並重，對於西方哲學自希臘時代以來爭論不休的「靈肉一元」、「共相」之說不感興趣，因此不在乎信仰中是否為「一神」、「多神」或「泛神」，因為一涉及此問題便爭得你死我活，日常生活中所看到的事「祖先崇拜」、「祭祀鬼神」、「敬事鬼神」等觀念，並且對「冥冥之中自有主宰」、「舉頭三尺有神明」諸觀念深信不疑，但畢竟因其學理的局限，亦往往使得其關心的議題無法施展。

　　作為影響近代中國民間社會宗教信仰的一支，「一貫道」在宗教教義上的發展確屬奇葩，它的發展及思想也呈現混合與多元，對於「今生來世」的理論，一貫道結合許多宗教的論點匯集而成一貫道「三期之說」。但是，以下這個故事指出一貫道對人生問題的理解與不同的解讀，這是一個有關人的「生死有命」之說：

　　傳說人的壽命，在宇宙開始之時和其他動物一樣只有三十歲，人和牛、狗、猴的歲數都是一樣的，等到生命結束的那一天，他們一齊回到造物者（老天爺）那邊報到，老天爺就問他們在人間過得如何？牛、狗、猴同聲說太苦了，只要十五年即可。人就搶著說：「他們不要的，全部給我。」於是人又多活了四十五年，但是人的後半輩子也就帶有做牛做馬的討生活，當著守著家園的看門狗，和晚年老猴形單影隻的淒涼的晚景生活了。

　　這個故事是有點好笑與滑稽，好像人的地位比其他動物還不如，但實際上人要面對的問題之複雜程度又超過你我想像，其背後是應含有深刻而又嚴肅的意義的。它說明了人的後半生是如何，過著什麼樣的生活。我們常常於夜深人靜，燈下獨白，回首前塵，早生華髮，顏衰酒借紅，而生「時不我予之歎」，面對此問題不禁嚴肅起來，因為死生真的是人生大事，毋怪乎，思考哲學的問題就是要人面對死亡這個嚴肅的問題，這是把「死」看成是一個客觀的對象來研究。這則故

事可以使人得到一些啓示，中國的文化與哲學用一種很趣味、很人性化、很俗世化的方式，點出一個嚴肅的話題，「前世」、「今世」與「來世」的宗教關懷。、也許我們不像西方人每週上教堂，在教堂的禮儀中完成人生的種種願望，在成功中體會感恩，在失敗的創傷中得到撫慰，對人生的來源、現世的意義和終向解答。反觀中國哲學與傳統文明並沒有開發出類似西方基督教系統化、神聖化，令人望之謙卑臣服的偉大教堂建築，在神的面前，人的地位是微不足道的，此種一神論宗教信仰，也就是形成西方文化的核心價值。但不可否認的事實是我們文化中所側重的是人在現世的意義及解答，透過人性化的貼切解釋方式，信仰的問題就不是以一神論爲依規，人人心中自有一把尺，舉頭三尺有神明的一種人文化、現世觀的宗教情懷，說明「人生的來源、現世的意義與終向的解答」。

二、有限生命渴望永恆的生命

英國著名歷史學家湯恩比在〈文明的解體〉一文中，說：

我們除了不斷自覺自明提高境界，還有什麼路可走？歷史上各個社會的創造者都將其社會成員的境界提高一層。這些人我們都可以視爲神或超人的化身，耶穌便是其中最偉大的。現在我們有了結論。人類自救的道路便是向耶穌超人看齊。這是六千年文明比較分析的結果，這是一個歷史科學的結論，絕對不是宗教的信仰。

這位西方傑出的歷史學家認爲西方文明在解體，針對這個現象只有向超人——耶穌，學習一種宗教的精神與啓示，才能解決人類文明的危機。其間固然有極爲濃厚的我族中心主義，或以西方文化爲中心的傾向，但是可以很清楚地看到將人類前途訴諸於宗教的強烈意向。

探究中國哲學提出開創性見解與建構的方東美教授，他對人類文明發展的歷

程，提出如下的看法。他說：

> 近代人在精神生活方面超昇的時候，是因為他不滿意於現實世界；不滿意物
> 質世界；不滿意他目前所處的心靈世界；不滿意人類所存在的社會型態的結
> 果，就在那個地方以幻想式的方式超昇，超昇之後便永遠不下來。因為下層
> 世界對他根本沒有意義。就像飛機一飛沖天入於無何有之天。燃料用完之
> 後，便化為烏有。

　　湯恩比與方東美兩位哲學家對人類的出路與未來都充滿關心，他們的基本動
機與解決問題的根本之道都有相近之處，亦即是現代文明的危機與轉機，不是光
靠科技可以解決，現實的問題與人心的墮落，在在提醒我們：人類問題的解決不
是只有靠科技，而是要靠更高層次的宗教才能解決，這也是人類常有的信念。在
這個信念之下，對宗教的信心也就不會流失，人類的問題雖然層出不窮，科技愈
發達，反而愈增許多無法解決的問題與煩惱，我們既已知道生命是有限的，也不
能逃脫，這時候在人類的心靈深處，明知世事無常，生命渺小無力回天，但是令
人鼓舞的是追求永恆的觀念，在每個文化中都出現過，並且以外在或內在追求的
方式來表達。因為知道人的有限性，所以從相對的概念來說，肉體可以死，但精
神卻可長存。此精神可以是義理，可以是典範，亦可以是客觀的存在等等不同的
表現形式。永恆對中國人來說或許較為抽象，西方的哲學稱之為「最高的善」或
最後的目的，佛家所說的「涅槃」、「西方極樂世界」也是在表達永恆的觀念。
中國哲學往往是採「內傾」的方式，要人把「天理的概念」納在吾人心中，成為
一切判斷的依據，人所作所為在在皆以「天理」為標準，「天理」也就成為永
恆，垂諸百世而不惑，只是此「天理」不在另外一個世界，也不在天堂，天理落
在人間，這是中國哲學追求永恆的另一轉折。

三、「死後世界」觀念的理性思維

《論語・先進》有一段話，描述儒家的孔子對於生死、鬼神的問題，大意是子路問孔子敬鬼神之道，孔子回答說：「未能事人，焉能事鬼？」子路仍覺得他的老師沒有回答出真正的答案，到底是事人優先，還是事鬼優先？鬼神到底存在不存在？所以子路繼續問：「敢問死？」孔子回答：「未知生、焉知死？」孔子將生看得比死更為重要。生死的問題究竟如何，在前面的介紹與引申中，我們曾提出如下的看法：大體上，中國人的人生觀是較具濃厚的現實而入世傾向，對於前世與來世的關注，相對而言顯得並不熱中與投入，但也不能據此而推斷中國人不重死後的世界，「慎終追遠，民德歸厚矣」，對於此概念的理解，慎終即是人如何面對死亡的大事，也就是事死。追遠所指的追念遠去的親人，這即為事鬼神的問題。因此，中國哲學強調重視現世傾向之餘，也不能忽略「事死」與「事鬼神」的重要性及影響力，否則民間的俗文化中，對於「死」認為是極大的忌諱，對於「鬼神」又是抱著那樣的崇敬，但卻又採取保持距離不願正視的態度，社會上有些人大把大把的銀子鈔票花在「事鬼神」這些事屢見不鮮。宗教上的教化如果是導向正途還算達到宗教功能的發揮，但我們也看到不明究裡的「進廟舉香拜神，進教堂說阿門」亦大有人在。

人的一生確實是在生死間徘徊，面對著如此的人生大事，「死後的世界」是什麼？孟子在〈滕文公上〉所說的那段話——「不忍其親委諸溝壑為狐狸所食、蠅蚋所嘬」，這是人之親情表現出的一種自然流露，也正是儒家不忍不安的起點。因此儒家、道家對生死問題並沒有逃避，亦是坦然面對，在古籍中經常出現人死為鬼，並有報復之說。墨子的著作中對鬼神的重視，更是其思想的一大特色，並且對鬼神之存在深信不疑。古代的君王還經常夢見或看見死去的親人等等，皆隱喻著中國人相信確有一個死後的世界。如果回到哲學的理性認知，祖先的崇拜實質上具有延續家族生命和表現孝思的雙重意義。對祭祀的重視，也正好可以替「死後世界」作了最佳的註解，如「生，事之以禮；死，葬之於禮，祭之以禮」，正足以說明在中國哲學中，對「死後世界」的觀點，也影響了中國人的宗教觀與行為。

第七章　人際關係

7.1 中國哲學中的人際關係思考

　　人際關係所指的是人與人互動的原則，這些原則會成爲大家願意共同遵守的規則，依哲學的探討，這些原則的背後存在著一些價值觀，有了這些價值觀，而後隨之影響的便是人的行爲，所以價值觀便會影響人的行爲。影響中國人價值觀最深的是什麼？當然是儒家思想，再加上道家和佛學的觀念，尤其是在人的行爲方面。日常生活中，我們常聽到如下的一些話，所關切者即是對人際關係的處理結果的深沉感受。

相識滿天下，知心有幾人；

運去金成鐵，時來鐵似金；

萬事命已定，浮生空自忙；

黃河尚有澄清日，豈可人無得運時？

　　中國人的行爲模式，人與人互動的原則，二千多年來幾乎沒有離開儒家所設定的模式與道德原則，也不管是士紳階級或是農工商階級，「敬天、尊祖、安分、知命的價值觀下求生存、討生活，其間少許差異，只在於認知的程度和行爲方式而已」[1]。在這種環境成長的人，面對他人之時的態度，便成爲一個值得關心的主題。

　　從人際關係範疇的角度來看，人與人的關係是倫理的關係，是自我與他人的互動內涵與界定，如此即不能脫離傳統以來所界定的農業社會之下的人際關係，固然現在我們已進入工商業社會，但在人際關係互動的範疇中，仍然沒有離開家族關係、地緣關係、親屬關係，亦即是以「血緣關係」和「地緣關係」二者所形成的範圍。吾人再引述李亦園教授的分析，當可更進一步了解這種關係對自我的影響。

因而有人說，中國人是一種「同」的社會關係網絡：同姓、同宗、同鄉、同業、同年……。有了同的群體觀念，自然就會產生非同的群體，於是形成群體的二分法，自我取向群體和他人取向群體，對內可以說加強了團體內的團結，對外卻產生排斥作用。**2**

　　在這種觀念之下，「五倫」即是以「血緣關係」和「地緣關係」為基礎，建立起傳統社會人際的結構，這種人與人的關係之界定與遊戲規則，便形成我們傳統社會的組織架構，這種關係也一直延續至今。因此，所造成的結果即是以有無關係的人我為首要考慮，於是「親疏遠近」的關係及對待便形成了一種規範。因此，倫理行為的厚薄，彼此對待的互動，便建立在「關係」的考慮上，親疏遠近便成為絕對的考慮標準，人與人的互動，說穿了即是看關係而定，因而稱之為「關係取向」。

　　為了使得人際關係得到適當的安排及不冒犯他人，在傳統哲學對「人際關係」的思考，是以追求「和諧」為最大目標與利益。所以人與人之間的關係，這種不願意出現「衝突」的結果，認知「親和法則」（Code of amity）便成為人人奉守的參考準則，因此人與人之間利害關係的「仇敵法則」（Code of enmity）便不是中國社會的主流價值，甚至要把「仇敵法則」拋棄。如此一來，「以德報怨」便成為大家共同歌頌的行為與信念。為什麼中國的人際關係強調「五倫」，講求「和諧」，以「親疏遠近」為考量，這不能不歸功於儒家孔子所提出「仁」的觀念及其所衍生的種種行為與價值判斷，這確實是一個令人深感興趣的問題。這個價值源頭，從《論語》中可看出端倪，在中國哲學的研究著作中，對「仁」之解釋與關懷，可說是儒家研究的主流學說，為了不落入學術研究中「象牙塔式」的深邃與難解，我們引述一個綜合性的理解，提供給大家思考「仁」之重要意義**3**：

1.節制自己，遵從社會規範。如：克己復禮，非禮勿視、勿聽、勿言、勿動、忠孝誠信等。

2.處處替別人著想。如：己所不欲，勿施於人，己欲立而立人，己欲達而達
　　人等。

3.用謙和的態度去建立人際關係。如：愛人、恭敬、寬大、誠實、敏惠、剛
　　毅等。

4.要勇於實踐。為「仁」由己，而由人乎哉？如伯夷、叔齊、管仲、微子、
　　箕子、比干。我欲仁斯仁至矣。

　　綜而言之，孔子以「仁」來說明人與人的關係，我們要創造一個良好的人際
關係，就必須能設身處地的為他人設想，適當的控制自我，順從一些留傳許久的
習俗規範，與他人共同實現人生的理想。這些理想確實高明，儒家把人與人之間
的關係用「仁」來串接，人人心中有「仁」，亦即是彼此有感應，彼此能互相體
諒和懇託，願意以誠待人，不耍權謀，人際關係的互動便找到了一個可以彼此共
同接受的法則。

　　儒家提出「仁」的觀念來作為人際關係的互動準則，有其近程的目標，如培
育「士」、「君子」之人格，亦有其遠程的理想，如「聖人」、「大人」等，不
管是近程目標或是遠程的理想，皆是強調人的主體性充分覺醒的狀態，以及在這
種狀態之下所展開的行為及其風範。因此，在推動人際關係的過程中，儒家告訴
我們的是「君子不器」（《論語·為政》），要人具備這種整全人格的特質，故
人可以做到「仁者不憂，智者不惑，勇者不懼」（《論語·憲問》）的境界。如
果人人接受儒家的理念及教育，在人際關係上，透過「君子」的特質表現出「義
以為質，禮以行之，遜以出之，信以成之」（《論語·衛靈公》）之道德人格，
如此一來，君子要求自己符合人際互動原則之標準既經確立，「行己有恥，使於
四方，不辱君命」（《論語·子路》），便是儒家君子的完美角色。

　　從現實面而言，由於人際關係是涉及到傳統中國社會的結構，因此這套人際
關係的法則必然地要從傳統社會的基本單位——家庭出發，其範圍也就會逐級向
外擴大，涵攝了政治體系、經濟體系和社會體系，呈現一個整體化的結構。古代
的文化中特別強調的倫理關係也就堅若磐石，而「倫理意涵」的基礎即出發點乃

在「人情」。黃光國即以「差序格局」稱之。因對象之不同，所導致與其交往的法則亦有不同，他的觀點如下：

> 維繫傳統中國社會的主要經濟活動是農業生產，家庭是最基本的單位。個人隨著家人，在固定的土地上從事生產，生於斯，長於斯，工作於斯，也終老於斯；日常生活中經常接觸的人，除了家人，便是親戚、街坊，或鄰居。在這樣的社會背景之下，傳統中國便以儒家倫理為基礎，發展出一套以「情」為中心的行為規範。在這套規範的約制之下，個人必須和家人講「親情」，和家庭以外的熟人講「人情」，至於和自己毫不相干的陌生人，則不在儒家的倫理所約束的範圍之內。換言之，受儒家倫理約制的中國人，其心理場（psychological field）中國人和他人之間的關係，可以用圖一的同心圓來代表：個人位於同心圓的核心，外面環繞著家族成員，家人外圍是和自己有「關係」的人，圓圈之外則是和自己「沒有關係」的「外人」。個人必須以不同的法則和不同類別的人交流，而形成所謂的「差序格局」。[4]

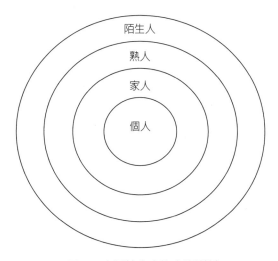

圖一：中國社會中的人際關係

　　也因從上圖之「中國社會中的人際關係」，可以推論出如下的三個法則：1.是家人：親情與需求法則；2.外人：冷漠與公平法則；3.熟人：人情與人性法則。[5]上述的三個原則，正是一針見血式的指出中國傳統社會的實然面貌，並且影響到今天。所以中國哲學的人際關係離不開「人情」，因而就有「見面三分情」、「禮多人不怪」、「人情世故」、「人之常情」之語也就耳熟能詳、蔚爲當然之事。

7.2　人情與人情法則

在上一節，我們以孔子的「仁」來作爲人與人互動的內在基礎，並且在實踐要求上是具有道德意義的互動概念，因此人與人之間要能彼此人同此心，心同此理，要能忠恕、誠敬、能替別人設想，用謙和的態度去建立人際關係，並且把種種的道德概念運用於人際關係中，如：愛人、忠恕、謙讓、敏惠、剛毅，使得人與人之間不僅僅是基本需求的互動與滿足，更重要的是對自我及對他人的品味提升，人格修養的一種肯定與期望。因此，在中國人的社會，普遍的人際價值觀是強調「以和爲貴」，例如：夫妻相處之道是相敬如賓，甚至是舉案齊眉與畫眉之樂等，對衝突的處理是「床頭打床尾和」、「勸和不勸離」，待人要和和氣氣，和氣才能生財，家和萬事興等觀念，一直是口耳相傳的看法。

自古以來的價值觀，中國文化中對「人際關係」一向講求的是以「和」爲貴，論交情、論輩分、套關係，敬人者人恆敬之，強調人與人的互動，要推己及人，但是更講求務必把握親疏有別的原則。楊國樞提出中國人的社會取向有如下五個特點：

1. 強調人際或社會關係的和諧。
2. 重視別人的意見或批評。
3. 重視因人因時因地制宜。
4. 習於壓抑自我以求和諧。
5. 強調反求諸己而不外責。

為何中國社會會有如此強調「以和爲貴」的價值觀，從哲學的角度而言，此種價值觀是來自「人倫」的觀念之影響。在《孟子》一書，首用「人倫」一詞，孟子說：「飽食煖衣，逸居而無教，則近於禽獸。聖人有憂之，使契爲司徒，教以人倫，父子有親，君臣有義，夫婦有別，長幼有序，朋友有信。」（《孟子·

滕文公上》）這一套在群體生活中，規範人與他人關係的道德觀就稱之為「人倫」，亦即是人際關係的基礎架構。再從孟子所說的「五倫」結構中看出，父子、君臣、夫婦、長幼、朋友，無不是兩兩相互聯屬的一種對待關係，相互間應該遵守的道理。在這五倫中，父子、君臣、長幼是長輩與晚輩的關係，夫婦、朋友是平輩的關係。「親」、「義」、「序」、「別」、「信」是分別維繫其間和諧圓滿關係的不變法則，換言之即是常道及常理。因此人倫道德規範，也就成為人際關係所追求的「和諧」價值之原則。

　　上述的這種人倫關係，究其本質則是不折不扣的家庭倫理關係及由此開展的擴大，因而才會由近及遠，親疏有別，層層向外擴散，關心的程度則是越接近人倫核心者越密切，在外圍者則依次遞減，因此在這種結構安排之下的人際關係，也就成為大家所共知的事實，人際關係必先訂出「明親疏、別長幼、嚴嫡庶、分尊卑」的人倫次第，進而才向外延伸擴展。我們再看在這家庭倫理中的三倫，父子、夫婦與兄弟，本是維繫家庭人際關係的基礎，更是傳統社會中家庭倫理關係的樞紐，此即為梁漱溟先生所指稱的，中國是一個以倫理為本位的社會。

　　了解了這一層關係，我們還要進一步去理解，為何「人情」二字在中國文化中有其特別的地位，尤有進者，「人情」之影響層面到底是如何構成的。坦言之，家庭倫理所規範之下的人際關係離開不了「情」，因為它是家庭成員相互間的情感關係及其衍生的義務關係，從人倫、倫理等概念中，可得出如下梗概：家庭倫理所指者乃是相互間之情誼與對待，既有對待，彼此如父與子、夫與妻、兄與弟便有責任與義務關係，是故倫理之「理」即在「此情此義」上顯現，如此一來「情」益親，「義」愈重，「情」牽連著「義」，因此「同宗、同鄉、同窗、同學」等，看出在「同」字中充滿著言情言義的人際關係，中國文化在「情」與「義」的一線牽動之下，人際關係甚至是指「倫理關係」的縮影，處處講求輩分便成為不是很稀奇之事。今天，我們對與自己有關的內圈分子，重視與處理的態度，便明顯的與外圈有所不同，此為不爭的事實。此種關係到了今日，我們仍然稱它為「人情與義理」，即是這個緣故。

　　曾春海教授認為，中國社會人際關係人倫化，及倫理中的情義得以維繫的原

因，有下列數項原因或特色：**6**

1. 農業社會的大家庭係同居共財，甚至共同飲食的經濟團體，家庭內對複雜的成員釐清倫序和規約義務，依名分來別尊卑，明各自的責任或義務。

2. 家族中，年長者對年少者負管教的責任，透過身教和言教傳授晚輩應學習的社會規範及處世原則。農業社會的生活單調而刻板，少有變化，因此，祖先及年長者的知識與經驗，對年少者而言有學習和承傳的價值。年少者透過年長者的養育、教育而成長，對長者心生感恩與敬意。

3. 在飲水思源及敬老尊賢的生命情懷上，中國人不但敬老尊賢，及具有敬天祭祖的根源意識，同時，在心理上生發出生命世代相傳相守的責任感，對家庭有強烈的向心力及倫理情操。

4. 強調人倫規範及精神的四書五經隨著被官學化而普遍地滲透在社會人心中，形成一套強調人倫道德價值的共同生活信念。

5. 傳統的法律以家庭制度為依據，配合長幼有序，男女有別的人倫道德，傾向於義務觀念而輕忽權利觀念。例如漢、魏、唐宋的律文對兄姐、弟妹間、夫妻之間的犯罪行為，常是同罪異罰，旨在維繫家族的人倫道德和制度。這些法律也同時反應出中國社會係以倫理情誼出發，以人情為重，財物為輕的價值觀。

　　由上述這五項的說明來予分析，在中國傳統的大家庭制度之下，家庭是成員感受到生命歸屬之處，更是他們要效忠的第一對象，這樣的關係，便是家庭成員中的成員彼此之間「義務」的關係之界定，「順從」便成為首要美德。以「順從」之義務來減低家庭中成員的緊張關係，因此這種強調「以和為貴」的人倫關係，也影響著中國人與他人互動對待時的作為，於是維持「安定與和諧」便成為首要目標。但是，接著下來的問題是，對待與自己毫不相關的外人，甚至是陌生人，中國文化是以何種態度來處理呢？說穿了即是「情義關係」的反面——「冷漠與公平法則」，我們對於他人便是以查問彼此有無情義關係為前提，於是缺乏

對他人的尊敬與尊重，便成爲較匱乏或是疏漏的缺憾。

　　當我們看到臺灣的社會已隨著工業化、都市化之加深後，已經顯現出一個接近高度發展的西方式的社會之樣貌。農業社會的人際關係顯然不足以應付這個多變的社會，我們不禁要問過去教育所告訴我們的傳統人際關係之道德原則，即是這一套傳統待人接物的規則還能適用於今日嗎？我想這是許多人心中的疑問，畢竟過去的生活方式和我們現在的社會已不可同日而語，於是從中我們發現「不變」與「可變」的二種區分，「不變」是中國哲學在人際關係上所採取的親疏遠近之處理原則，人我不同的對待仍然存在。所謂「見面三分情」、「胳臂永遠往內彎」，情義的觀念確實仍然存在。中國人所一貫強調的「同」字輩關係，仍然有其影響力，這點我們不能忽略。在「可變」的部分，靠著個人的努力出人頭地而事業有成的比比皆是，強調「成就取向」的價值導向已經成爲 E 世代，甚至是 M 世代年輕人的共同寫照。所以更細緻的人際關係，更深邃的人際技巧，也就成爲今日社會的登龍之術。對整體社會衝擊最大莫如「公平法則」，也慢慢的抬頭與被要求，影響所及包括校園的師生倫理、兩性平權的議題等，已被社會慢慢的接受。但是「冷漠原則」並沒有隨著時代的進步而有所改變，這可能事在講求人際關係的現代社會，大家仍須加以克服及改進的地方。

7.3 情義法則與人際關係

「通情達理」是人與人相處的一種互動規則及寫照，如果一昧的不知變化，那「不通人情」即成為彼此關係緊張、僵化的寫照。從傳統的人倫結構，即可看出「情義法則」的應用是至深且廣。簡單的說，「人情」是指個人和其關係網內的其他人，應當如何相處的一種社會指標。同時「人情」也是個人與他人進行社會交易時，可以用來饋贈對方的一種資源（resource）。譬如：做人情給他人的觀念，再如「有來有往，親眷不冷場」，又再如「見面三分情」、「禮多人不怪」、「人情留一線，日後好相見」等皆可看到「人情」的影響層面。

以中國哲學的代表之一儒家而言，對於人際關係的處理，仍然是以「人情法則」為基礎，再加上「義理」來作為權衡判斷的基礎。經營人際關係，並且有時候還須輔之以老子的「自然」與莊子的「瀟灑」，可見這個人情義理兼具的法則，確定包含了儒、道對人的態度，這個步驟包括了如下三階段：

一、誠實務本，誠懇待人

儒家告訴人以及所要求的是先要實實在在的做人，規規矩矩的做事，這是基本條件，面對人與事，是積健為雄，勇往直前，有如孟子所言的積極立命而為，如「余豈好辯哉，余不得已也！」、「雖千萬人吾往矣！」的熱情與使命，這是人際關係中的自我秉持，唯有熱情才能感動人，張開雙臂，親切召喚友朋，才會得道多助。

務實的條件，就儒家而言是以「義」來衡量，孔子在《論語·里仁》所說：「君子之於天下也，無適也，無莫也，義之與比。」這是告訴我們，事情必須是得宜而不過當，是人在面對義、利衝突時，應有的價值觀為「見利思義」《論語·憲問》之原則，同時也要兼顧「義然後取」《論語·憲問》，才不致形

成人際關係的緊張。故方有「君子務本，本立而道生」，指出這個情義本質上即是道德的規範。

從「務實」中看出人與人之互動，不是從「利害關係」出發，而應從「義」出發。在實際的生活中，只要我們細細體會，人的五官面貌之配置，即又可從中得到體會出一些道理，人際關係中，是要人多聽、多看、多聞問，少以利嘴傷人，確實頗富指理。因為人眼一雙，耳朵一對，鼻子兩孔，但嘴僅一張，這個小道理，人人皆知，但有時人卻把它給忘了。佛陀開示的一句話：「知道自己的愚笨是聰明人。」孔子亦言：「知之為知之，不知為不知，是知也。」西方哲人亞里斯多德所言：「吾愛吾師，吾更愛真理。」亦是在指出人與人互動，是以實務為先，「實」即不是虛，也就不是虛情假意，而是實實在在做人之義。虛情假意，或可度過一時，但絕不能欺瞞一世，所以做人仍應符合實在及合乎情義。

二、不執著

俗話說：「青山不問凡塵世，綠水何曾說是非。」人與人關係的不良及僵化，有些時候是我們自己太執著、太固執、太邀功，因而形成與他人的緊張。如果我們反其道而行，來個反向思考，從老莊哲學來切入人際關係，或許會有意想不到的收穫與感受。當然，今天我們談人生哲學，不管是文化理想或是歷史傳統的承續展開，則引述儒家勉勵人，這的的確確是最能突顯出我們未來生命的歸屬所在，儒家確實要人走出人生正面的方向，但是當我們感受作為一個現代人實在活得不舒服、不痛快、生活實在太苦、負擔實在太重，人與人彼此關係的緊張、隔閡疏離又無法打破，又該如何呢？換個角度來看，何不反其道而行，以道家的智慧來消解生命存在的壓力，讓每個人皆能找回自我，而能與人和睦相處而無衝突與矛盾，也許這是一個烏托邦的理想，但是回想在本段開始的那兩句話——「青山不問凡塵事，綠水何曾說是非」，不就是心靈的雞湯嗎？

老子的哲學中，處處充滿著「不執著」的思想，他並且以此觀念要人打破種

種的迷思與羈絆，如：

> 道可道，非常道，名可名，非常名。《老子‧第一章》
>
> 上德不德，是以有德，下德不失德，是以無德。《老子‧卅八章》

　　老子告訴我們人要「道法自然」，人也不要被一些既定的內涵給限定住，正如「名」與「道」皆不是固定的觀念，當我們把自己定在一個既定的名位、本分，自我的職責承擔之時，我們是不是已經對生命的內涵加以限定及窄化，而不再是無限可能的生命本身了。當我們把生命定住，過了一段時日並沒有與時俱進，人將會如何呢？也就不免執著、固執、僵化的加深，而失去了活活潑潑的真實自然本我生命。人與人的互動關係是相對的，是變動的，我們再舉老子的話：「天下皆知美之為美，斯惡矣，皆知善之為善，斯不善矣。」（《老子‧第二章》）如果我們通過自己主觀的觀點來取捨作判斷，依照自己訂定的標準，所規定的美與善，如此一來則只有看到絕對，只是一種觀點甚至可能是偏見。不妨讓大家想想，這個世界上本來每一個人都有自己非常莊嚴而又特殊的生命，這是極其自然的事，每個人皆有不同於他人的氣質、生命才情，也有不同的人生閱歷，何必硬要堅持主觀的意見，將世界撕裂，於是我們看到了人的「欲」，老子說：「不見可欲，使民心不亂」、「咎莫大於欲得」等等，正足以點出如果我們不執著於一己之私、一己之見，人與人之間的關係當不至於如此緊張。即如王邦雄教授所言的一段話，頗值思考。

> 我放開，不為什麼，放開的本身，就是目的。當我不要名、不要利的時候，我突然覺得世界好大，我就不再有忌諱，而不再受到拘束，不再被限定，我對朋友，不再有要求，每一個人都那麼好，真實的人，真實的世界，不是我無為，是為了得到更多的報償，這叫無心無為。[7]

　　當人能做到「無心放開」，這即是要人放開這個愛，放開愛即是無心，這種

心靈修養與生命的境界是很有發展潛力，老莊點醒人們可完全放開，跳出人間的爭執妄為。老子在這一方面提供了許多智慧，值得我們細細體會一番，這些都是告訴人要懂得「功成弗居」、「戒爭」、「大智若愚」、「盈不可久」的道理，今天讀來對照著複雜的人際關係是有參考的價值。

生而不有，為而不恃，長而不宰，是謂元德。

功遂身退，天之道。

為者敗之，執者失之。

聖人不積，既以為人己愈有，既以與人己愈多。

生而不有，為而不恃，功成而弗居；夫為弗居，是以不去。

上善若水，水利萬物而不爭。

唯不爭，故天下莫能與之爭。

故飄風不終朝，驟雨不終日，孰為此者？天地。天地尚不能久，而況於人呼！

眾人熙熙，熙熙如享太牢，如登春臺；我獨泊兮其未兆，如嬰兒之未孩。

禍莫大於不知足，咎莫大於欲得，故知足之足，常足矣。

三、中庸

古語云：「取法乎上，得乎其中。」或者是「不變則已，一變便合理」，中國人事事物物講求「中庸之道」，是故中庸即是以「誠」待人，推己及人，以「忠恕之道」勉人及作為人我互動的準則，如此一來即是「兩利相權取其重，兩害相權取其輕」，深刻地去了解《中庸》的一書上的哲理，在現實的人生中，「養望」與「溝通」即是不二法門，養望與溝通使人達到合情與合理，能夠合情與合理，即是中庸的境界。

當然我們承認要達到中庸的境界的確不容易做到，所謂的不偏不倚，執兩用

中確實是意境上的高難度，在一輩子當中可能要歷經多少次的磨練，才能深刻的體會此中道理與箇中滋味。根據社會心理學的社會資源交換理論的說法來看，人與人相處，如果想要建立深厚的情誼，需要三個前提：[8]

> 一是需要長時間的投入，你得不斷付出自己的關愛；二是對方回報的關愛可能十分遲緩，可能要經過一個月、二個月、一年或二年的時間，他才能感受到你的付出，進而相對付出他的關愛；三是深厚的情誼只在兩兩之間或是小團體中建立，若在大群體中，很難建立深入的私交。

　　因此，如何在快速變遷的社會中，既能與他人建立基本的人際關係網絡，並且能有深厚情誼的朋友，這可真是不容易的課題。因此，中庸之道若落實於自我身上，便是培養自己的溝通能力，良好而有效的溝通力，正是達到中庸及良好的人際關係的敲門磚，對他人不存心說服對方，而求能圓滿的溝通，便可達成「雙贏」。在這裡，我們綜合整理中國哲學中人對人際關係的體會，指出如下數個步驟，以建立良好和諧的人際關係。

1.修己方能安人

　　人際關係的經營，首先要從自己做起，自己想做什麼樣的人，就會有什麼樣的人際關係，這便是修己的意涵。傳統哲學告訴我們的是「格物、致如、誠意、正心、修身」，是一套自我認知的系統與步驟，是由內而外，由內部做起，到成為文質彬彬的君子，而後發揚到外部的世界，是從最基本的「克己復禮歸仁」，到「外王天下」的展開。以西方心理學的觀點來說是確立正確的「自我概念」；我的「自我概念」是否正確即成重要的關鍵，因此如果對自己認識不清，又不能接納自我的缺憾，又怎能期望他人了解、接納我們呢？我們老祖宗提出「修己以安人」，其內涵與西方心理學探索自我、接納自我的概念，實有異曲同工之妙。這個過程，如下表：[9]

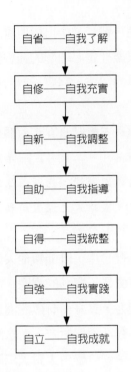

　　從自我了解開始，坦誠的與他人相處，經由他人對自己的回饋，對自我的了解也就越來越深入，而對方也就會因我人的坦誠更加了解我們。因此，在今日變遷快速的社會中，成功的人際關係之經營，與自我的努力有著必然的關係，絕無所謂不經努力而能成功之事，試看在職場上流傳的一段頗為傳神的人際關係經營術，亦點出如無自我的努力，成功將與我們擦肩而過。所謂「一表人才、兩套西裝、三杯酒量、四圈麻將、五方交友、六出歧山、七術打馬、八口吹牛、九分努力、十分忍耐」，這其中的道理是頗值玩味的。從自我探索認知天生我材必有用，到人際關係開展的廣結善緣，有藝術層面，也有技術面，但不管如何，九分的努力是必要的，並且還要能忍受得住在未成功之前的煎熬。

2.建立有效的溝通方式

　　我們了解自己，知道人有優點也有缺點，此事古難全，不必太過苛求自己與他人；其次要能適應及接納自己，勉勵自己天生我材必有用，進而要能改造自

己，相信今天要比昨天好。當我們經由修己這條路，也深刻體會成功之道是「九分努力與十分忍耐」，接下來便是如何建立有效的溝通方式。但是日常生活中，我們經常忽略如下的這段話：「人捧人愈捧愈高，捧別人等於捧自己」確實不假，因此人的恢宏氣度於此訓練出來，當我們與別人溝通的時候，正好就是將自我人品、氣度與器識作最佳的呈現，而有效的溝通是雙向的過程。在這個部分，中國的老祖宗之特色是較偏向「說教式」、「以理服人」甚至是「以德服人」的方式，就一個知識分子的使命感來說是沒有錯，但就溝通的效果而言，可能是大打折扣，並且如果溝通流於說教，便會產生極大的認知差異，雙方永遠不了解對方。在《孟子》一書中，孟子見梁惠王，二人一言不合，一方自討沒趣，一方悻悻而回，其中原因即是不諳溝通原則，皆以說服對方為其提的結果。以下，特介紹幾種心理學上的有效的溝通技巧，應用於今日社會，應有其參考價值：

(1)同理心：將心比心，易地而處，為他人設想。

(2)了解溝通障礙：具有溝通的意願（誠），開放的心靈、傾聽，了解假定，過去經驗、個人價值、信仰與興趣，均會影響個人知覺。

(3)信任自己與對方：主動嘗試掃除陰霾，討論是唯一撥雲見日的方法。

(4)避免權威與操縱：古人所說的「官大學問大」之想法是愚不可及，在人際關係中，信任與了解的關係，不是建立在個人的權威之上，而在於彼此都值得信任。

總而言之，我們的老祖充告訴了我們許多智慧，不管是儒家的積極進取，或是老莊的瀟灑自然，在今日高度競爭的社會，我們不能食古而不化，必要能細細體會古人之言，而不囿於古言，從中把握真締，用在人際關係的刀口上，儒家勉勵人要「修己安人」，努力與忍耐是成功的階梯，道家正是從「道」的另一面切入，告訴我們：成功不必在我，謙虛往往是另一高峰的開始。此外，謙受益，滿招損，也給予人一些啟示。《菜根譚》一書及無德禪師之言的道理，可給我們許多的人際關係上之思考與啟發。

疾風怒雨，禽鳥戚戚，霽日光風，草木欣欣。

天地不可一日無和氣。人心不可一日無喜神。

徑路窄處，留一步與人行；滋味濃的，減三分讓人嘗。

處世讓一步為高，退步即進步的張本；待人寬一分是福，利人實利己的根基。

攻人之惡，毋太嚴，要思其堪受；教人之善，毋過高，當使其可從。

手把青秧插滿田，低頭便是見水中天，身心清淨方為道，退步原來是向前。（無德禪師之語）

3.現代人的人際關係

　　現代工商社會，大家薄情重利，似乎是自然，也是無法在短暫的時間中改變的事實。而我們也經常囿於過去的經驗，較習慣和熟悉的人打交道，更會用過去的經驗來判斷其他的人、事、物。現代人的人際關係便是要講求「第一印象」，人要衣裝，佛要金裝，門面是要撐起來的，因此第一印象非常重要，俗話說：「不要憑第一印象評價他人，但要給別人良好的第一印象。」這兩句話確實有參考的價值。其次，對「成名」與「成功」的追求，是每個人的終極目標，人重要的是一定要接納自己，要對自己有信心，如此，了解自己有優缺點，發揮優點，改進缺點，順應自己則是相信天生我材必有用，進而要能改造自己，今天要比昨天好。第三是趁機讚美別人，俗話說：「人捧人愈捧愈高，捧別人就是捧自己。」大學生活中，社團學習是很重要的一個學習，時常看到社團無以為繼，幹部分崩離析，令人不勝興歎作為一個領導者，如能把握「人捧人愈捧愈高，捧別人就是捧自己」的技巧，隨時讚美別人，定有不錯的效果。這個道理亦符合「人性的弱點」，看人性不能完全是從負面的角度，而是從積極面來看，人需要被別人關懷，這才是人性的弱點。人因對自己的信心，進而才有可能贏得別人的信賴，將心比心，不要嫉妒他人的成功，更要樂於欣賞別人的成功。總而言之，人際關係是一種藝術，也是一門技術，心理上公正而誠懇，一切的技巧或點子，都成為圓通的潤滑劑，當可使人際關係更為和諧。有這樣的一句話，「一個對自己

有信心的人，絕不吝嗇給別人掌聲」，肯定自己、接納自己、改造自己、溫暖別人、感動他人則是不變的原則。

第八章　「環境倫理」與文化生活

8.1　文化的困境與反省

　　對當前生活文化品質的探討，不管是從現象面的結構分析、社會衝突因素與
文化失調等角度來分析，或是從本質面追溯文化困境之起源，二者對當前的社會
亂象與人心的浮動，皆有不同角度的解讀，即以葉啓政在〈開創人文理想的新境
界〉一文中即以「外控理性」一詞描述資本主義所控制的社會所呈現的眞實。其
分析如下：

　　說得更具體些，爲了成就最大的牟利目的，資本家集團的「外控理性」等策
　　略基本上是，企圖以諸如「現代化的」、「精緻的」……等所謂「文化生活
　　品質」的符號迷思來形塑消費大眾的外控生活哲學。[1]

　　葉啓政在文中認爲資本主義與工業科技，以相當系統化的優勢姿態君臨天
下，凌駕在人們頭上，到頭來，獨立「人格」消失，有的只是「角色」；「價值
淪喪」，有的只是「價格」。

　　早在一九六六年，金耀基在《現代人的夢魘》一書中，即有非常深刻的分
析，他認爲：「在一個高度工業化、組織化的社會裡，現代人所考慮的只是如何
生活，怎樣往前跑，很少有時間坐下來靜思與反省，滿腦子裝的都是『成功的祕
訣』，但卻忘了我們爲什麼要求成功？『追求』本身已變成目的。」[2]

　　前面所引述的兩個研究論點，用來對照現代人的迷惘與無助，正好看出今
日文化生活的貧困與缺乏，毋怪乎一些所謂「怪力亂神」的事件層出不窮，正可
說是現代人追求所謂「精緻生活」的反諷，反之亦是重建新的文化生活意義之契
機。文化本是人類一種生活方式的表徵，吾人無意對「文化」作定義上的逐字推
敲，文化的創造者是人，我們的社會要導向一個健康而又有理想的社會，或是墮
入負向價值的環境空間，決定者在人，選擇亦在人，可見人是如此的重要。《易
傳》云：「觀乎天文，以察時變，觀乎人文，以化成天下。」因此「人文化成」

被看成是中國文化中人格開展與文化生活的至高無上的目標,創造豐富的生命內涵,文化的多元,逐步地走向和諧的社會,這樣的觀念也一直是長久以來的期待與理想。

西方哲學自希臘時代以來,認為人的結構有靈與肉兩個條件,有精神也有物質,一方面有精神生命、美感經驗的追求與探索,另一方面又不能排除物質生活的需要,於是產生了人與自然的關係,及人與物的關係,就「環境倫理」的概念而言,人要如何面對自然,如何面對物,該用什麼態度來處理這兩個問題,要建立新的生活文化之理想與實際,有哪些觀念是必須予以正視或澄清的?如何充實兩方面的認知,進一步將「環境倫理」內化於個人道德之實踐,再經由個人道德外顯而成社會的共同倫理,這些問題皆是值得探討之關鍵主題。

又如成中英所提出的看法,道出「環境倫理」之重要性:

> 如果我們把人與宇宙的關係當作「內在秩構」建立的考慮,我們也可以提出
> 對宇宙倫理的概念。就人與自然環境的密切依存關係而言,已到不能不讓我
> 們面對「環境倫理」的課題了。[3]

一、環境倫理之意義與內涵

思想之產生基本上是先以外在的世界及人的行動作為研究的對象,經過逐層的剝離和淘汰,當思考此現象之本源時,即慢慢的轉向於人自身;若再以人自身為思考對象時,我們仍然不能悖離宇宙及存有為思考範疇,因此整體性思考乃成為必然。透過理性的思考,吾人發現人所面對及關切的問題大致有三:人與自然的關係、人與他人的關係和人與自我的關係。[4]這樣的論點,亦見之於其他的論著,並且形成了文化。[5]從中國哲學之起源來說,人所面對的三範圍問題,並無孰先孰後,何者為重,何者為輕,因為只要是人活在這世上,必然要去接觸這三個範圍及其相關的主題,面對問題,想出方法加以解決。因此,「環境倫理」

即是探討人與自然的關係，藉此以建立「內在秩序」之精神，達到和諧的境界。事實上，人與自然環境的密切依存關係，使得「環境倫理」成爲越來越必須重視的問題，尤其當環境遭受到人爲破壞，或是人運用非自然的方法進行所謂開發之時，更需要一個「內在秩序」的引導，方不致危害到人類的生存及生命。即以中英之見解爲例，說明這種「內在秩序」的倫理觀，有其存在的必要性。

> 一個人類社會可以包含不同層次的社會組合，從而個人、家庭、社區、社
> 會、國家，乃至國際社會都展現了人類社會不同層次的組合。每一層次的社
> 會組合都有其每一層次的人性需要以及滿足此需要的倫理秩序。**6**

　　可見「環境倫理」自不能自外於「個人－宇宙」的大系統，並且經由「目的性」的追求與提升，逐層的擴大，而就中國哲學之內涵而言，此種系統內彼此關係並非是固定一成不變，而是動態性的結構關係，它是由無數關係參與之結構。更何況人生無法脫離宇宙的框架，當我們從人生實境中出發，經由家庭、社會、國家、世界，乃至宇宙界，這種向外的擴展與緜延，使得在人類理性開啓之時，不能忽略「宇宙倫理」，亦即是人與自然所構成的倫理關係與內在的秩序彼此關係的和諧，事實上這也正是哲人們所追求的目標，而將之實現於宇宙與個人於精神上、基源上的和諧統一，參贊天地之化育。

二、《尚書》所蘊含的「環境倫理」思想

　　《尚書》是以政治事件爲討論之核心，依項退結教授之看法，《尚書》所傳達的是「相信大自然現實與人事間有奇妙的聯繫」**7**。當然在初民的年代，理性尚不發達，人與自然的關係存在的宗教的神祕主義，對不可知之天充滿的敬畏之心情，〈皋陶謨〉：「天敘有典，敕我五典五惇哉。天秩有禮，自我五禮有庸哉，同寅協恭和衷哉。天命有德，五服五章哉。天討有罪，五刑五用哉。」《尚

書》因係以政治之運作爲出發點，但對於政事及社會秩序仍然關心，其中對於天之價值意義認爲是主宰之天，舉凡「天秩」、「天敘」、「天命」等皆具有主宰之天的意義。另一出現於西周初期的洪範九疇的觀念，更是說明身處於自然的大環境中，要依照天之規定而行，雖然帶有很濃厚的主宰天之意，但從其中之規定，可看出對人與自然的關係具有規律與秩序的法則。在洪範九疇中，與此相關的思想有五行（水、火、木、金、土）等五種自然界的組成元素，他們是物質建設的基礎，五紀（歲、月、日，星辰、曆數）等五種天象時令，是天之所示於人。稽疑（卜筮以斷吉凶）、庶徵（雨、暘、燠、寒、風）等五種自然徵兆之象徵意義，由自然現象對應人事之徵兆，以示警惕人事之吉凶，因此而有五福與六極之結果。透過天之五行與人之五事（貌、言、視、聽、思）彼此相應。程兆熊之論述，指出了天人之間的關聯性。

……前之「念用庶徵」，會儘有其天人交感，會儘有其失得之幾，會儘有其感應之徵。此在天人之際，乃上推之於天。是以有休徵，咎徵、與夫「歲月日時無易」（不失其時），以及「日月歲時既易」（失其時）而顯其明效。此之「嚮用五福，威用六極」，亦儘有其天人之感，亦儘有其失得之故，亦儘有其感應之理。[8]

三、「人與天地萬物為一體」的基本態度

儘管孔子在其哲學思想中以維繫敬天之觀念，來說明人與自然的關係，他所言：「天何言哉？四時行焉，百物生焉，天何言哉？」[9]並以「參贊天地化育」爲理想。孟子所言：「萬物皆備於我矣，反身而誠，樂莫大焉。強恕而行，求仁莫近焉。」[10]又言：「盡其心者，知其性也。知其性，則知天矣。存其心，養其性，所以事天也。殀壽不貳，所以立命也。」[11]梅貽寶對此天人關係之問題，認爲人該有之態度如下：

中國哲學認定人與宇宙具有同一本根，是以中國哲學即是人及人生為其主體對象。人為萬事萬物之中心，哲學所感興趣之問題確為人之本性、人際關係，與夫人格之發展。人到最後，如何能夠升華到完美境界，而與宇宙合一──人所肯定而不背棄之今世與彼界之結合。[12]

　　方東美先生對此關係之解釋尤具特色與詮釋上之貢獻，敘述如下：

天德施生，地德成化，騰為萬有，非惟不減不滅，而且生生不已，寓諸無竟。因此呈現於吾人之前者，遂為浩瀚無涯，大化流行之全幅生命景象，人亦得以參與此永恆無限、生生不已之創化歷程，並在此「動而健」之宇宙創化歷程中取得中樞地位。[13]

他認為儒家將世界看成是一個創化而健動不息的大天地，宇宙處處有盎然的生機，個人之生命可有無限的建樹。於是「道德宇宙」成為儒家的宇宙觀，和道家所主張的「藝術天地」分成兩個系統，構成中國哲學豐富的內涵。

　　《詩經》曰：「天生蒸民，有物有則，民之秉彝，好是懿德。」孔子即有感而發的說：「為此詩者，其知道乎！故有物必有則；民之秉彝也，故好是懿德。」[14]此段正是以說明一物一則之理，上天降生眾民（含物），每件事物都有其規律法則，只要我們守著這種天所賦予的本性，便能發展出適當的對應關係。

　　孔子對於大自然之應對態度，他提出「知者樂水，仁者樂山」（《論語・雍也》）的境界，讓我們了解到山與水的象徵意義，正也說明大自然的一草一木，千山萬水正是人心性之寫照，與自然大地合一之境界，與「天人合一」同歸。孔子以水性活潑而顯周流無滯，山性厚重安固，能生萬物孕育生機，人生的境界與修為何嘗不是如此。而人對大自然之學習，在〈陽貨〉中孔子言：「天何言哉？四時行焉，百物生焉。天何言哉！」此處之「四時行，百物生」正也點出大自然的內在秩序之理則，一切依循自然之理（天道），則萬事萬物皆有其理序，人間的災難發生實因不能悟出道體所致。而大自然之理，在《中庸》上則予點出其

義：「誠者天之道也；誠之者，人之道；誠者，不勉而中，不思而行，從容中道，聖人也；誠之者，擇善而固執之者也。」（〈第二十章〉）；在〈第二十二章〉又進一步把人與自然的關係推到天人遙契的內在體驗上：「惟天下至誠，爲能盡其性；能盡其性，則能盡人之性；能盡人之性，則能盡物之性；能盡物之性，則可以贊天地之化育；可以贊天地之化育，則可以與天地參矣。」說明了人與天地萬物一體之概念，可見環境倫理離不開天、地、人與物之種種條件的匯集與感通。

孟子是儒家另一具有代表性的人物，對於「環境倫理」之闡揚，在《孟子》書中，有幾段精闢的見解：

> 不違農時，穀不可勝食也；數罟不入洿池，魚鱉不可勝食也；斧斤以時入山林，林木不可勝用也。穀與魚鱉不可勝食，林木不可勝用，是使民養生喪死無憾也。養生喪死無憾，王道之始也。[15]

此段乃是孟子對梁惠王告之以「王道」之政治理念，對待大自然環境必須秉持著、依循著其內在演變之順序及自然之理而行，不能有過多的人爲破壞，大地即可一片欣欣向榮。此段也隱喻了環境保護存在著一種內在理則與秩序，藉此方法，方能使自然世界存在之物與景象皆能適當生存，而非毀於我人之手。在〈離婁上〉孟子以《書經・商書》太甲之話來作警語：「天作孽，猶可違；自作孽，不可活。」來說明人確不可自作孽，而遭來大地的反撲，以近幾年大自然對人類的反撲事實，正是此段話的最佳註腳。

而對於「人與物」之關係，孟子認爲須知物之情與性，而不可造次，他說：「夫物之不齊，物之情也。或相倍蓰，或相什百，或相千萬。子比而同之，是亂天下也。巨屨小屨同賈，人豈爲之哉？從許子之道，相率而爲僞者也，惡能治國家？」[16]因物各有其物性，本來就不同亦絕不能強求，如果人爲造作加諸其上，則是亂了其次序破壞物性。因此，治理國政亦必要身諳此道，方不致天下大亂。此外，人應了解自然與人相對應的關係，此關係即是求其本源義理、固其

本，方能淵遠長流，對自然界存在之物的使用，依然是遵此道理：

徐子曰：「仲尼亟稱於水曰：『水哉！水哉！』何取於水也？」孟子曰：
「原泉混混，不舍晝夜；盈科而後進，放乎四海。有本者如是，是之取
爾。苟為無本，七八月之間雨集，溝澮皆盈；其涸也，可立而待也。故聲聞
過情，君子恥之。」[17]

談「環境倫理」接下來是實踐面的推展，孟子的這段話更可給我們一個修
為境界的目標，他說：「君子所以異於人者，以其存心也。君子以仁存心，以禮
存心；仁者愛人，有禮者敬人；愛人者，人恆愛之；敬人者，人恆敬之。」[18]對
於自然界的事事物物，人皆應存此仁心，以仁存心才能善用資源而非亂用資源。
在〈告子上〉，他亦以「牛山之木」來作比喻，說明「苟得其養，無物不長；苟
失其養，無物不消」。同時，在對物之態度上，孟子更以寡欲的方法來養心，他
說：「養心莫善於寡欲，其為人也寡欲，雖有不存焉者，寡矣；其為人也多欲，
雖有存焉者，寡矣。」[19]此段雖在強調心性修養之重要，但它所點出的「寡欲」
在今日來說，彌覺珍貴，人對物之過度浪費與不愛惜，實肇因於欲望過多，如能
寡欲，良心善性即能彰顯。

儒家所提出的「天地之大德曰生」和「生生不已」的觀念，說明人在天地之
內，人亦是萬物之一，保障人與物之生存是天地創生的美德與造化之機。不過人
較其他物為秀為靈，因此人才能參贊天地之化育。而在儒家的信念中，孔子正是
表現「人與天地萬物一體」的代表象徵，《中庸·第三十章》，將天地人關係作
了非常完整的說明，正足以說明儒家重視「環境倫理」，並且勉人該當遵循。

仲尼祖述堯舜，憲章文、武；上律天時，下襲水土。辟如大地之無不持
載，無不覆幬；辟如四時之錯行，如日月之代明。萬物並育而不相害，道並
行而不相悖。小德川流，大德敦化。此天地之所以為大也。

　　無論是「律天時」或「襲水土」皆有其理，皆是效法自然之運行，自然與人文二者適性發展，萬物齊一生育而互不妨礙，顯示「生生之德」的內涵與價值，再加上盡人之性及盡物之性，參贊天地化育，視人與天地萬物爲一體，即如羅光教授對儒家哲學在發展人性上之推演，即以擴充的圓周觀點來說明：

> 儒家的發展哲學，在發展人性，人性發展便是擴充自我。擴充的圓周，第一
> 個圓周是「四海之內，皆兄弟也」，即是大學的「親民」，第二個圓周是
> 「天人合一」。[20]

　　上述之論點亦正好與成中英教授之論點相通，成中英認爲：「在新的文化倫理圈中，人不可逃於天地之間，個人倫理的逐級擴大向外推展之目的中，『宇宙論理』爲必然之趨勢。」[21]此天人合一的觀念正是環境倫理，擴而言之是宇宙倫理的精神。

8.2　道家環境倫理的意涵

　　面對人類社會因過度開發所帶來的破壞，使得吾人不能再有「象牙塔」式的思維，畢竟環境與生態一旦遭到破壞而無法回復，那將是文明的浩劫。中國哲學中表現出崇尚自然，主張無為，力保人間仙境與淨土的學派，非道家莫屬。老、莊哲學正好是給與今日過度開發的警惕與無言的抗議，提供吾人思考此議題的指針。老子《道德經·第二十五章》云：「人法地，地法天，天法道，道法自然。」說明天地化育萬物，生生不息，而人為萬物之靈，其所以為外物之最秀而靈者，乃因人能效法天地之美德，大公無私，有容乃大。因此在環境倫理的意涵上，首先人必須遵行天地之道，了解自然運行之理，如春耕、夏耘、秋收、冬藏的循環律，不違天時，天地為大宇宙，人為小宇宙，人與天地之間存在著一種互融的規律性。《道德經·第二十七章》又云：「常善救物，故無棄物。」意思是要人妥善規劃利用厚生，才能讓後代子孫分享天地所賜之萬物，而能取之不盡，用之不竭。若反其道而行，人又自私自利，破壞環境與生態，其結果將是有如飛蛾撲火，釀成悲劇。

　　「環境倫理」的議題正好是西方世界所關心的「環保問題」。其意涵如下：

何謂「環保」？根據德國環保學者 Wolfgang Engelhardt 的解釋：「『環保』一詞乃是為達到以下諸目的，一切必要措施之總稱：1.給予人類一個為其健康及尊嚴所必需的自然環境之保證。2.保護土地、空氣、水、動物、植物，防止人類因干涉行為，導致不良之後果。3.消除因人類干涉而引起之傷害與害處。[22]

　　「環保」就是對於自然環境採取一種保護措施（如水資源、空氣、稀有動植物），讓人類享有安適、健康、有尊嚴的生存空間。而我們重視環境保護與環境

倫理，也就是實現「環保美學」，陳榮波的看法可資借鏡：

> 所謂「環保美學」即對天地生生之德所展現的大自然環境之禮讚與歌詠，使
> 人的生命體（內環境）與大自然環境（外環境）相通一體，此種去迹返真的
> 美感升華，是一種自化的美、自然之美、清靜之美，也是人人所追求的道家
> 所謂「空靈」境界。例如中國山水畫之美在於人與山水自然合一，融通一
> 體，展現整體之自然美。[23]

　　所以從老子的《道德經》可以發現如下的環保倫理的智慧，可供眾人參
考：

> 　　萬物作焉而不辭，生而不有，為而不恃，功成而不居。夫唯不居，是
> 以不去。（《道德經‧第二章》）
> 　　執古之道，以御今之有。能知古始，是謂道紀。（《道德經‧第十四
> 章》）
> 　　咎莫大於欲得。（《道德經‧第四十六章》）
> 　　致虛靜，守靜篤。萬物並作，吾以觀復。夫物芸芸，各復歸其根，
> 歸根曰靜，是謂復命。復命曰常，知常曰明。不知常，妄作凶。（《道德
> 經‧第十六章》）
> 　　天之道，其猶張弓與！高者抑之，下者舉之；有餘者損之，不足者補
> 之。天之道，損有餘而補不足。人之道則不然，損不足以奉有餘。孰能有餘
> 以奉天下？唯有道者。（《道德經‧第七十七章》）
> 　　道常無為而無不為。侯王若能守之，萬物將自化。化而欲作，吾將鎮
> 之以無名之僕。（《道德經‧第三十七章》）
> 　　萬物歸焉而不為主，可名為大。以其終不自大，故能成其大。（《道
> 德經‧第三十四章》）

　　上述所引述老子《道德經》的觀念，總體來說，即是體道而善物，才不會有棄物，必須拋棄人的自私自利之心，化為無為之道。人與自然萬物生態環境保持一種穩定的平衡與協調，才是生存的保障，如果以人為的力量去破壞此種平衡，這是老子所不樂見的。加上人的缺點即在於自大自滿，自大自滿來自於人的私心太重，經常受外物的誘惑，而忽略了他人的利益與感受，甚至做出違背人與環境的倫理行為。所以老子提醒我們要「歸根復命」。此種「歸根復命」之心，屬於現實世界，即是要能分別「天道」與「人道」，老子認為天道就是自然之道、生生之道，具有平衡調節的作用；而他認為的「人道」是一種「過度人為化的人為之道」，在此情境下講求環境倫理，必當去除人為的妄加施恩之人道，奉行天道，才能有自然萬物共存的環保世界。所以學習自然之道，是救人、救大地、也是救物。如果不重視環境的倫理，依老子之智慧，人之失去大地即失去生存權，正是「皮之不存，毛將焉附」的道理。

　　老子道家哲學的繼承者與發揚者莊子，秉承自然之道的理念，繼續在此領域發揮。莊子試圖由亂世浮生中解放自我，而以人性的存在體驗為起點，透過體悟而一步一步的提升人性，直到與道合一。他的反省功夫便落在「心齋」與「坐忘」進而「齊物」。真實的認知主體不是人類的心靈，而是綿綿不絕的道。認知主體必須忘掉一切事物，使得道能在他之中思考。這種思考的結果就是《莊子‧齊物論》所說的：「天地與我並生，萬物與我為一」的境界。而莊子對於真我的追求，則是排除假我，追求真我。因此人與物是同等的地位，不能以假我而否定萬物，視之無物。因此只有泯是非、博辯識，透過莊子的思想，讓我們看到主體超越經驗認知之境界，將不同之經驗對象視為同等，才能「萬物與我為一」。面對環境倫理以及生態的浩劫之後的反思，莊子的思想可給予我們另一省思：

　　莊子說：「有機械者必有機事，有機事者必有機心。機心存於胸中則純白不備，純白不備則神生不定。神聲不定者，道之所不載也。」這裡所說的機械是指汲井水用的桔槔，是一種最簡單的原始工具。道家非不知其便利，但他們要預防的是「機心」。「科技」主宰了人便正是「機心」代替了「人

心」。人雖發明了「科技」而終於便成「科技」的「後備隊」,這便是我們現在常常聽到的所謂「疏離」或「異化」（alienation）。道家對文化採取否定的態度,「科技」更不在話下。我引述《莊子》（上）這段話當然不是無條件地拒斥現代「科技」,因為那是不可能的,而且也是愚蠢的。但是在「戡天役物」的觀念已瀕臨破產的今天,莊子的話卻大足以發人深省。「人與天地萬物一體」的態度誠然不是「現代的」,然而卻可能具有超現代的新啟示。[24]

環境倫理此觀念的提出,倒不是因為現代人的環保意識之覺醒,而認為我們應當開始重視此議題以避免未知的災厄,其實是來自於人類的健忘。健忘使得我們忘掉了我們並不是地球上唯一的主人,地球上仍然有許多的生物（包括植物與動物）,牠／它們與人類共存,但因人類掌握了機心（科技）,以為我們可以輕而易舉的掌握生活的世界與環境,於是以人為觀點的判斷和決策便傾巢而出,而其結果是荼毒了地球環境。因人的自大與優越感意識的作祟,使得在生活世界中,文明的創造歷程中,我們忘了曾有先哲於兩千多年前就給予我們警語,使得人類肆無忌憚地發揮人類的創造力與毀滅力,力圖創造所謂的「人類的新文明」,但我們不禁要問:「最後我們得到了什麼?」面對這樣的困境與窘境,我們可以暫時停下腳步,暫時拋開「人」的立場,跳脫固有的思維,以一種大破大立的思維方式重新建構對環境的思維。中國的道家思維是一直被許多人激賞的學派,但是除了「萬物與我為一,天地與我並存」耳熟能詳之外,我們還能向道家取經什麼內容?傅佩榮的看法可資參考:[25]

道家側重智慧覺悟,早已發現人間價值的相對性,以及愛心的主觀性與局限性,因而建議一種根本的解決辦法,就是由去私忘我著手,向大自然看齊,以不仁為大仁,讓一切生命自由而自行發展,求其永恆的和諧與安祥。這種觀點絕不是消極的,而是在化除人間紛擾之後,開放一個審美的世界。

道家所彰顯的是虛靈之美。當人心逐步擺脫各種成見與妄念，不再執著於空間的大小，時間的久暫，不再為義利所限，為生死所拘，然後自我得以「化身為鵬」，展翅高飛遠翔，再一層層提升，嚮往逍遙無待的妙境。就人心不再斤斤計較於世俗得失而言，它可以稱為虛靈；但是，就人心所歸向的道而言，它確一點也不空泛或玄祕，反而是最根源的抉擇。道，作為萬物的起點與終點，恆定不移；作為萬物變遷的動力，則又無所不在。於是，道家的審美情操可以洋溢於天地之間，斗室中不覺其少、其小，放眼山河亦不覺其多、其大。

當我們再細讀老子《道德經》的一些話，再省思今日吾人所面對的環境倫理與環保議題，便會有暮鼓晨鐘的警醒：

人法地，地法天，天法道，道法自然。

生而不有，為而不恃，畏而不宰，是謂玄德。

不塞其原物而自生……，不禁其性，物則自濟。

上述這些古老的智慧之語，如果我們能予正視、思考和另類的抉擇，小至個人的行為進退，大至國家興利建設之選擇，都可從中找到中國式的文化依據，而不會有進退失據的一種失落感，因為在道家的哲理中，帶給我們的是人生與自然規律融為一體，並且也是最得體的調和和安排。因為從道家老莊哲學對環境的關注，讓我們體會到，我們所遺忘的古老智慧，包括「敬畏自然」、「自然與人合一」、「順乎自然」與「愛惜自然」等四種態度。

這種人與自然的和諧關係以及環境倫理的關注，隨著千年來的政治更迭，核心思想的變遷，逐漸湮沒在歷史的浪潮中。我們也步上西方文化的後塵，將「人與自然」關係中的「自然」地位降低，而抬高了「人」的地位，甚至是將「人」的主位性提升到「自然」之上。因而全部的心力便著力在發揮「人與人」的倫理議題上，而忽略了「人與自然」所呈現的環境倫理上，縱使有環保的觀念，也是

相當「功利」的色彩。環境倫理的概念無法進入我們的生活世界中,若干一些應急的環境倫理口號,也是一種「現實建構」的急就章,缺乏類似古代老莊思想所帶給我們的一種本質式以及理想型態的點醒。

8.3 當代意義

　　事實上，對「環境倫理」的哲學反省，正是相應於「環境倫理」的沒落與被忽視，尤其是在今日強調「人定勝天」、「萬物爲我所用」的主流價值之下，實有必要作此反省，儒家的思想長久以來一直被歸爲主政者政策規劃的圭臬與指導，支配著主政者的思維與決策，但是它未必是今日各種政策的顯性因子，主導這種人定勝天、萬物爲我所用的化身正是資本主義，由於人爲的過度開發與一切強調有形之經濟成果爲前提，使得人類也正自食苦果。因此，透過前述儒家、道家代表人物思想，與經典之智慧，讓我們重新檢視人在自然環境中之地位及新的思考方向。

一、重新建構對人之價值的定位，以建立三才並存共融一體之認知

　　從儒家之經典中，皆可看出對人價值定位的脈絡，首先在《易經・繫辭下》：「易之爲書也，廣大悉備，有天道焉，有人道焉，有地道焉。兼三才而兩之，故六。六者，非它也，三才之道也。」宇宙的變化即是天地人合爲一個整體的變化，因此人與天地相並立而非對立，三者共同組成一個宇宙秩序，而宇宙爲一整體，人與天地並稱三才，並不是表示人具有優越性及排他性，而是三者共存共融，而人更要去掌握天道變化之內在理序，才能看出人的價值。〈乾卦・文言〉曰：「夫大人者，與天地合其德，與日月合其明，與四時合其序，與鬼神合其吉凶，先天而天弗違，後天而奉天時，天且弗違，而況於人乎？況其鬼神乎。」進而言之，人雖也是三才之一，但仍須處處以誠視之處之。《中庸・第二十六章》，將天地之道描述得更爲具體：

天地之道，可一言而盡也；其爲物不貳，則其生物不測。天地之道：博
也，厚也，高也，明也，悠也，久也。今夫天，斯昭昭之多，及其無窮
也，日月星辰繫焉，萬物覆焉。今夫地，一撮土之多；及其廣厚，載華嶽而
不重，振河海而不洩，萬物載焉。今夫山，一卷石之多；及其廣大，草木生
之，禽獸居之，寶藏興焉。今夫水，一勺之多；及其不測，黿鼉蛟龍魚鱉生
焉，貨財殖焉。

天地之道的變化可謂神，其性質爲博大、深厚、高潔、光明、悠遠與長
久，自然而然地「不見而章、不動而變、無爲而成」。由此觀之，人雖爲三才
之一，但並不表示人是可以據有環境之決定權，人在天地的面前要更顯謙卑，
向自然學習。仁者與一般人之所以不同，是他能掌握此理，「夫仁者，己欲立
而立人，己欲達而達人」（《論語·雍也》），「聖人作折，必以天地爲本」
（《禮記·歷運》），方能成己與成物，當人心無私無欲之當下，以天心爲己
心，即如孟子所主張的「寡欲」以正其本。《禮記》中孔子曰：「天地不合，萬
物不生。」人在天地之前，更應深刻體會孟子所言：「仁者以其所愛，及其所不
愛，不仁者以其所不愛，及其所愛。」（〈盡心下〉）仁者愛人，愛惜一切的生
命。「萬物皆備於我，反身而誠，樂莫大焉！強恕而行，求仁莫近焉」（〈盡心
上〉）。把握此理，吾人方能轉化原始生命爲人文生命，才堪稱人文關懷與對生
命之重視，生生才謂大德。

二、「人是自然世界的主人」的再反思

不可否認的，近代工業的文明蓬勃發展，替人類帶來進步和繁榮，如生活條
件的改善和科技技術的一日千里。但是卻處處顯現一種非常俗世化的觀念：人是
自然世界的主人，自然科學在知物用物的原則下，肆無忌憚的開發資源與發展技
術，造成生態的浩劫與生存環境的惡化，應是來自此一觀念的主導，學者亦針對

此現象進行反思與批評，鄔昆如教授之論可以證之，此觀念已控制人類思維一段很長的時間。

> 也許就因為西洋文化經過基督宗教的洗禮後，人性的位格意義越來越明顯，而與天的合一願望和信仰亦一天天穩固，因而，在對物的關係上也就擺出比較高的姿態。「人定勝天」的「用物」、「役物」說法，也就籠罩了近二千年的歲月。**26**

　　吾人重視「環保意識」與「環境倫理」，不管是「人是世界的主人」或是「人是自然世界的主人」，「主人」之概念為何？鄔昆如認為：「主人之意義被細分為兩項，一為所有權，另一為使用權。在使用權的概念上，除了使用外，還要加上保護的概念。」**27**就儒家而言，孟子提出了「愛物」的主張，他說：「君子之於物也，愛之而弗仁；於民也，仁之而弗親。親親而仁民，仁民而愛物。」（〈盡心上〉）。

　　孟子提出「愛物」的觀念，在儒家思想中是一個了不起的看法，但是如果依其等差上之排序，儒家對天、親、人、物之態度是有親疏之分的，「物」顯然不能和天、親、人之地位相提並論，這種差等的人際與物際之分位，意謂著物並不是人道德心靈所特別關注的對象，它並不具有道德關懷上的優先性；但無論如何，孟子之「愛物」的觀念，仍然是由人心所發動，只是存在著親疏遠近的差異，於此賦予時代新義的價值取向是，人亦是物，雖是萬物之靈，但在此生態環境中與其他共處平等地位，人仍不得宣稱：擁有他物或其他對象之所有權。當人願與物共處平等地位時，人的道德意識及心靈關懷將會更寬闊，更具慈悲之心。人所秉持著的是以良知善用自然之物，做到不破壞，免遭生靈荼炭之苦。道家的「齊物論」更有其勝義。是故，盡人之性、盡物之性之後，人性的意義與人的價值才會清澈，「用物」與「役物」其實皆為一偏之見，如此認知之後放下身段，放低姿態，用平等之心看待自然世界，這才是儒家所說的仁者、智者。

三、「正德、利用、厚生」的再詮釋

　　錢賓四先生在一九七○年出版的《中國文化與科學》一書中，認為中國傳統並不忽視物質生活，並以物質進展來代表文化之進展，而對於利用物質，他的見解如下：

> 《易經》言開物成務，自伏羲神農黃帝以下，凡中國古人所稱為聖人皆以其能開物成務之故。《左傳》言正德利用厚生，求厚生必先知利用物質，求能利用物質，必先懂得正德。[28]

　　錢穆先生首先對「正德、利用、厚生」賦予新義，在他的觀點中，「正德」有二個涵義，一為《中庸》之語，盡人之性及盡物之性，皆正德。《大學》所言格物致知是另一義，以窮理說格物，透過已知之理而達於其極，是為格物，但若專講求盡物之性、窮物之理，而人德不正、人性未盡，則利用必顯危殆。因此要談厚生，造福社稷百姓，提高生活水準，改善國民生計，使得人民生存不會面臨危險，則須窮物之理，盡物之性，並且要能善用，用之於國計民生，而非用之於破壞環境，製造汙染，因此，談厚生及利用則首重正德，人之德不正，心無善念，則物之用即無正確目的性之導引，道德規範無以建立，則將如脫韁之馬，危機四起。

　　在文獻上，這個觀念亦見諸於《尚書・虞書・大禹謨》之記載：「禹曰：於，帝念哉，德惟善政，政在養民。水火金木土穀惟修，正德利用厚生惟和。」[29]對於大自然存在之物，人是使用者，而非占有者，因此其心必先正，心正而能誠其意，對物之理已能窮理致知，知道物之正確使用及原則，滿足百姓日常生活所需之「五行」（五件生活必需品），而能施恩澤於百姓，才算是德政。今日對「環境倫理」重作思考，經濟發展與追求福祉無非是厚生之表現，此一方面物質成就與自然科學與技術之成就已主宰世界，其次所謂「利用」，無不是將物之性充分發揮出來，但不超過其限度，而能創造社會大利，能厚生與能利用者則

僅在人，人若失其德或心被蒙蔽，則失去價值取向與道德規範，則僅知用物之工具性而失其目的性與理想性，亦失去三者互為一體之系統性，則對物失去正當之態度，竭澤而漁，縱有牛山之美，亦因斧斤伐之不得其時而導致牛山濯濯。人之修德，無非是誠其意及正其心，經由道德陶成而至仁者、君子之境界，順應自然而不違背自然，人固為萬物之靈，但亦屬物之範圍，斷不可自詡身價而役物，肆無忌憚之使用，苟能秉持正德，在態度上善用萬物之資源而不浪費，達到環境保護之目亦非奢夢，哲人所提示的盡人之性、盡物之性而能與天地參的境界與理念，當不致過於抽象，當可在日常文化生活中顯示其意義。

四、以仁統貫親疏及萬物，當可開出倫理的整體性，充實文化生活

儒家從盡己之性到盡人之性之後開出盡物之性，而後與天地參，是必然要實踐的方向，雖有順序先後之分，但其目的是正確的，於是從個人倫理、家庭倫理、社會倫理、國家倫理，甚至是專業倫理到世界倫理，由仁之發育、實踐「與天地參」，人往外走向宇宙倫理是可預期的。就儒家哲學之內涵來說，正有其意向性，構成一個完整的倫理體系，這個倫理體系的成立，也正是強調「仁」來作為貫通人類、天地與萬物為一體，「仁」的價值理念也正是此一倫理體系存在的基礎。

「環境倫理」中的主體為人，客體為自然萬物，二者之所以能產生聯結發生意義及效果，肇因於人之仁心發用，及善用之心態，在在無不需要依靠我們重新認識「仁」的價值與顯用。因此，凡能增進全體生活，並能保障群體生命，達到與天地參之作為，皆為仁的表現。成中英認為儒家倫理體系正涵括五種理念：「整體性的，內發性的，延伸性的，提升性的與連續性的觀念，而『仁』正是這個倫理體系中倫理經驗與精神自覺的集中表現。」[30]

儒家哲學在中國思想史上即以強調倫理觀念及實踐各種美德著稱，《論

語》、《孟子》、《大學》、《中庸》、《易傳》等書，構成了儒家思想的活水源頭，無論是個人心靈之寫照，或是鼓勵人積健爲雄、樂觀進取，對於人與自然的關係、人與物的關係，皆有其獨到之處。尤其是孟子提出「愛物」、「寡欲」、「不違農時」、「數罟不入洿池」、「斧斤以時入山林」的主張，在今日重新省視「環境倫理」之意義，更覺彌足珍貴。道家老莊哲學對於環境倫理所發出的本質性之建構及點醒迷津，確實可以讓我們跳出「人」的狹窄範疇，俯瞰自然的意涵及自我生命的莊嚴，體會到人與自然的合一、同情共感，與物的合一齊化。如果我們不願自然環境遭受過度開發，而將生存環境推向毀滅的命運；如果我們不願接受「寂靜的春天」，那體認「地球只有一個」的觀念實屬必要，當工業文明替人類帶來進步的善果時，我們也不能忘記在其中已蘊涵了危機，就在今日我們也漸漸地嘗到它的惡果，只有人了解宇宙倫理的內在法則，以「敬」的態度來審視自然與人的關係、人與物的關係、「環境保護」才不會只是消極性的應付，而是積極性的把「環境倫理」的系統性概念，放在文化的價值系統中，以「參與」取代「控制」，以「善用」取代「浪費」，以「欣賞」而非「占有」，以「愛物」而非「役物」，以「和諧」取代「衝突」。如果我們毫無節制地把開發資源當作「天職」，亦只能顯示人對環境的有限掌控及分配的結果，那並無多大意義，甚至是無知的行爲。如果我們再把「環境倫理」當作一個口號，而無主體與客體的心靈的感同身受，人文與自然同一的道家關照的情懷，如此一來，便無法開出道德實踐的動力——爲何我們要如此做？自然資源有限，人類欲望則是無限的。今日探討環境倫理如何從不同層面、形式與空間來吸收消解人的欲望及其衍生的破壞力，在文化生活中藉由哲學的反省賦予新義，便成爲一個值得關心的命題。

第九章　成功之道與管理哲學

9.1　成功之道與歷史的教訓

　　「成功」是每個人的夢想，也是每個人自我評價的指標之一，而且成功的概念還會運用到各個層面，如家庭的幸福、事業的成就、人際關係的和諧，以及自我實現等。我們很輕易地可以在每個地方看到成功的人物、事件及各種相關的活動等，並且坊間書店裡的暢銷書排名前三名的書，大部分也跟成功的訊息有關。可以這麼說成功無所不在，成功的壓力也是每個人在爲學與做人、事業與家庭諸方面普遍感受到的，社會上更有人推動「成功學」並且以此爲職志。但是在成功的對立面，我們也看到「失敗」站在那裡，往往「失敗」扮演一個反面的教材，是一個嘲諷的角色，每一個人都渴望成功，卻也畏懼失敗，成功就像春天的花蕊，可惜來得快去得也快；而失敗卻像是嚴寒隆冬，時間既漫長又讓人難受，如果問大家願意選擇何者，相信絕大多數人都會選擇成功，但成功者又有幾人？我們不願意接受的「失敗」卻是如影隨形，無處而不存在。

　　雖然成功與失敗是對立的，一個令人高興，另一個卻給人帶來悲傷。但是如果進一步深層的思考，我們發現卻有一句話也是隨時扮演著「心靈的導師」──失敗爲成功之母。相信讀者對這句話並不陌生，這句話訴說的不僅是一個歷史的經驗累積，也是理性思維的判斷，更是人生的智慧。如果我們回顧從小到大的過程，幼兒要先學會翻身、坐立、爬行，然後才會走路、跑步。每一個步驟均十分重要，而且需要時間，沒有一步可以省略。可見成功是循序漸進而非一蹴可及。但是有一種現象卻也值得吾人注意，尤其是在人際關係、事業成就、個人品德方面，有些人不見得會認同上述的循序漸進原則，反而是急功近利，企圖投機取巧，抄近路，講求成功之「術」，只求一時的成功，卻沒有看到如此之術，可能擁有短暫的成功，卻帶來長遠的失敗。我們老祖宗給我們的另一句話也是頗富哲理──「行遠必自邇，登高必自卑」，成功之道難道不也是如此嗎？

　　歷史人物的成功與失敗之故事，是許多人津津樂道，並且引以爲鑑的。若從「結果論」的角度而言，是看最後的結果來斷言是成功或是失敗，另一個的看法

是「過程論」，不去計較最後的結果爲何，只看過程中給人的感覺，以及在過程中有無體會及收穫。古代那些栖栖惶惶奔走於各國路程，期盼能以己力說服統治者採行其說，建立和善天下之人，如儒家的孔子、孟子、荀子，法家的韓非子、墨家的墨子及其門人如禽滑釐等人，甚至如楚漢相爭的項羽，從結果論來看，他們都是失敗者；但如秦始皇、李斯、趙高、劉邦等卻又是成功者，但若再就歷史的結果來說，誰又是成功者？誰又是失敗者？孔、墨、孟、荀、韓非子等人在當時的歷史環境中可說是失敗者，但他們的思想影響後代至深且鉅，又豈能說他們是失敗者。秦始皇及歷朝的各個皇帝，在世時權傾一時，手握生殺大權，但最後仍是黃土一坯，又留下什麼給後人？權勢帶不走，名位帶不走，而留下的只是遺臭萬年或是名垂青史這兩個結果。在成功與失敗的權衡之中，我們需要重新沉澱思緒，統整思維，重新思考這兩個觀念。

俗話說：「思想決定行動，行動決定習慣，習慣決定品德，品德決定命運。」古希臘大哲亞里斯多德的名言：「人的行爲總是一再重複。因此卓越不是單一的舉動，而是習慣。」因此，我們可以說成功是一種習慣，失敗也是一種習慣，好的習慣決定了成功，而壞的習慣則注定了失敗的果實。中國文化中對於成功之道與管理哲學是較少觸及的議題，在傳統的哲人眼中這些都是「術」而非「道」，是「權變」而不是「常道」及「常規」，因此在人的各方面表現及要求上，皆以講求「道」之實踐而轉成道德行爲，以道德人格作爲管理的目標。所以「德治」成爲一種管理的模式與規範，期待由道德的實踐能引領社會的各層面發展而成就一個道德的世界。

俗話說：「長江後浪推前浪，前浪死在沙灘上。」這句話的意思是說：過往歷史人物的成敗是非功過瞬眼即逝而灰飛煙滅。但英雄出少年，每個人都有他自己成功的故事和失敗的時刻，如果不能記取歷史的教訓，和仔細思考他們成功與失敗的教訓和點醒，我們又怎能做到不重蹈覆轍。機會瞬間即逝，因此如何把握成功的契機，就要向歷史人物學習和借鏡。中國歷史上有許多成功和失敗相因相隨的故事，在民間的稗官野史中均有著豐富的內容和生動的記載，我們可以跳開知識及正史的狹隘範疇，發掘背後成功的原因，和失敗的種子，同時還可發現第

三項因素——在你成功的同時可能也就種下了失敗的種子。以下所述之案例可稱為「歷史的教訓」，讓我們深刻地省思成功的關鍵和失敗的原因。

一、秦始皇統一六國功蓋群國，但最後卻是死後十五年滅國，國祚之短令人咋舌。

中國歷史上第一個稱皇帝的人是秦始皇，過去戰國七雄的統治者皆以「王」自稱，但在一統天下之後，始皇之名確立，「皇」是指天上的神，「帝」是指地上的王，他是皇帝，意思是天地間無人能比他更具權威，因此也就成了第一世始皇帝，這個名詞表示要是世代代永遠傳下去，國家就是他們的家，亦即是「家天下」的概念。根據歷史學家許倬雲院士的看法，可以讓我們了解秦由盛而衰其中的關鍵：

> 而最大的缺陷，秦朝沒有提出一個理想來。秦始皇提的理想是：我的功業是空前的，過去叫「王」是不夠的，要大家想了好名字叫我，大家後來想了，天上的神叫「皇」，地上的王是「帝」，你是皇和帝，就成了第一世始皇帝，是世代代永遠傳下去。他沒有提出目標，秦朝所有的詔書沒有一個說建國的目的哪裡，他只說我要維持這個秩序，維持這個國家。秦始皇在各處立下了許多碑，他喜歡到各處表揚自己的功勞，立個大碑，碑上刻自己的功勞。他刻的功勞是頌揚這帝國怎麼建的，今天整個帝國和平了，整個中國和平了，是因為他一個人。他要天下的秩序永遠存在下去，每個人都要守法，守他的法。他的守法，守的不是社會的安定，他所謂法的目的是維持他個人的權威，並沒有目標，所以秦始皇死後十五年，秦朝很快就垮了。

吾人了解秦失敗的原因是出自於他沒有具體的建國目標，建國的目標即是今日所說的願景，這種願景若不明確，也就使得人人的奮鬥失去意義。今天許多

企業的負責人開口閉口就是「願景」如何如何，用來激勵員工的熱情，達成一致的目標。但我們也不能忽略秦始皇何有此能耐以統一六國，必須探究他成功的地方：在於有最會打仗的軍隊，在作戰的時候也運用策略，歷史上告訴我們，包括陰謀詭計、買內應、買間諜、將合縱連橫之計運用得非常靈活和巧妙，因而能攻無不克而達到目的；同時又有李斯這樣的助手，用了許多優秀的將領，如白起、蒙恬等人替他征戰四方，也有一批非常能幹的官吏來執行政務，加上又有御史監督的制度，嚴密的查察考核，重視考核成果。這些不能不說是秦制度面的建樹。但是，雖有好的制度也不過是短短的十五年，江山就拱手讓人，秦朝的國祚出奇得短，原因何在？首先是有些政策是殘暴的，歷史上有名的焚書坑儒是眾所皆知的事，一切依法家行事的嚴刑峻法造成了「苛政猛於虎」，於是不願歸順的六國子民和下階層的農民聯合起來走上革命之途，於是十五年光景的基業也就被上述這批下階層的人徹底摧毀，秦的基業一敗塗地了，陳勝及吳廣首先揭竿而起，歷史上第一次的「農民起義」也就風起雲湧，銳不可擋。

二、楚漢相爭，最後擁有天下不是自恃雄才大略的項羽，而是懂得用人的劉邦。

　　史書有段話：「項在舞劍，志在沛公。」還有令人印象深刻的「鴻門宴」。在楚漢相爭的五年中，項羽和劉邦可說是歷史上的英雄人物，論雄才大略、作戰布署而言，劉邦豈是項羽的對手，可是天下最後並不是項羽的，落得「英雄氣短」與眾叛親離，最後的結果卻是垓下之圍，自刎於烏江，令人不勝唏噓！

　　檢討項羽失敗的原因很多，項羽在用人方面是剛愎自用，蕭何不用，韓信不用，許多在劉邦身邊立下大功的人，原先都是項羽的部屬，但最後卻是投奔效勞劉邦，豈不怪哉！

　　項羽失敗之處正也就是劉邦成功的關鍵。史書記載韓信為「善兵之將」，

而劉邦則爲「善將之將」。歷史上有句名言：「韓信點兵，多多益善。」話說當年漢高祖問韓信，樊噲能帶多少兵？韓信答：十萬人。高祖又問：滕嬰呢？韓信說滕嬰善帶騎兵，其他兵則不擅長。漢高祖後來又問，我劉某人可帶多少人？韓信說，大約一千人左右。高祖反問韓信，你自己可帶多少兵？韓信說：「多多益善。」高祖有點不高興地說：「既是如此，何以你會是我的手下呢？」韓信才回答：「你能將將，我能將兵。」成功的人物，必有成功的典範可資借鏡，將將與將兵只是一字之美，可是「差之毫釐，失之千里」，將相與綠林之分立判，「成者爲王，敗者爲寇」爲歷史不變的法則。韓信縱使天縱英才，領兵作戰堪稱戰神，但其格局也只能帶兵，而非將將，最後仍臣服於劉邦之下，最後其命運仍免不了死於未央宮。

當然劉邦仍有其過人之處，對其身旁的謀士可謂知人善任，他讓擅長於帶兵作戰的韓信用之於戰場，足智多謀的張良、蕭何協助他運籌帷幄而能決勝於千里之外。等到天下底定分封疆土有功之人無不一一犒賞，使得國家能迅速地安定下來。這就是劉邦成功的祕訣。

另一則也是有關韓信與劉邦爭鬥之故事，亦可從中體會成功是「小不忍則亂大謀」。話說韓信帶兵攻下齊地（今山東與河北一帶），連年征戰，雖有戰功，但韓信及其部屬兵疲馬困，而劉邦卻只是發號施令坐享其成，亦未有見其戰功彪炳之處。韓信部屬心中甚感不服，一致要求韓信自立爲齊王，則天下三分矣！韓信心中仍然拿不定主意，遂修書一封請劉邦同意他自立爲齊王，可否？劉邦乍閱信後，心中怒火燃起，實怒不可抑，本欲拍桌破口大罵，但因張良察言觀色，有過人之能，知此時此刻斷不能顯露憤慨之情而趨前止之，劉邦頓時明白張良制止之理，遂改口：「大丈夫定諸侯，即爲真王耳，何以爲假？」劉邦當下能因應情勢，順勢而爲，不露半點痕跡，固有其機智外，張良之慎謀能斷適時的點醒，亦稱助力，而後劉邦得天下，萬民臣服，而韓信充其量亦只是一員猛將而已。

我們再來看項羽失敗之處，《史記‧項羽本紀》記載：「項籍少時，學書不成，去學劍，又不成。項梁怒之。籍曰：『書足以記名姓而已。劍一人敵，不足學，學萬人敵。』於是項梁乃教籍兵法，籍大喜，略知其意，又不肯竟學。」從

這一段文字可以發現，項羽年少時，就已出現三種個性：「不耐煩、善辯、無毅力」。學書不成，轉而學劍亦不成，然後又說出了一番大道理來：要學就要學萬人敵。一旦開始教他可以萬人敵的兵法，項羽又不能有始有終的把兵法學完全。通常不耐煩的人，大多具有一些小聰明，也因為如此，他們往往會覺得耐煩的是傻子。為了要說明自己並非不耐煩，所以自然就會善辯；當然，不耐煩的人多半是不會具有毅力的。所以說，司馬遷對項羽的描述中，其實已在顯示項羽的個性，和日後的烏江自刎，是有密切的關係。項羽會有這樣的個性大概與其才情有關，《史記‧項羽本紀》記載：「籍長八尺餘，力能扛鼎，才氣過人，雖吳中子弟皆已憚籍矣。」上天給項羽的優越條件，反而成了他自身的最大挑戰！以此觀之，老天爺賦予項羽才力，卻不賜給他堅持和毅力的智慧，除非項羽能夠超越自己，否則先天上的優點，最終將成為他的致命傷。

　　劉邦能有天下，實與民心歸附有很大的關係。劉邦在入關之時，表現出統治者的風範，廢除秦代苛政，與民約法三章：「殺人者死，傷人及盜抵罪。」於是民皆欣悅，甘於追隨劉邦。加上劉邦來自民間，其左右股肱，如陳平、周勃等，莫不為市井布衣，而深諳民間疾苦。其後，又以義帝發喪之名，號召諸侯討伐項羽之不義，並安撫流亡百姓，令民心盡歸劉邦。得天下後，罷秦徭役，施黃老無為之術，替代秦法家嚴刑峻法之治，故能贏得天下。反觀以貴族身分起義的項羽卻不知爭取民心，大肆殺戮，入咸陽而焚燒阿房宮，三月大火不盡，屠殺秦民及士卒二十萬，自招秦人反感，更使戰敗者不敢向其投降，如彭城之戰中（西元前二〇五年），漢軍情願投水溺斃也不肯投降。敗卒不投項羽，人心也不歸附，埋下劉成項敗的原因。戰爭雖然打勝了，但因不得民心，也就種下日後失敗的種子。

三、三國鼎立互相抗衡，成功有其各自的原因，但是如何運用自己的資源、組織、人才以及運用自己所長，避開所短，卻是核心的關鍵。

滾滾長江東逝水，

浪花淘盡英雄，

是非成敗轉頭空。

青山依舊在，

幾度夕陽紅。

白髮漁樵江渚上，

慣看秋月春風。

一壺濁酒喜相逢，

古今多少事，

都付笑談中。

　　羅貫中寫《三國演義》，讓我們看到與陳壽所撰寫的正史《三國志》完全不同的情景，歷史人物活靈活現地呈現在吾人眼前，對人物的刻畫亦是入木三分，令人歎爲觀止，對於人性的表露與張力可說是躍然紙上。在這本書中三國諸英雄各顯所長，每個人在追求成功的過程中皆是全力以赴令人動容。香港首富李嘉誠曾說：「三國時代的歷史其實是最佳管理學教材。曹操、諸葛亮等歷史人物的成功往往都很值得現代人，尤其是企業管理人員參考。」呂國榮編著的《品三國悟管理》一書即把《三國演義》作了這樣的定位：

　　《三國演義》已經被證明是一本「人生訓、處事方、成功法、領導術、對策論」的社會科學百科全書。《三國演義》以其豐富的競爭謀略以及高明的管理哲學成為現代企業管理者的智慧泉源。[1]

　　《三國演義》一書情節所呈現的有如下主題，包括：用人之道、激勵的策略、團隊精神、管理者的溫情、領導能力、執行力、成功的決策以及危機管理等。甚至還有從這本書中淬鍊出「三十六計」之說。歷史的章回小說固有誇大其詞或與事實不符之情形，但《三國演義》一書中所呈現的故事情節可說是今日談成功之道與管理之術的重要資訊來源，也就使吾人不能小覷其價值與貢獻。以下略論三國之態勢。

　　曹操最大的優勢就是用漢的名稱，號稱是漢朝的正統之所在，即所謂的「挾天子以令諸侯」的策略，有了這個策略即可以發號施令，這個重要的資源是對手所沒有的，可以讓他為所欲為。因為是正統，各地的資源便可源源不絕的進來，並且所有的作為都取得正當性，這裡面當然也就包含了壯大利己的一部分，也是其他對手無法與之抗衡的一點。再看居於西方一隅的劉備，選擇了四川，他的優勢即在於「蜀道難難上青天」，地理上的絕佳位置形成了一個自然的屏障，加上劉備也自稱是漢室，是劉家的後代，更可理直氣壯的說他才是漢室正統，而能與「假正統」的曹操分庭抗禮。

　　反觀東吳的孫家所經營的地方是號稱「魚米之鄉」的長江三角洲之吳地，有水路運輸的優勢，商業經濟行為蓬勃發展，地理上的肥沃及物產上的豐饒，使得吳國亦可與曹魏、蜀漢一爭高下。因此成功之道，但看自己手上有多少的資源，包括有形的資源與無形的資源，當大家的資源不相上下之時，孰勝孰敗，就看如何運用手上資源以創造更大的資源，其關鍵便是要懂得善用資源，不善用即是浪費，也是降低破壞自己的資源，如此將失去競爭力，最後導致滅亡。

　　羅貫中的《三國演義》將曹魏、蜀漢及東吳三國之間征戰搶奪資源的過程描述得歷歷在前，傳頌千古。清代名臣曾國藩站在南京城頂頭，望殘陽如血，感歎道：「以三國之謀略，成天下之大事，不亦宜乎！」而這裡頭便有著用人策略的高明與不高明。曹操以法家的理論來作為他整個統治的理論基礎，尤其是在用人方面，他用人只看才幹，不在乎道德，可說是徹底地悖離儒家所說的「才德兼備」的觀點。曹操所用的「術」是法家申不害的「術」加上曹操自己的「權術」所以才會有亂世梟雄之稱。曹操用人時，完全不考慮傳統的「德行」、「名節」

與「門第」等觀念，他認為那些是迂腐無用，所以選才時，不拘微賤，不拘品行，勿廢偏短，所以他所選用的人才形成了一個謀士如雲、視死如歸的團體。而且他非常重視有才華的降臣或降將，他也善于將對自己不利的人心，凝聚為對他有利的力量。雖然選才不拘品行，但他卻用另外一套制度來加以約束，使得壞的品性不至於危害大局，此點亦是曹操高明之處。

在用人的策略上，另外一個值得觀察的人物便是諸葛亮，諸葛亮的目標是替蜀漢留下命脈以抗衡曹魏及東吳，因此才會有「六出歧山」及「九伐中原」了。

而蜀國的人才來自三方面，一是荊襄之士、二是巴蜀之士、三是涼州兵馬。這三方的力量可說是等量齊觀，如果處理不好可能會先發生內亂，諸葛亮便以協調者自居，以恩義相結，以公平待人，這和曹操完全不同，因此當談到公平待人時必要有一個明確的標準，便是法家。總體而言：恩義相傳是儒家，公平標準則是法家，它是屬於儒法相結合，因而才能穩住劉備死後的大局。這個事實告訴我們情義相挺，恩義結合只是第一步，在分配利益時必要有執法家之法，要做到公平與公正。

從「勝者為王，敗者為寇」的角度來看，諸葛亮輔佐劉備，雖然劉備之蜀漢無法恢復漢室正統，而且是第一個被魏晉滅掉的，但是他能在有限的資源中力爭上游，打下天下三分的格局確實不易。歷史學家許倬雲院士是這樣評論諸葛亮的：[2]

　　諸葛亮是了不起的政治人才，他還未出山前就看清了天下大勢，其實他很明白蜀漢無法中興，他所領導的根據地不夠，荊州失敗之後，蜀漢就沒有復興的希望了。諸葛亮對於這些看得很清楚，但他「逆天行事」，打下了三國分立的局勢。然而他在培育接班人的工作上則做得不盡理想，……諸葛亮除謹慎、細心之外，有敏銳的觀察力與廣博的眼光，而這些人卻遠遜於他。這是他觀察錯誤之處，忽略一旦環境改變時，他們沒有獨到的眼光，便無從發展。

　　而反觀在《三國演義》中的孫權，既不是儒家，也不是用法家的法講求公平原則，而是完全以私人感情作結盟，不講法治，只講人情。由於東吳一地已是最後的據點，大家的目標及利害一致，就是要抗曹，彼此同仇敵愾，所有與孫權在一起的地方單位，皆會覺得參加這個東吳集團是有好處的，所以內聚力就強，促成的動力倒不是恩義相聯，情義相挺，而是人情面的因素，也就是傳統人情的原故所造成，如此也就無制度化的設計。所以他的用人制度也就很難長期維持。

　　另一個廣為流傳的故事，便是諸葛亮「七擒七縱」孟獲，顯示諸葛亮恩威並施，降服人心的策略。劉備去世之後，諸葛亮準備北伐中原，但蜀國南部卻有少數民族的酋長孟獲發動叛亂，孔明先生認為要北伐中原，必當無後顧之憂，否則少數民族不穩必成大患，如此一來也會影響北上逐鹿中原之計，於是親征而入「不毛之地」，並且採取恩威並施之計，才有七擒七縱之舉，諸葛亮以收心為上，讓孟獲不再有貳心，死心塌地的臣服，為諸葛亮的北伐之計吃了定心丸。俗話說：「帶人帶心」，治人之術以收心為上，收身為下。讓人懼怕你，這只能有短時之功，而讓人感激你，則會有永久的效果。《孫子兵法》亦云：「攻城為下，攻心為上。」其中的道理唯有用心領導，讓人打從心底由衷地佩服，才會有凝聚力，才能發揮團隊精神的力量。

　　由《三國演義》所描述的三邊關係，決勝的關鍵不外三個，分別是天時、地利與人和。在隆中對策時，孔明縱論天下形勢，從上述的這三個條件加以分析，曹操占天時，孫權占地利，而劉備則是占人和。若再從孟子之言「天時不如地利，地利不如人和」來看，人和才是關鍵中的關鍵。換言之，人際關係的和諧比什麼都重要。人和者，就是要匯聚各方人才，即如劉備識得諸葛亮有治國之才，不惜三顧茅廬才將臥龍先生請出南陽，劉備確實有識人之能，在高舉廣納各方英雄豪傑及各方人才之後，從一名一文不名的賣草鞋者，乘著天下情勢混亂之際，在多方人才的協助下，三分天下有其一。這種廣納人才，追求人和，力量才能集中，也才不會內耗，因此從求才若渴的角度而言，可稱「誠到深處情自現，不見誠字不見情」。

四、貞觀之治奠定唐朝紮實基業，為成功典範之翹楚。

就中國歷史上的君王而言，有明君亦有昏君，兩者之差別即在於是否有自省能力，若無自省能力則如晉惠帝所言「何不食肉糜」的離譜之言。李世民在家中排第二，帝王之位是輪不到他的，就其殺死手足之事而言是違反儒家倫理，但其一番治績及功業，並且自我克制，虛心納諫，重用魏徵等諍臣及謇謇耿直之士，知人善任，廣用言路，內外得宜而有貞觀之治（六二七～六四九年）的美譽。中國歷史上英明的統治者實不多，唐太宗可稱得上是其中之一，其治績亦為後世所傳頌。然則其成功的竅門何在？

貞觀之治，是指唐太宗在位期間的清明政治。由於唐太宗能任廉能之人，知人善用；廣開言路，尊重生命，自我克制，虛心納諫，重用魏徵等諍臣；並採取了一些以農為本，厲行節約，休養生息，文教復興，完善科舉制度等政策，使得社會出現了安定的局面；當時並大力平定外患，並尊重邊族風俗，穩固邊疆。當時年號為「貞觀」，固史稱「貞觀之治」。這是唐朝的第一個治世，同時為後來的開元之治奠定了厚實的基礎。

唐太宗即位後，因親眼目睹隋朝的興亡，所以常用隋煬帝的滅亡作為施政反面的教材，來警戒自己及屬下。他像孟子一樣，把人民和君主的關係比作水與舟，認識到「水則載舟，亦則覆舟」，因此留心吏治，選賢任能，從諫如流。他唯才是舉，不計出身，不問恩怨。在文臣武將之中，魏徵當過道士，原係太子李建成舊臣，曾議請謀殺太宗；尉遲恭做過鐵匠，又是降將，但都受到重用。太宗鼓勵臣下直諫，魏徵前後諫事兩百餘件，直陳其過，太宗多克己接納，或擇善而從。魏徵死後，太宗傷心地說：「夫以銅為鏡，可以正衣冠；以古為鏡，可以知興替；以人為鏡，可以明得失。魏徵逝，朕亡一鏡矣。」

從上述這些成功與失敗的案例可以得知，成功有其「道」亦有其「術」，這些案例即可稱之為「歷史的教訓」。俗云：「歷史永遠在教訓那些不懂歷史的人。」不懂得鑑往知來，又何能不重蹈覆轍。亦有人說「歷史不會重演」，但事實上，不記取歷史教訓的案例太多了，中國歷史一治一亂，開國皇帝兢兢業業，

夙夜匪懈，終於打拼出一個新格局，但「富不過三代」，甚至有的未到三代即從歷史舞臺上消失，還有「生於憂患、死於安樂」亦是屢見不鮮。每一個朝代的興衰盛竭，大體上也就是依照這個規律在運行，無一朝一代不例外，豈能說歷史不會重演！綜觀中國歷史上各朝各代的英雄豪傑或是被歷史淘汰的失敗者，在他們的與成功有約的歷史教訓中，可以歸納爲如下數列：

1. 用人之道：慧眼識才、唯才是舉、用人是揚才避短、不以貌取人、用人不疑、疑人不用。適才適所、重才亦重德、用人公正無私。
2. 激勵之道：誠意感人、請將不如激將、身先士卒、分享、團體中的良性競爭、激勵要適度、賞罰分明。
3. 團隊合作：律己才能律人、善於借助他人力量、經營要有願景與目標。
4. 領導力：具有影響力、劍及履及、謙虛、控制情緒、得饒人處且饒人、有效的溝通、授權及指導、信心。

　　以上的四點心得是歸納及探討歷史上成功與失敗的人物之事例而得。時間已到二十一世紀，這四點運用在個人競爭求勝上依然是通用的。但是，若不能體察二十一世紀的變遷特色，我們依然只會被時代所淘汰，因此需要更爲寬廣的視野來盱衡時局。自上世紀的下半葉開始，我們當會發現全球化是一個潮流與趨勢，網路的世界雖是虛擬，但也是眞實的，無人可置身於這個世界之外，「天涯若比鄰」也成爲事實，世界各地區的連動關係與依存關係越來越緊密，約翰・奈斯比特（John Naisbit）所著的《大趨勢》一書中，就列舉出影響未來的工作、生活和財富的十大趨勢：[3]

1. 從產業社會到資訊社會：企業是生產的，一個企業也許是交換的，但是它主要以生產爲主體，最後也都是生產。
2. 從能量科技到高科技／高感應：所用的都是一般性的科技，這叫作能量科技（force technology 或 energy technology），就是用能量來作的科技。
3. 從國家經濟到世界經濟：任何國家都是一個畫好的企業圈，超過這個國家企業圈之後我們就叫它外國企業圈。那麼，疆界是畫在國家的圈子上。

4. 從短期思考到長期思考：我們總是希望一個企業能獲利。最近幾年來，美國 MBA 的通病，總討論五年之內要見分曉，五年之內你做個總經理，你就要把利潤拿出來，若拿不出來，你就準備捲鋪蓋，被炒魷魚，這就是短期利潤的現象。

5. 從集權管理到分權管理：而集權管理，我們所看到的是，都有公司組織，基本上的公司組織，都是金字塔型。

6. 從公共救助到自我救助：當公共性質的問題發生，就怪罪給財政部、怪罪給經濟部、怪罪給社會，就是不會怪罪給自己。

7. 從間接代議民主到直接參與民主：從政治方面來看，就是間接代議民主，總是選出國民大會代表、立法委員、參議員或眾議員等。

8. 從階層組織到網狀組織：不管是一般私人機構或是一般公家組織（機構），都是一級一級往上呈報上去，從課長、主任、一直到總經理、董事長。

9. 從北部地區到南部地區：一直到現在為止，地球上最大的財富，還是集中在地球的北半球上。

10. 從少數選擇到多重選擇：一般做決定的，還是少數人在做決定。

　　在二十一世紀的開始年代，我們談成功之道，必當體察歷史的教訓與經驗，並且加入新的思考典範，在此加上兩點以作為補充：

1. 成功是掌握遊戲規則

　　掌握遊戲規則是成功的不二法門，尤其是屬在訊息萬變的今日，在我們的生活世界即有兩個非常明顯的案例。一是臺灣流浪教師的增加及教師工作的難覓。孰以致之？過去培育國中小師資是師範教育體系的地盤，也是一項無可替代的專業，別人是很難插足於此領域；但當「師資培育法」的法律修改後，師範體系的師資培育不再是唯一，其他的大學亦可開設「教育學程」，於是過去有掌控的師資培育機制與人數，頓時就像水庫洩洪一樣，教師人數暴增，競爭者眾，出缺

者少，於是流浪教師因而產生。而國中小教師過去予人不錯的職業形象亦因而改觀，教師職位的爭取不再像過去是保障，而是各憑本事，但是錄取率太低，加上少子化，這個問題將益形嚴峻。另一個案例是發生在財經界，亦是遊戲規則被修改，導致事業版圖從新洗牌，形成「富者愈富、貧者愈貧」的嚴重現象。首先是「銀行法」的修改允許私人銀行的普遍成立，在「金融自由化」的大旗之下，財富作了第一次重分配，私人的金融機構變成「金融控股公司」，使得私人金融事業愈形壯大，在加上「二次金改」的遊戲規則充滿的機謀和詭譎，民營併公營之結果，使得國家的資產淪為私人的資產，引發了社會公平與正義的激辯和震盪。

　　上述的這兩個例子，可謂寫實而又殘酷，兩者最典型的便是遊戲規則被改寫，原來安逸穩定的階層產生巨變與流動，因而許多連動的問題亦隨之而來，工作的確定性與生活的舒適性不再，就只有不斷地流浪，俾得枝棲。而另一個個案便是遊戲規則改寫之後，造就了私人的金融帝國，甚至是富可敵國，財富的累積實不可等閒視之，財團因改寫遊戲規則而掌控社會多數的資源，及企業實力的提升。

2.沒有危機感就是最大的危機

　　俗話說：「今日的勝者，明日的輸家。」這說明了不僅是個人，也包括了企業及團體。傳統文化所說的「憂患意識」即是這個道理。如今，「危機管理」這個觀念已成為一種「時尚」，從上世紀到本世紀人類社會所遭遇的重大危機事件：如全球性的 SARS 風暴、H1N1 風暴、金融海嘯、地球暖化、地球的發怒（地震）與極端氣候等皆可看出「居安思危」的危機管理亦是本世紀的成功法則之一。若一個企業出了危機之後才想起「危機管理」，即有可能只剩「危機」，而談不上管理了。俗話說：「人無遠慮，必有近憂。」因此沒有危機感才是最大的危機。

　　二〇一〇年執世界汽車業牛耳的日本豐田（TOYOTA）公司，因一項早經警告而未能及時處理的汽車爆衝事件，導致了該公司遭遇自成立以來的最大風暴，逼得該公司董事長親上火線，到美國國會公開道歉，承認在管理上出了大問

題，對不起消費者，不僅賠上了商譽，而且銷售的業績掉了數成，這個教訓不可謂不大。而其關鍵便是缺乏「危機意識」與「危機管理」，因而得不償失。其實類似的案例亦曾上演過，知名的日本雪印奶粉公司因使用過期而回收的奶粉再摻入新製成的奶粉中，經消費者告發，而引起軒然大波，最後導致雪印公司名譽破產。

　　在挪威，活鮮沙丁魚比急凍的要貴上好幾倍。有一種傳說，在當地長期以來只有一艘漁船能做到將生猛的沙丁魚帶上岸，而箇中祕訣，只有船長一人知道，且始終沒透露半句。他離世後，漁民在他的漁獲盛器中發現一條鯰魚東游西竄，沙丁魚為閃避牠而改變其一貫的惰性，不停游動，以求保命，終得以存活下來。

　　鯰魚效應（Catfish Effect）是指新加入的競爭者參與可以激勵整個團隊的士氣，用以喚醒員工的危機意識，從而促使他們改進自己的工作。因此透過引入強者，使弱者便強的一種效應，亦可給我們帶來新的啓發。

9.2 管理與管理哲學

　　現代管理學的起點，要追溯到十九世紀的八〇年代美國工程師泰勒（Tylor）開始研究工作問題，他於一九一一年出版《科學管理原理》，而被稱爲「科學管理之父」。今天，「管理者」投身於管理，「非管理者」亦不能置身於潮流之外，可以用全民運動稱之，套句《大學》的說法：「自天子以至於庶人，壹是皆以修身爲本。」今日可以改爲「壹是皆以管理爲本」。以前年輕人醉心於英雄將相的傳奇，而今日吸引他們的是管理者的傳奇。王永慶如何白手起家，艾柯卡如何反敗爲勝，郭臺銘爲何可以爬升到臺灣首富？雖然談管理，人言言殊，每個對管理下定義的人皆有其一套自圓其說的道理，管理登上高峰，並不表示今日已無英雄將相，因爲這些成功的事業經營者他們就是今日的英雄將相，而且在這人生的戰場上，令人印象深刻的是「只有贏家講話，沒有輸家發言」，歷史以成敗論英雄豈可不慎！

　　後來泰勒的學生庫克將科學管理的觀念應用到教育內，證明在營利事業有用的效率觀念，同樣亦可應用到非營利事業。亞洲的日本在一九五〇年代後期強調管理而有豐田成功的模式，同時亦有「松下幸之助的管理哲學」之提出，並且形成一股「日本第一」的浪潮。一九七〇年代臺灣開始重視管理，最著名的便是臺塑集團的王永慶昆仲，他們公司的企業文化「勤勞樸實」一直是公司永恆的核心價值。

　　管理所呈現的關係即是領導與被領導的關係，是上下隸屬的關係，爲什麼要有管理？亦即是回答何以屬下須臣服上司，何以董事長及總經理有其各自的權限，何以上司對屬下有所指令，以及屬下服從之實際的意義與目的等問題。我們只要看在槍林彈雨的戰場上的士兵，即可明白此理，若個個士兵皆聽憑自我之果斷自爲，輕舉妄爲，最後必使軍隊成爲一盤散沙，若是如此哪有致勝的可能呢？所以整體的組織應有其整體的戰略布署與戰術的交互運用，而隸屬於組織及團體的個體，亦必須在此整體戰略的引導指揮及管理之下行動，方有勝利的可能，公

司中的每個成員亦是如此，上下必須配合才有成功的可能。因此優秀的管理者，就是能令同仁於上下相互了解的情況下，依整體方針及目標而動而行；並且又能因勢利導，讓每個人發揮他的專長，不管是天賦或後天的特長，而作最適切的調度與安排。

對管理概念的探討，西方的管理觀點往往是從技術方面切入，強調管理的技巧與方法，換言之，即是重「術」的部分。但是管理的基本意涵與本質，應是在於將各種資源，包括物質、人力、財力、資訊等，以獲得資源處理的可預期性，包括生產、分配、保存、消費及交換等，同時也讓人力資源、物流與金流獲得一個最適的安排。因此管理又必須考量經濟學的基礎預設，投入最少，產出最多，在輸入（inputs）和輸出（outputs）之過程中，產生利潤的極大化。此種「可預期性」讓所有的資源皆能得到最適的安排，並且降低「不確定性」，亦即是外部的因素降低，使得成本大幅降低，而效能卻能高度地提升。曾昭旭將這種「可預期性」稱之為管理的本質要求：

> 「可預期性」是十分重要的，恐怕可以算是所有管理行為的基本要求與共同特質。其重要性還凌駕於生產的效率、分配的公平、消費的合理之上。因為「可預期性」蘊涵著「秩序」、「穩定」的概念，也蘊涵著「可有效控制與操作」的概念。而這卻是一切效率、公平、合理可能實現的基礎。[4]

由此觀點可知，管理本質上是個理性的活動，固然管理的活動亦有部分是感性的，但為了降低不確定性，所有有可能導致不確定性升高的因素，如個人情感與主觀的判斷，皆不應涉入，因為他們會不利於管理的活動。所以進入二十世紀，管理的觀點不再是哲學式的思維模式，而是走向科學，用事實、數字、統計分析為基礎，來分析人的管理行為，而有不同的預測模式。

管理的概念可以是最通俗的，稱為「管轄與處理」。它的定義是多元的，往往因著何種對象、試著解決何種問題，便會有不同的解答。這些定義包括「管理就是計畫、組織、指揮、協調與控制」，或是「管理是指為實現目標而組織和使

用各種資源的過程」，「管理本身可視為一種程序，經由這種程序，企業組織得以運用資源，並有效地達成其既定目標」，亦有「管理乃是借他人之手完成你的目標」之說。管理的本意即是借他人之手，其意涵與拉丁文所說的「以手領導」相近，透過調度和運用各種資源以達成組織目標之意涵頗為相似。

一、管理的定義

管理就是對於資源與任務加以整合的一種程序，以期達成確定的組織目標。此程序進而言之，管理是由三條件所構成，包括：資源、成員各自承擔的任務及組織的目標，這三者缺一不可。簡而言之，即是將資源、個人使命與團體目標三者作一有機的統合、統整及運用，以達到組織預設的目標，這些目標包括成長率、銷售量、市場占有率及利潤的提升等。

而管理是一種古老的事務，管理者也是一項古老的行業。埃及人早在六千年前，中國人在三千年前，即已體認到規劃、組織、領導、控制的重要。表現在金字塔的建築及帝國事業的開疆闢土之上，而且也創下了輝煌的成就，中國歷史上的各朝各代管理的績效也就表現在他們治國的成績上，朝代王朝的衰榮無不與管理有關，各種的政治、社會、經濟與文教制度，無不在為治國績效打底奠定基礎，也可看出管理者能否掌握管理的本質及技巧是帝國興衰枯榮的關鍵。而管理的本質：簡言之它是一個活動的過程，以今日工商企業經濟活動及政府部門的組織之管理而言，可包含如下四個項目：

1. 計畫：確定目標、訂定達成目標的手段。
2. 組織：規定哪些工作必須要做、由誰來做。
3. 領導：包含激勵、指導、溝通、協調。
4. 控制：包含監督以及糾正。

　　由於管理會隨著目標不同，而有不同的理解與解釋；但不管是組織中透過規劃、用人、領導及控制等一系列的程序或活動，以有效地達成既定的目標，這裡面就存在著「領導與被領導」的關係。我們常聽到一些不同的領導模式，如「以服務代替領導」、「權變的領導」、「克利斯馬（charisma）的領導」、「科學觀的領導」等等不一而足，但不管是何種模式，都沒有偏離領導與被領導的關係。領導者就像羊群中的第一頭羊，馬群中的第一頭馬，非洲蓋倫斯蒂草原大遷徙的牛羚和斑馬，牠們都需要一個領頭羊，而後的追隨者（被領導者）才會循著第一頭羊、第一頭馬的足跡前進。就人類團體內的互動而言，此種關係是雙向的，而非單向，動物界的領頭羊之領導是單向的，因而經常發生一些悲劇，就是羊入虎口，或是掉進鱷魚的嘴裡。人類互動的關係則是雙向的，但也難免會有失敗的情形，因此領袖的統御方式就值得探討，這種關係就是依存互動、相互溝通學習。以下分四個部分說明領導與被領導關係的內在意涵。

1.信任關係

　　在團體中的上下關係第一要務便是人與人彼此的信任，上與下的信任關係。俗話說「人無信不立」，是一種對人打從心底的了解。現代管理學之父彼得‧杜拉克說：「企業只有一項真正的資源——人。管理就是充分開發人力資源以做好工作。」而現代企業的競爭，歸根究柢即是人才的競爭。人才才是企業的生命所在，也是企業之本。如何管理人才，用好人才，培養人才，留住人才，已是今日企業成長發展的關鍵。因此信任即是善待，要善待部屬，作為管理者，應對下屬瞭如指掌，哪怕是一個不起眼的「小人物」，也要了解他不為人知的一面，使他的潛能可以發揮。如果信任是上對下，而下對上所看到的便是信用，《三國演義》曾記載著如下的故事：

　　　　公元二三一年，諸葛亮教人製造木牛流馬運輸軍糧，再次出兵祁山，第四次攻魏。魏明帝曹睿親自到長安指揮戰鬥，命令司馬懿統帥諸將領，帶領大軍直奔祁山。面對兵將廣、來勢洶洶的魏軍，諸葛亮不敢輕敵，於是命

令士兵占據險要地勢，嚴陣以待。

　　魏蜀二軍，旌旗在望，鼓角相聞，戰鬥隨時可能打響。在這緊要關頭，蜀軍中有八萬人服役期滿，已有新兵接替，正整裝待發返回故鄉。魏軍有三十餘萬人馬，兵力眾多，連營數里。蜀軍會在這八萬老兵離開後勢力更顯單薄，眾將領都為此感到憂慮。這些整裝待發的老兵也深感擔心，生怕盼望已久的回鄉願望不能立即實現，估計要到這場戰爭結束方能回去。

　　不少的蜀軍將領進言希望留下這八萬老兵，延期一個月，等打完這場戰爭再走。諸葛亮斷然拒絕道：「治國治軍必須以信為本。老兵們歸心似箭，家中父母妻兒望眼欲穿，我怎能因一時之需要而失信於民呢？」說完，諸葛亮下令各部，讓服役期滿的老兵速速返鄉。

　　諸葛亮命令一下，老兵們幾乎不敢相信自己的耳朵，隨後一個個熱淚盈眶，激動不已，決定不走了。「丞相待我們恩重如山，如今正是用人之際，我們要奮勇殺敵，報答丞相！」老兵們的激情對在役的士兵是莫大的鼓勵。蜀軍上下群情激憤，士氣高昂，在形勢不利的情況下擊敗魏軍，諸葛亮以信帶兵取得了以少勝多的戰績。**5**

　　從上述這則故事可以明白，上對下遵守諾言，信守承諾，絕不打折扣；下對上必然挺身而出，全力以赴，縱使是輪到他們該返鄉輪休了，他們也能深深體會諸葛亮所說的君子一言，因而同仇敵愾，不計較個人利益，終於扭轉局面，創造雙贏。因此在上位者要言而有信，重承諾，在下位者基於信任關係，也就會產生驚人的效果。由於守信用，因而在人們互動交往中取得了彼此的信任，人們也會對守信用的人格外的推崇，對不守信用的人也就會有輕蔑和排斥，有無信用影響甚鉅！三國演義中袁紹本是一方之霸，各路英雄好漢對他敬畏三分，但其人有個致命之點，即是多疑，對屬下不信任，導致許多謀士紛紛離去，最後終致失敗。作為一個管理者，信任是掌握人心，精進融洽上下關係之不二法門。所以日本經營之神松下幸之助之名言：「用人不疑，疑人不用。」確有道理。

2.夥伴關係

　　管理所呈現的第二層涵意便是「夥伴關係」。中國歷史上經常看到的是開國英雄之事蹟，有時候不免流於負面，其實這牽涉到個人修為及防範的心態，因而有「狡兔死，走狗烹，飛鳥盡，良弓藏」的諷刺和警語。我們承認人格的高下決定了事業偉大與渺小。孟子之言則更為露骨：「君之視臣如手足，則臣視君如腹心。君之視臣如犬馬，則臣視君如國人。君之視臣如土芥，則臣視君如寇讎。」可為明鑑。「夥伴關係」所指的是「有緣修得同船渡，婆娑世界共一回」，也是「有福同享，有難同當」。三國演義中，不乏這些案例，如趙子龍單騎救阿斗，劉備聞關羽被殺，不聽諸葛亮之勸阻興兵伐吳，卻得大敗而歸，但兄弟之情，仁盡義盡，令人為之動容。

3.成就的分享

　　分享是最大的激勵，在領導者眼中打下江山成就一番事業，是絕無僅有，亦無法替代，但若是忘了成功的背後是許多人流血流汗的結果，這個成果是不能由領導者獨享，所謂「一將功成萬骨枯」這是何等的殘酷。換個角度來說成就分享，又何嘗不是「一人得道雞犬升天」，天下江山非一人可為，只有端賴眾志成城，萬眾一心方能達到。所以該分封加官加爵，絕不吝嗇。華人的社會中，對於成就的分享與榮耀時刻，企業的員工特別重視「年終獎金」這個風俗，其實在法律面的勞資契約與關係中，並無這項的規定，但是許多企業往往將年終獎金視之為一種上下的成就分享，大肆的慶祝甚至加上提供大獎以助興，上下交融的氣氛high 到最高點，若將摸彩的獎品換算成現金，其實也不是很多，但為何員工會如此看重？原因無他，即在於成就的分享。《三國演義》中亦有一段故事，說明成就分享的重要：**6**

　　曹操死後，曹丕代漢立魏，避於西蜀的劉備的下屬官員於此時也勸劉備稱帝，以重整旗鼓恢復漢室。但劉備覺得不妥，堅持不從其說。於是諸葛亮來勸說，劉備則欣然同意。諸葛亮的說詞，主要的內容，就是許多將

士跟從劉備轉戰南北，不辭辛苦，目的就在於建功之後能立業，有尺寸之封。「天下英雄喁喁，冀有所望。如果你不就帝位，這些是士大夫就會重尋明主，沒有一個人敢於追隨你了。」於是劉備聽從諸葛亮之言，稱帝而封功臣，賞志士，人心安定。

　　劉備稱漢中王時，拜關羽為前將軍、加張飛為右將軍，劉備稱帝時，又高升張飛為車騎將軍。縱使是文臣武將，劉備仍不吝皆封以將軍，就以漢中稱王時的諸位將軍為例：蕩寇將軍關羽、征虜將軍張飛、鎮軍將軍許靖、軍師將軍諸葛亮、安漢將軍麋竺、鎮遠將君賴恭、揚武將軍法正、興業將君李嚴、翊軍將軍趙雲、秉忠將軍孫乾、昭德將軍簡雍、建信將軍申儀、副軍將軍劉封及鎮遠將軍魏延、平西將軍馬超、征西將軍黃忠及征北將軍申耽。凡是跟隨劉備的人，幾乎全部委以重任。

　　劉備的這種做法，用現在的話說，就是「分享成功」與「寬厚待人」，這也是他眾望所歸、人們願意為之賣命的真正原因。只要投入劉備門下的人，均可充分享有出人頭地的機會，而且不論出身貴賤、派系門閥，劉備用人能真正做到「英雄不問出處」。

　　能否很公正地封功臣，濟賢士，在於用人者的眼光和心胸。各嗇的主子心胸狹窄，以為是自己開創了事業，天下是他一人或一家的天下，生怕別人沾了他的光，彷彿別人給他幹活是在吃他的閒飯，那他就只會讓人賣命，而沒有尺寸之封，無一兩之賜，最後眾散士離，落下他一個孤家寡人。而心胸開闊、氣度非凡的人會認為：天下是天下人的天下，事業是所有參與這項事業的人的事業，有這樣心胸的人，才能與賢士能人共度患難，共享歡樂，分領勝利成果。

4.助人過程的關係

　　領導與被領導的過程與互動中，也是一種助人的過程，協助對方的成長以及在事件中獲得警惕與自勵。而助人過程也表現在領導者的寬容上，「人非聖賢，

孰能無過」，若領導者有寬容的胸襟，屬下犯錯時能從人性的角度加以理解，定可使屬下死心塌地由衷地折服，產生良好的影響，使部屬感受到親切、溫暖，在心理上有安全感。《三國演義》上說官渡之戰，曹操大敗袁紹，清理戰場時從袁紹手中查獲一批書信，這些信是曹操屬下偷偷寫給袁紹的，寫信的人終日惴惴不安，深怕曹操報復殺了他們的頭。亦有曹操身邊的人建議逐一點名，便可知之而殺之，但是曹操的做法卻完全不同，非但沒有治這些人的罪，而且連看也沒有看就當眾燒了這些書信。曹操說：「袁紹勢大，寫信之人因有所顧忌而給自己留條後路，這是可以理解的。現在袁紹已亡，相信他們對我是不會有貳心的。」這件事實顯了曹操的氣度與胸襟，同時又使寫信給袁紹而有貳心之人感動莫名，無形之中又達到收攬人心的效果，更是為自己創造機會，不是抓著下屬的錯誤不放，而是陪他們走過灰色的日子、暗淡羞澀的往昔，重新省思，如此一來，這種互動便是良性的循環，並且可以使人重新建立他的價值觀與自我的信心。

　　綜合上述的四種關係，在領導與被領導兩者的關係，讓我們提供一種統整式的哲學觀點，可以簡約地歸納出來便是「服務」（service）。服務的觀念貫穿各行各業，亦可用於長官與部屬之間，因此蔚為流行的觀念：

1. 真誠（Sincerity）：誠懇待人。
2. 同理心（Empathy）：將心比心。
3. 值得信任（Reliability）：信任關係。
4. 具有價值（Value）：願景與希望。
5. 彼此互動（Interation）：貼心與包容。
6. 完美演出（Completeness）：打美好的一仗。
7. 充分授權（Emporerment）：分擔風險。

　　上述的七個觀念，正好將 SERVICE 之觀念表露無遺，讓我們可以進一步把握服務的精神。而亦有另一角度來解析服務之理念，亦頗令人莞爾及讚賞，但確有其令人深省的意義與參考價值。

1.Smile for everyone.（以微笑待客）

2.Excellence in everything you do.（精通職務上的工作）

3.Reaching out to every customer with hospitality.（對顧客的態度要親切友善）

4.Viewing every customer as special.（將每一位顧客都視為特殊及重要的大人物）

5.Inviting you customer to return.（邀請每一位顧客下次再度光臨）

6.Creating a warm atmosphere.（為顧客營造一個溫馨的服務環境）

7.Eye contact that shows we care.（以眼神來表示對顧客的關心）

由上述的領導者與被領導者的關係，讓我們看到這個關係的四個內涵，並由此引申到這種關係就是表現在「服務」二字，因此而有「以服務代替領導」的模式及共識。因此我們可以將管理之學問，濃縮成如下的兩個層面：

1.描述層面：所關心的是實然的問題，要知道如何管理，這也是一種工具理性的運用，運用科學化的觀點，幫助我們認清事實與限制，並且運用理性思維，帶領我們解決問題。

2.規範層面：則是關心應然的問題，要知道為什麼要如此管理，要知道依據什麼規範和基本價值而做出決斷。

二、管理哲學的意義

何謂管理哲學？為什麼我們需要管理哲學？管理哲學在今日社會有何意義與價值？事實上當我們以哲學的眼光與思維探討此問題時，便已進入管理哲學的範疇。朱建民認為：「吾人將哲學的方法和內容應用於管理問題上的一門學問，管理哲學從事於管理學的性質的釐清和概念的分析、批判地反思管理學的基本預設及成立的理論根據，並提出管理活動所涉及的企管人的基本信念和價值觀。」[7]所以它是以哲學的角度思考管理的議題，並設法找出原因、提出對策及達成目

標。所以管理哲學包含了分析、批判及規範的三層面。簡述如下：

1. 就分析的層面而言：管理哲學的分析方法運用，首先在於釐清管理的描述面和規範面以及二者的關係，以求恰當地把握社會與倫理責任的課題在管理學中的基本定位。例如：員工應該勤勞、謹慎、忠誠、理性思考、自我約束、求新求變、講信用、負責任、發揮團結合作，以及企業在乎法令規範的最低要求之餘，應尋求更高的標準，如讓顧客與員工獲得更多的保障，共同解決社會問題。

2. 就批判的層面而言：管理哲學的工作在於運用批判的方法來討論管理的相關課題，審慎地檢視管理思想的各種基本預設及其成立的理論根據。如責任與規範設立、內部責任與外部責任，就企業社會責任的內涵有經濟責任、法律責任、倫理責任、博愛責任。

3. 就規範的層面而言：管理哲學所提出的管理活動應該持有的基本信念、規範和價值觀。除了與文化傳統的各種實踐資源及企業體本身已有的優秀文化做緊密的結合，以求得實踐上的效果之外，也應該先經過前述的分析方法和批判的方法的檢驗，並在規範層面的建立上有其良好的理論自覺，才確保此一規範系統理論的嚴謹。個人追尋其利益時不能損及他人利益，以及遵守各項法令都只是最起碼的道德水準。在追尋個人利益時，也符合社會大眾甚至全人類的利益，以及讓法令反應社會大眾，甚至全人類共同的標準與道德判斷才是高尚的道德規範。[8]

　　臺灣筆記型電腦（NB）大廠的華碩電腦公司，由董事長施崇棠及他的三個弟弟，透過腦力激盪自創而生「動物兵法」爲其公司的管理哲學。他們觀察自然界動物的習性，將這些習慣歸納而成「動物兵法」，亦可說是管理哲學上的另類思維，以蛇、獅、豹、企鵝、生魚片、蜈蚣、松鼠、海狸、野雁等九種動物之特性化成一篇精彩的管理哲學：

1. 常山蛇：強調整個公司的靈敏度與反應能力，想法出自《孫子兵法》九地篇：「常山之蛇也。擊其首則尾至，擊其尾則首至，擊其中則首尾俱至。」

2. 巨獅：強調產品數量的重要。使銷售量是第二名的兩倍以上，成為遙遙領先對手的領導品牌。

3. 銀豹：要求像銀豹般身手矯健，以創新技術迅速切入市場。

4. 企鵝：多去拔別人的毛，來降低自己的成本。

5. 生魚片：一條好魚，當生魚片食用，比煎成魚還能賣更高價錢。

6. 蜈蚣：強調齊心齊力、合作無間地往前行動精神。

7. 松鼠：向一個明確共同的目標，為未來做有價值的工作。

8. 海狸：以正確的方式做正確的事情，彼此有默契地互相信任。

9. 野雁：互相鼓舞，真心幫助同事，真意讚美同事的成就。

9.3　國學與管理

　　「國學」是最近十年內大陸知識界與企業界非常熱中、想要一探究竟的一套學問，大陸的知識分子及企業管理階層認為在中國老祖宗的學問中，如儒、墨、道、法、陰陽、縱橫諸家中一定有一些與今日談管理相關的學問、知識與領導技巧，如果好好地鑽研，一定可以將之應用於今日的工商企業的管理中，於是興起了一股「國學熱」，這股國學熱所引發的討論以及回響頗令人關注。大陸學者張立文即提出他的見解：

　　　　當下，國學已成熱門話題，各地各校紛紛成立或恢復國學院、國學研究所。然而，國學究竟是什麼？國學應包含哪些子學科和門類？國學與西學以及馬學是什麼關係？國學與哲學、文學、史學的聯繫和區別，國學教學的課程體系，國學的現代化、世界化等問題，均人見人殊，各說其陳，這是學術文化的正常現象，也是一種好現象，說明人們對此的關注和重視。我認為問題可以繼續討論，各單位可按各自計畫成立國學院，不必等問題討論清楚了再成立。

　　　　在二十一世紀的今天，為道屢遷，變動不居，大化流行，唯變所適。「國學熱」也是唯時代之所適，為道變化之所需。為了使國學熱健康發展，必須度越「舊國學」，以建構新國學。如何度越「舊國學」？[9]

　　張立文的看法代表的是一種大陸國學之研究必然要碰觸到的現代化及世界化的議題，也是無可逃避。因此他也為「國學」下了定義：

　　　　何為「國學」？雖見人見智，但筆者為論述方便，把其規定為中華民族學術文化與時偕行的創造，是中華民族學術文化的總和。近代以來，曾被規定為中國已有的學術文化，而與古代有異。國學是中華人的生活方式、行為情

感、生命智慧，簡言之，是中國心、中華根。心衰即國衰，心亡即國亡；根深即國茂，根壯即國強。就此而言，國學乃中華民族命脈所繫、精神所寄。[10]

這些論點一定程度地將國學推向精神層面的意涵，並且與民族的興衰結合，顯然地有偏向主觀期待的願望。因此他爲國學提出一個總體式的理解脈絡：

由此可見，國學就其「源頭活水」而言，它來自於現實，來自於社會，來自於生活。這就是說，國學離開了現實社會生活，就成為無源之水，無本之木；水無源則乾枯，木無本則死亡。這是自然現象，也是社會現象。因此，要建構新國學必須走向現實，走向社會，走向生活。面對二十一世紀人類所共同面臨的嚴峻的衝突和危機，面對中華民族在政治、經濟、文化、制度、觀念、道德、信仰在其發展中所面臨的種種矛盾和問題，面對西方強勢經濟、文化、科技的衝擊下所面臨的衝突和融合等，要上下左右、中西內外的有機整體地思量求索化解之道，以便開出融突古今中西內外之道為合體的新國學。[11]

國學的創新要先從大本達道著手。所謂大本達道，是指位天地、育萬物之道。換言之，是指中華民族自強不息、厚德載物、保和太和、以和為貴、天人合一、知行合一、希賢希聖、經世致用的民族精神。這就是說，國學創新的核心價值和基礎，是民族精神生命的創新，這是立國之本、立民之體。抓住了此就抓住了事物的根本、大本，而不是首先從「小學」著手。[12]

而論及國學與管理的議題，當然是與經濟發展有密切的關係，尤其是在經濟起飛之後，面對西方以「技術管理」爲導向的管理科學，許多研究便反思有無可能從中國傳統國學中找尋相關的資訊，以求彙整出一些與國學有關的管理模式。

關於經濟發展模式的探討，長期以來，東西方學者都信奉德國社會學家、經

濟學家馬克斯・韋伯在《新教倫理與資本主義精神》一書中所持的觀點，即中國傳統文化與現代化是不相容的，或者說中國傳統文化是現代化的障礙，因此東方只有在皈依基督教的前提下才能得到發展。這一理論在二十世紀七○年代受到挑戰。因為正是在這一時期，儒家文化圈內的日本、韓國、新加坡……的經濟發展超越了世界上任何國家或地區。於是一些西方學者又提出所謂「東亞經濟模式」，以區別「西方模式」。如今，中國的經濟發展不僅為「東亞模式」提供了新的證據，而且還增加了「根據本國國情謀發展」、「主動創新和大膽試驗」等許多新內容。對「東亞發展模式」、「中國發展模式」本身的研究及其與「西方發展模式」關係的研究，成為「國學熱」的一大動因。[13]

　　由於此種風潮的推動，各種主題式的演講以及著作傾巢而出，一時洛陽紙貴，國學頓時火紅成為顯學。但我們討論此問題，面對國學再度受到重視，固然是可喜的現象，但總不希望它只是曇花一現，應該要有步驟地鑽研，而非一廂情願，過度主觀地將之比附於西方式的管理科學。因此正本清源之道，便是要釐清國學之觀念，其次論述中國哲學中與管理的關係，有哪些觀點有其時代性及參照性，為國學與管理界定範圍及尋求二者可能之結合之道及應世的智慧。

一、國學的觀念

　　今日談國學與管理，是想要從古聖賢的教訓及經典中獲得管理的智慧。於是許多人便會主張要從傳統先秦時期的儒、墨、道、法、名、陰陽、縱橫等諸家的學說，擷取與今日管理哲學內涵相近的知識或技巧；中國哲學隨著佛法中國化，有許多佛學智慧的案例也顯示出佛法亦有管理的內涵。在尚未進入國學的殿堂之前，不妨讓我們從如下的一些案例，體會中國哲學在管理相關層面上的應世準則及歷史經驗，發掘管理的智慧與應用。首先第一個藉為思索的故事主題便是「包

袱」──

　　有個年輕人背著一個大包袱，千里迢迢來到一位智者面前，痛苦的說：「智者，我是如此孤獨，想要尋找生命中的溫暖陽光，長途跋涉使我的雙腳長繭，嗓子沙啞，手腳都磨破了……，為什麼我還是找不到？」

　　智者問：「你的包袱裡裝了些什麼呢？」年輕人回答：「它可重要了。裡面是每一次跌倒的痛苦、每一次受傷的眼淚、每一刻孤獨憂傷的紀錄……，因為有這些經歷，我才能走到這裡！」

　　智者將年輕人帶到河邊，兩人坐船渡了河，到對岸後，智者卻指著船說：「你把船背起來，繼續趕路吧！」年輕人大驚：「這怎麼行！我根本背不動啊！」

　　智者說：「是的，孩子，既然你知道會背不動，為什麼你又願意背著大包袱走呢？這艘船跟包袱一樣，都幫助我們度過了人生的一段旅程，但一直隨身攜帶，就會成為生命中最沉重的負荷。放下它們吧！隨時檢查自己的背包，除了必要的東西，其他全部仍掉，才能走得遠啊！」

　　於是，年輕人放下包袱，繼續趕路，他的步伐輕快而愉悅，並且漸漸感受到生命的暖陽，照進了心中……。**14**

　　這個故事告訴我們，每個人的過往都有一些喜、怒、哀、樂，也有成功與失敗，也有快樂與痛苦，如果我們不能經過理性的思考和選擇性的拋棄，該丟即丟，切勿留戀而作不了主，這些便會成為我們生活中的負擔和擔心，也就是人不可承受之重的包袱，如此的牽掛便會阻礙我們前進的動力。一個人的人生是分成許多的階段，忘掉那不愉快的經驗，記取失敗的教訓，告訴自己不再重蹈覆轍，抬起頭挺起胸膛，即如美國著名的教育家海倫‧凱勒的名言：「面對陽光，陰影就在背後。」管理的觀念亦是如此，如果我們不能走出昨日失敗的陰霾，又何能有嶄新的今天，更別期待明天將是如何！因此管理是「日日新、苟日新」。因此管理者身上的包袱若不慎重處理，有朝一日即可能成為壓垮駱駝的最後一根稻

草。

再如道家莊子的寓言故事亦頗富管理哲學之意涵，亦可給吾人一些啓發：

有一次，莊子從一個山中路過，看見有一棵樹特別好看，又高又大，枝葉茂盛。奇怪的是，那些伐木的人站在它的旁邊卻不砍伐它，莊子上前問原因，伐木的人告訴他說，這棵樹雖然看起來高大繁茂，實際上沒有什麼用處。

莊子由此而領悟：「這棵樹是由於它不能成爲棟梁之材，才得以享盡天年的啊。」

莊子出山後，來到城裡一個老朋友家住宿。老朋友很高興，擺出酒肉，命他的孩子殺大雁招待莊子。他的孩子請示說：「家中的兩隻大雁，一隻會鳴叫，一隻不會鳴叫，到底殺哪一隻好呢？」主人說：「殺那隻不會鳴叫的。」

第二天，莊子的弟子問莊子說：「上一次，山中的樹是由於其不成材而享盡天年，這一次，主人的大雁是由於不成材而死，請問先生，假如是你，到底是做一個成材的人呢，還是願做一個不成材的人呢？」

莊子笑著說：「我將處於材於不材之間……」**15**

「木秀於林而風必催之」，要使自己富有才幹而又不受外力摧殘，最好的辦法或許就是「含而不露」，使自己從外觀上看去，處於材與不材之間。透過這個故事，讓我們了解在團體中如果鋒芒畢露，很容易招忌而受傷，這是才幹過於外露之故，俗話說：「萬箭穿心；落井下石，」但若一個人是過於愚昧而無用，會因朽木不可雕，大家反而忘了他的存在，如此，這個人在此團體中的意義與價值反而被湮沒而遭遺棄。莊子提出一個保護自我的良方，那就是若有機會鷹揚八表，就要把握機會展現自己的才能，但要適時適地照顧其他人。但若是處於容易招忌，並且你的努力不見得會被賞賜之環境，「懷才而不露」或是「懷才而愼露」，使自己從外在看恰似介於材與不材之間，如此才能妥善地保護自己；但別

忘了要時時提醒自己在關鍵時刻能夠發揮積極性的作用。俗話說：「機會是給準備好的人。」編纂《人生哲理故事集粹》的作者也提出他的見解：「假如處於一種良好的珍惜人才、重用人才的環境之中，上述辦法自然也就無效囉。充分發揮自己的聰明才智，發揮自己的最大潛力，方是上策。」**16**

老子《道德經・第八章》亦有一段名言：

> 上善若水。水善萬物而不爭，處眾人之所惡，故幾於道。居善地，心善淵，與善仁，言善信，正善治，事善能，動善時。夫唯不爭，故無尤。

另外在《道德經・第十七章》說：

> 太上，下知有之，其次親而譽之，其次畏之，其次侮之。信不足焉，有不信焉。悠兮其貴言，功成事遂，百姓皆謂我自然。

這兩段話提醒我們水是柔弱的，它利萬物亦可毀萬物，亦可瞬間轉爲剛強。平常我們不會注意到水有強弱的二元特性，直到大自然巨變而生土石流，致人生命於生靈荼炭之際，我們才會發現水的不同個性及利害關係。這段話提醒我們，上善即是擅長於統治與管理的領導者，管理的最高境界及表現就要像水一樣，水能載舟亦能覆舟，對水的特性及表現，我們是一直摸不透、猜不著的。所謂神龍見首不見尾，領導者的管理技術不能只是一種而應是多元，要因人、因時、因地、因事而有不同的對待及處理方式，此中即有「權」與「變」的內涵；但是領導者要體會領導雖是如水一樣，仍然要選擇良性的領導模式，比如居善之地，與善仁、有善信、善能與善時之表現，耳聽四面八方，而不被蒙蔽，由此看出道家之柔弱確是堅強。但領導的境界有不同的層次，因此領導者由此之體會是如何呢？

注解《老子・道德經》的〈河上公章句〉即注曰：

上善之人，如水之性。水在天為霧露，在地為泉源也。眾人惡卑溼垢濁，水
獨靜流居之也。水性幾與道同。水性善喜於地，草木之上，即流而下，有似
於牝動而下人也。水深空虛，深淵清明。萬物得水以生，與虛不與盈也。水
內影照形，不失其情也。無有不洗，清且平也。能方能圓，曲直隨形。夏
散冬凝，應期而動，不失天時。壅之則止，決之則流，聽從人也。水性如
是，故天下無有怨尤，水者也。

　　若是能有此修為，必不招怨懟，亦將無怨尤。因此，領導不是一成不變，由
水之特性看出領導的「道」與「術」是呈現多元存在，但「道」仍然是主體，是
一。水的不同樣態與形式是術的應用，領導者若能心領神會水所顯示的多樣變化
之特質，對待部屬有如荒漠飲甘泉，則部屬怎會受人恩澤而不思湧泉以報呢？

　　上述這段對水之性質的描述以及由水之特性而得之智慧表露無遺，而再由
《道德經‧第十七章》的敘述亦可提醒吾人來思考領導究竟是何種觀念？此段話
可給領導者一些啟示，一個高明的領導者讓部屬對他信服的方式及境界便有如下
三層：首先是最低階、並且是一個不良的領導者，其結果不外是讓人唾棄，大家
懼怕他；第二層是中階的領導方式，部屬會親近他；而最高階的領導便是在下位
者僅知有領導者這一人，但是因他能授權而治，讓每個人皆能發揮功能與角色，
達成團體的績效，這才是最高明的領導者。對此段話的詮釋，我們引述王弼的注
釋及河上公的註解加以體會。王弼注曰：

大上，謂大人也。大人在上，故曰大上。大人在上，居無為之事，行不言
之教，萬物作焉而不為始，故下知有之而已，言從上也。不能以無為居
事，不言為教，立善行施，使下得親而譽之也。不能復以恩仁令物，而賴威
權也。不能法以正齊民，而以智治國，下知避之，其令不從，故曰，侮之
也。夫御體失性則疾病生，輔物師真則疵釁作。信不足焉，則有不信，此自
然之道也。已處不足，非智之所齊也。自然，其端兆不可得而見也，其意趣
不可得而覩也，無物可以易其言，言必有應，故曰，悠兮其貴言也。居無為

之事，行不言之教，不以形立物，故功成事遂，而百姓不知其所以然也。

〈河上公章句〉曰：

太上，謂太古無名之君也。下知有之者，下知上有君而不臣事，質朴也。其聽可見，恩惠可稱，故親愛而譽之。設刑法以治之。禁多令煩，不可歸誠，故欺侮之。君信不足於下，下則應之以不信而欺其君也。說太上之君，舉事猶貴重於言，恐離道失自然。謂天下太平也。百姓不知君上之德淳厚，反以為只自當然也。

儒家的孔、孟、荀三位賢者對於管理亦有令人有所體會之言。一般人所謂「耳聽是虛，眼見為實」似乎是一個客觀的準則，但很多時候，眼見也不見得確為實，且看底下的故事：

孔子有一次被困在陳、蔡兩國之間的一個地方，連野菜湯也喝不到，七天沒有嘗過一粒米，餓得無精打采，只好白天睡覺。

顏回是孔子最得意的學生，此時他到外面去找吃的，弄了一點米拿回來煮給孔子吃。

米快熟時，孔子看見顏回伸手從飯鍋裡抓了一把飯吃。過了一會兒，飯熟了，顏回恭恭敬敬地把飯端給孔子吃。

孔子裝作沒看見顏回抓吃米飯之事，起身說：「我剛才夢見我死去的父親了，想要祭奠他一下，不過飯要乾淨，才能上祭。」

顏回說：「不行！這飯是不行的。剛才我煮飯時，有煙灰落在了飯鍋裡，扔掉食物是不對的，因而我把上面落上煙灰的飯抓著吃了。」

聽了這番話，孔子感歎道：「人們平時相信的是自己的眼睛，看來眼睛也不可靠，人們相信的是自己的心，可是自己的想法也不可靠。弟子們要牢記這一件事，了解一個人真是不容易啊。」**17**

　　我們經常會有一種思想的盲點，就正如孔子和顏回的這個故事一樣，習慣上我們只相信眼見為憑，一切以感覺事物的真實為實相、真相，這就好比佛學告訴我們認識外在世界的方法及管道──六入，所謂「身、色、受、想、行、識」，這些都是實相，也就是我們認為可以掌握的部分，但實際的情形呢？恐怕未必，因此我們才會訴求用心體會，以心來代替眼，但是心如果又受到蒙蔽，我們要怎樣才能認清外在的世界？所以儒家用理性的態度、保持一個客觀、理智的心來作思維判斷，而不會有思想上的障礙與盲點。領導者精進之道要有儒家的智慧與理性，但也不能固執地以眼見為憑來作決斷，心眼的問題，背後存在的因素就是心胸與氣度。其次讓我們再看看如下的文章，以了解胸襟與氣度在領導者管理上的重要性：

　　　　有一次，齊襄王和相國田單一起出行。路遇一河，一個老人獨自過河，由於天寒，老人過河後便坐在河邊起不來了。田單見此情景，便脫下自己的皮袍給老人穿上。

　　　　齊襄王對田單的這一舉動很不高興，認為他是對百姓施以小恩小惠籠絡人心，日後以同自己爭高下，甚至篡奪自己的王位。

　　　　齊襄王的自言自語被一個穿珠人聽見了，他告訴襄王說：要想使田單的善舉不超過大王的名聲，最好的辦法就是大力表揚他。

　　　　齊襄王聽後，果然回去以後大力表揚田單的善行，號令全國百姓向田單學習，還說，田單之舉是為他分憂。

　　　　又過了幾天，穿珠人又來告訴襄王，讓他在早朝時親自慰勞田單。齊襄王照做不誤，不僅慰勞的田單，而且還宣布要收容生活無依無靠的人。

　　　　從此，齊襄王名聲大振，人們都認為，田單的善行是齊襄王教導的結果，齊襄王是一個具有高尚德行的君王。[18]

　　能夠讚揚別人善行的人，一定也是一個同樣善良或德行更高的人，領導者對於能力、品行強過自己的人，一定要公開地表揚及欣賞，這可顯示領導者的胸

襟與氣度，亦即是儒家所謂的能「隱惡揚善」，則「風行草偃」必可實現，公開表揚與私下規勸並行，同時經由公開的大力表揚之後，眾人皆知被領導者之所以能因有此表現而廣受愛戴，實乃領導者的教導所致。這個故事提醒我們，領導者的胸襟與氣度是何等重要，能欣賞別人、肯定別人，所得到的效果將是無法估算的，而最後得利的還是自己。

但是對於領導及管理的運用，也不能死守書本上的知識來應付世界上的活現實，因為這是書呆子常幹的傻事，也不是管理者所當為。

　　從前，有東邊人家的岳母死了，去祭奠的時候，需要一篇祭文，於是該家便託學館裡的老師寫一篇祭文。

　　館師接下此事後，便想，祭奠之文，還是書上的精妙無比，我寫的哪裡比得上書上的準確精美，不如照書抄來，於是就按照古書照抄了一遍，不料卻誤抄了一篇祭奠岳父的文章。

　　祭父送到那戶人家後，有識字的一看，乃是祭岳父文，便告知那家主人。主人聽後十分惱怒，責怪館師說：「我家死的是岳母，你卻送來一篇祭岳父文，豈有此理！完全錯了！」

　　館師十分委屈地說：「實言相告吧，這篇祭岳父文乃是古書上刊定的，怎麼會錯呢？恐怕是你家死錯了人？」[19]

領導是一門技術與藝術，技術與藝術充滿著變化，所以領導不是一成不變，也不是守舊而墨守成規，要依人、事、時、地、物作通盤的考量而作成最適當的決策，因此才會有「權變式領導」。俗話說：「窮則變，變則通，通則達，達可久。」[20]

二、傳統中國哲學中的管理觀念

　　對國學中的管理概念，一般的見解是認為：傳統中國哲學家說過的那些與管理有關的道理，但它僅是歷史知識，是否可以提供今日多變的社會之用也就成為一個新興的議題。朱建民提出如下的看法：

　　就最狹義的中國管理哲學來說，它的內容指的只是傳統中國哲學家所說過的那些與管理有關的道理。在中國傳統典籍中，這方面的材料非常多。例如，《論語·為政》：「哀公問曰：何為則民服？孔子對曰：舉直錯諸枉，則民服。舉枉錯諸直，則民不服。」又如，《孟子·公孫丑上》：「以不忍人之心，行不忍人之政，治天下可運之掌上。」又如，《荀子·王制》：「聽政之大分：以善至者待之以禮，以不善至者待之以刑。兩者分別，則賢不肖不雜。賢不肖不雜，則英傑至，是非不亂，則國家治。」當然，除了儒家的典籍之外，在道家、法家、兵家的典籍中，都可以找到許多有關管理的資料。[21]

　　由於傳統儒家所關心的焦點是集中在對於政治上的管理，較少涉及企業的管理問題。古人所云：「半部論語治天下。」這是針對治人的政治面而言，與今日工商競爭激烈的社會來比是有差異的。但儒家的可貴之處，也正是他們立足於現實，但不放棄對理想的堅持，這種理想的堅持也即是表現在對現實社會提出批判及價值引導。儒家的管理思維從領導與被領導的關係來看，有如下兩個特色：

1.德治的領導特色：強調領導者應該如何的問題，重視個人的修身問題。

　　儒家的理想是：「道之以德，齊之以禮，有恥且格。」這段話雖是針對政治而發，但很能具體代表儒家關於領導方式的看法，此種的領導模式稱為「德治」。也是大家公認的儒家思想的核心觀念之一。

　　「德治」一詞其實包含兩方面的意義。第一個是管理者本身需要具備相當程

度的道德修養，以作爲被領導者的表率及學習對象，因此領導者必當做好修己以治人並能安人。第二個是以道德作爲管理力量的來源，也就是說，規範組織成員的根據與標準在於道德。前者是治人者必須有德，後者是以德治人。如此，我們可以發現主張「道之以政，齊之以刑」的刑治，相對於「道之以德，齊之以禮」的德治，二者正好代表「他律」與「自律」的分別。「他律」表示約束自我的力量是外來的，帶有強迫性。「自律」表示約束的力量是內發的，有賴於行動者的自動自發，因此要有自覺的意識，方能有自律的可能。但我們也不能忽略儒家的另一位思想家荀子，他帶給我們另一角度的思考，那就是德治的成功端賴於教育的成功。在教育的過程中，適度的賞罰不可避免。對於那些能夠自律自我要求的人，應有所鼓勵；對於那些未能自律的人，則必須考慮以賞罰作爲手段，來達到警惕的效果。

2.聖君賢相的領導模式：儒家管理思維的具體實踐。

自西漢以來的儒家都是站在統治者輔佐者的立場講話，一方面期許勉勵自己做一個賢能之臣，另一方面則希望君主成爲聖君。簡言之，在統治及管理目標達成的客觀架構上，「聖君賢相」一直是儒家的具體實踐的方法。

關於「聖君賢相」的看法，荀子說：「主道知人，臣道知事。」領導者的工作即在於發掘人才並加以任用，然後把事情交給這些人來處理。如果能夠找到眞正的賢才加以任用並充分授權，則他本身才眞的達到儒家所稱之君該有的作爲；因此，「人君之勞在於求賢相，人君之佚在於任賢相」。只要任用賢相，君主就可能成爲聖君。

如此一來，眞正做事的人乃是臣子。有聖君又有賢相，這是最理想的狀況，但若不能兼得，聖君是可有可無的，因爲賢相就可以做到安邦定國。這樣的典故，歷史上最有名的莫過於諸葛亮與劉阿斗的故事。

就儒家的角度而言，用人得當與否是很重要的一件事；用人得當，並能充分授權而各司其職，此時縱然居上位者昏庸無能，整個組織也能生存下去。換言之，對一個組織而言，賢相的重要性遠超過聖君。由於這些儒者把自己爲人臣者

的地位抬得很高，但也貶低了君主存在的價值。雖然儒者以做事的賢臣自許，但是，政權仍然由君主世襲，臣子只是專心一意地管理政事。在這樣的君臣分際中，即與當代管理者走向「專業管理者」（專業經理人）的理念似有異曲同工之妙。因此，《荀子・王霸》即言：「論德使能而官施之者，聖王之道也，儒之所謹守也。」顯示出聖君與賢相二者，形成一種制度面的結構，儒既是賢相，謹守分際而無貳心，這是儒者的天職；君只要選對人，並且在治理方面採分權方式處哩，君只要考核一人（宰相）即可。這樣的理念後來具體地實踐在各朝代的體制中。

在儒家之外，闡發另一派管理思維的便是法家，其中又以韓非子最為出色，他綜合了「法」、「術」與「勢」為法家寫下光輝的一頁，而秦始皇王朝的建立也正是具體實踐韓非子思想的另一個寫照。秦朝歷史雖短，但是後來歷朝各代的統治者，無不以秦為師，而有「陽儒陰法」之說，甚至再將道家老子的思想融入，因而專治王朝一代接一代。我們不得不承認法家之所以能為統治者所用，必有其高明之處，而其中莫過於對「人性論」的剖析與掌握，從「自利的人性論」與「功利的價值觀」中建構管理體系，因而有「七術」之說，極力主張人主必用之方，故有「一曰、眾端參觀，二曰、必罰明威，三曰、信賞盡能，四曰、一聽責下，五曰、疑詔詭使，六曰、挾知而問，七曰、倒言反事。此七主之所用也。」（〈內儲說上〉）「七術」也就成為人主必備的統治之鑰。

傳統國學與管理之議題及其運用，確實是一個值得探討的議題。法家之的主張過於強調統治者的領導之術及創造有利於己的場面（造勢）；而儒家的聖君賢相卻又過於理想化，並且側重在道德的修為，但是「陽儒陰法」卻是一個不爭的事實，表現這個儒家、法家綜合體的統治者而有「開明專制」之稱的唐太宗李世民絕對是第一人選，論其私德實不足以聞問，但就其領導的績效卻又無人能出其右，何以致之？或許孟子之言：「君之視臣如手足，則臣視君如腹心。君之視臣如犬馬，則臣視君如國人。君之視臣如土芥，則臣視君如寇讎。」這段話或可為我們思考儒法綜合體制帶來一線曙光，及另一層面的省思。

第十章　藝術美感與人生境界

10.1 生活與藝術

　　生活中的藝術是個什麼樣的概念？藝術對於我人的生活到底發揮何種作用？在尚未進入本節主題之前，先介紹禪宗的一個故事：

> 有一天，禪宗六祖到了廣州法性寺，印宗法師在講《涅槃經》，一陣風吹過來，旛旗隨風飄動，僧人們便開始爭執起來。一個僧人說是風動，另一個僧人說是旛動，大家爭持不下。六祖來了，他說，這不是風動，也不是旛動，而是仁者心動。

　　中國文化中文人雅士表現其個人品味及精神生活境界莫不推藝術為表徵。而對於藝術生活的偏好，往往也形成其人格內化的一部分。但藝術的品味及雅致究竟是器物層次的「雕蟲小技」或是文人道德生活的反應，也是一個有趣的話題。石守謙對於藝術生活，提出如下之看法：

> 在中國歷代有關藝術理論的作品中，一致認為「道」、「藝」兩者之間有著密切的關係。似乎是為了「道」，藝術才有存在的意義。在這功能觀點作用的同時，傳統理論更進一步地以為這主宰天地宇宙的「道」便是藝術的內涵所在。[1]

　　由此論點溯源中國文化中的藝術之萌芽時期，本質上即是宗教意義的形式，商周或更早時代，統治者為掌握有效統治，增益其統治的合法性權威，由天道與人道的互通感應中，用宗教的譬喻及儀式來傳達天道的旨意，這充分說明神權思想對人指導作用，這個階段無疑是充滿宗教及神祕主義的色彩，而還未到達純粹藝術的境界。隨著先秦「宗教的人文化」之後，具有神祕主義的宗教儀式逐漸褪色，繼之而起的是走入理性與感性共存的人文世界。宗教的神祕性大大降低

之後，「人」的因素逐漸變得重要，因此「文人品味」成為知識菁英階層所嚮往的生活境界，「藝術生活」也要表現「道藝一體」，不僅表現理性精神，同時在實際的生活中展現核心的價值觀和抒情的美感經驗。但理性與感性如何調和便是一種價值選擇，「智」與「美」之融合又是如何可能？同時在「智」與「美」之外，是否存在著不同的觀點與態度，影響著文人的生活品味及態度？

　　人的存在價值與意義，可能會有上百種的解答，但是人生價值之認識起點，即在於對周遭事物的直接感覺與經驗，這個感覺經驗可說是來自於我人的直觀，我們對於身邊周遭事物能有所感觸，從中發現它的變化，進而體會與把握，同時察覺到自己不能置身事外，而應是投入其中，參與其變化與成長，這才是人所該有的一種反應。受到孔、老、孟、荀、莊、墨子等影響的中國傳統文化，也就是基於這樣的共同體會與感覺，從不同的角度來看待人生。也許現實的世界是不完美的，是有缺陷的，但因著他們的努力，企圖改變現狀，縱使現實不是那樣的理想，這種精神與態度皆是難能可貴，但這些努力可說都是一種「美」，亦即是當他們願意為這個不完美的社會獻身之時，人生的美感，已經表露出來。不管他們的主張是否符合「美」的要求，但看待生命的全貌絕非是個別的，這種認知是站在人生的全幅層面來看，這時已不是個別的關切，而是進入藝術與美的境界，亦即是境界的提升，透過藝術的創造和自然境界的形塑，讓人們透過對美、對境界的欣賞，帶領我們走向每個人所獨特擁有的「心靈境界」。即如下述鄔昆如教授的看法，他認為：

　　藝術因為融通了靈性的世界與物質的世界，因為聯結了精神與物質，因而的的確確和生命有直接的關係。中國的藝術文化並沒有如儒家的道德強勢，落實到人文社會的道德體系中，而倒是以道家的自然主義，以及佛家的出世理念相結合，而在各種藝術品中，展示了「人與物」的和諧境界。把生命情調寄於自然的無為，寄於擺脫對人文過分追求功名利祿的情操；使人的存在從庸俗的世俗精神超度出來，定位在「人與物」合一的心靈境界中。這顯然是偏向於自然主義的內涵，人與自然的渾然一體，使人生俗世的生命中，度一

種渾然忘我的生活。**2**

　　我們一般人當然不可能與藝術家一樣，可以有如下所述的專業藝術的作為，因爲所有的藝術家，都是要把自己心中的所認爲美表現出來，舉凡在建築、繪畫、雕刻、音樂、舞蹈等，都是藝術家把他們的心靈生命，注入在藝術作品中，使得原本是物性的藝術作品，一方面能超越物性的限制，同時也能分享到靈性的內涵及生命。因此，藝術家即會透過「美」來展示生活的「宗教面」或「終極信仰」面的心靈世界。鄔昆如教授認爲：「儒家的思想家是很可惜沒有把道德和倫理的意境，用藝術品表現出來。吾人在故宮諸文物中，可以隨處找到『人與自然』合一的道家及佛家的作品，可是很難遇到儒家有關忠孝節義的藝術品。」**3** 這的確是個有趣的問題。中國的文化在藝術的表現方面，就藝術的教化功能來說，可能僅是個人心情的寫照，而無法像西方文藝復興時代的藝術家，用空前絕後的慧心，把基督教的教義，表現在他們的作品上，使得人們在接觸欣賞大師們所留下來的藝術作品之時，能有機會接觸神聖的意義與宗教境界。這正好說明中西不同的藝術觀，彼此著重的重點的確是有差異。

　　我們借用孟子的一段話，來讓讀者深刻思考人文化的思想——「可欲之謂善，充實之謂美，充實而又光輝之謂大，大而化之之謂聖，聖而不可知之謂神」（《孟子・盡心下》），羅光教授對此段話之心領神會，給予我們一種不同於俗世的觀點：

　　欣賞美給人生有什麼影響？可以提升人的精神，進入天人合一的境界。對著自然界的美景，人的精神超拔，伸入造物主的美中，濾清心中的汙濁情欲，心靈純淨潔白。欣賞藝術家的作品，精神和藝術家的心相融合，被藝術家引入美的堂奧，真能物我兩忘。聽音樂，因音樂之美，可以聽得入神。普通常說陶醉於美感中，使人忘記了軀體。**4**

　　可見我們實在不應該把人文之美限制在一個既定的意識型態上，鎖定在一個

框架之中，使得人文之美變成奄奄一息的棄兒或是「雕蟲小技，君子不爲」。人文之美應是活活潑潑、生機盎然蓬勃的生命體，並且在藝術的表現形式上是多元的也是開放的。中國老祖宗很早就有這個觀念，只是我們未曾細細的體會而已，《易傳・繫辭》說：「物相雜故曰文。」「大人虎變，其文炳也。」「君子豹變，其文蔚也。」意思是：清一色的加在一起不能成爲文，像虎、豹的皮毛那樣有著多樣的色彩所組合的斑紋，或「炳」或「蔚」，才談得上是文。這就啓迪人們，藝術應該具多樣的內容與多樣的形式。一件具體的藝術品是一個具體的多樣統一，藝術的花園則是一種群體多樣的統一。[5]這裡就已經碰觸了藝術美學的基本問題，也看到了藝術的呈現本是多元，人文是美，自然亦是美。

　　基於以上的認知，我們對「人文化的藝術生活」之概念，必須再把心境向上提升，看到更寬廣的視界，因爲藝術的宗旨，絕不僅僅只是娛樂人們、美化裝飾、娛樂功能和道德教育（美育）而已；換言之，藝術生活是超越上述所說的那幾項功能性定義，是個人所體會在宇宙與人生之深處中最深入和最具本質意義的內涵，甚至是表達人類共同關心的命運和前途。

　　不管是東方或西方，對於人生境界的追求，幾乎是用「眞、善、美」作爲目標。「眞」較具有宗教與人格上的意涵。「善」即是人生藝術生活的目標，而表現善的具體形式即在於生活的品味。而往往在今天的社會價值中，「美」的藝術生活即在彰顯「美化人生、淨化人心，創造幸福人生」的必要條件。吾人生活中，不管是工作忙碌或是休閒的時刻，也可能是午夜夢迴或是夜深人靜，天籟靜寂之時，有三個層面是我們每日思考及反思的三個對象，分別是「身、心、靈」。在內在的部分是「心與靈」，而在外在的部分便是「身」，這身、心、靈三者並重，不能說哪一個最重要，或是哪一個不重要。人生之美便是由此三部分所組成，把這三部分作組合起來，便可得到「身心和諧是美」、「心誠則靈也是美」、「靈性的自我亦是美」。因此藝術生活的美感經驗會給人帶來見識與品味，而身心靈的藝術之美則是品味的來源。

　　而在藝術生活的世界中，哲學有扮演了什麼樣的角色？

　　金劍在《美學與文學論》中道出哲學對文學藝術的重要性：「從事文學藝

術者不能沒有哲學的依持和宗奉，哲學是思想意識的主宰，知識行爲的準據和基石。因而能在文學藝術上有傑出成就者，一定有其哲學思想的憑藉與塑建。否則，其作品僅屬於美的外形，而無眞實的本質與靈魂！」[6]他又論及哲學與藝術心境的關係：「一位富於哲學思想的文學家，他所沉潛的藝術境界，必定是容納了理性和經驗的素質，而進化成一種合乎邏輯、合乎律則的藝術心境，使其作品深入人心而成爲不朽。」[7]故在探析藝術作品或生活的美學內涵時，哲理的美學呈現亦是重要的一環。亦有學者因美學在十八世紀已脫離哲學，成爲獨立的學科，而反對將哲理的探討納入美學的析論內，可是這樣一來，許多文學作品的意境就大失其趣了。以蘇東坡的〈題西林壁〉爲例：

横看成嶺側成峰，遠近高低各不同。
不識廬山真面目，祇緣身在此山中。

論及此詩美感呈現時，若不能析論其耐人尋味的理趣，及他所欲表達的美麗與哀愁、人生的境遇悲歌，此詩就不再具有曠達逍遙的意境了。在今日工商業發達的社會，人們的腳步是匆促的，心情是緊繃的，人與他人的關係處處顯露緊張與不安。尤其是面對著來自四面八方的壓力，眞是令人窒息。而生活中的藝術美感就像是和煦的東風一吹起，大地展現無窮生機一樣。過去對美的歌頌和批判處處可見，如「美是心中有愛」、「自然就是美」，而在相反的意見中，如《道德經・第二章》：「天下皆曰美之爲美，斯惡已；皆知善之爲善，斯不善已。故有無向生，難易相成，長短相較，高下相傾，音聲相和，前後相隨。」道家的老子認爲在正反相對的原則下，所謂的美、醜、善、惡，都不是用一個絕對一元的價值標準即可完全決定和衡量的，所以道家用了一個負向、反對的態度及標準看待人生及實際的生活，這個標準便是「五色令人目盲；五音令人耳聾；五味令人口爽；馳騁畋獵令人心發狂；難得之貨，令人行妨。是以聖人爲腹不爲目，故去彼取此」（《道德經・第十二章》），因而接著出現的便是「大音希聲，大象無形」（《道德經・第四十一章》）、「信言不美，美言不信」（《道德經・

第四十五章》）。道家的藝術生活的思想確實自成一格，又給予吾人開了另一個視窗，但他所主張的「道」確實是一種境界的美、是氛圍、是形上的理念，顯然與現實的藝術生活的距離較為遙遠，但吾人仍可從老莊的哲思中鋪陳生活中的品味。在現實生活中，這種對人間現實世界相對性的存在、對話之形式的提醒與點化反思亦有其意義，而對自然世界美境的追求，顯現出我們把宇宙看成一個圓滿的及藝術的生生之流，天人交感合一，人與天渾然一體，陶淵明的「采菊東籬下，悠然見南山」，更是把人與自然相忘於無形。對自然始於欣賞，終於相忘，我們欣賞自然所造化孕育而成的生命，虔敬宇宙的內在心靈，在內在性格部分而有渾厚、圓融與物無爭之天性，也是一個值得細心體會的參照。

10.2 挑戰與批判的墨家藝術觀

　　史家及思想家一般都會稱春秋戰國是百花齊放的黃金時代，如果少了墨家，那這個思想的黃金時代便不免有些失色，我們看到儒家與道家對知識分子的影響力是很大的，但是否他們所主張的觀點及價值就一定是眾人之所需，可否從另一角度來思考人到底需不需要過著藝術生活？顯然墨家的創造者對人間藝術生活有不同的見解，他的反對及批判，令人印象深刻。墨子特別以「非樂」來加以批駁，大力批判為樂的藝術生活，這個觀點可說是「異類」，但若從思辯的角度而言，我們仍需客觀對待。

　　如果說哲學是要解決人生與宇宙的問題，也因為有了人之思想意念，經由教育之培養訓練，把人從原始狀態中解放出來，從原始之人，導向文化之人，哲學才能切合人生，對人生才能起指標的作用。但在「實用」與「功利」的濃厚價值取向之下，墨子開給我們的一帖「乾澀」的藥方，他上溯肯定天志之永恆性，為一切價值根源，下開文化器物和社會制度，蔚成其思想特色。就其內涵而言，墨子關切人生實際的政治與社會問題，要遠比對藝術生活之關心來得強又多。實際上人之文化生活又當如何？墨子站在實用與功利的觀點，有別於主流文化重視藝術生活的主張，他首先提出了「非樂」來作為生活之規範。〈非樂上〉云：

> 子墨子所以非樂者，非以大鐘鳴鼓琴瑟竽笙之聲，以為不樂也；非以刻鏤文章之色，以為不美也；非以犓豢煎炙之味，以為不甘也；非以高臺厚榭邃野之居，以為不安也。雖身知其安也，口如其甘也，目知其美也，耳知其樂也；然上考之不中聖王之事，下度之不中萬民之利。是故子墨子曰：「為樂非也。」

　　墨子之非樂的主張可稱得上嚴苛，其思想立論有一貫的權衡標準：「上考之不中聖王之事，下度之不中萬民之利」，為了證明「樂」為「非」，墨子又提出

一項事實予證明：

> 昔者齊康公興樂萬，萬人不可衣短褐，不可食糠糟。曰：食飲不美，面目顏
> 色，不足視也；衣服不美，身體從容醜羸，不足觀也。是以食必梁肉，衣必
> 文繡，此掌不從事乎衣食之財，而掌食乎人者也。〈非樂上〉

　　此段以齊康公因喜好音樂和萬舞，而造成國家滅亡之事。墨子之意是殷鑑不
遠而不能不愼。再以「不中聖王之事」來說，在〈三辯〉墨子提出了為樂非古聖
王之本務，其文曰：

> 程繁問於子墨子曰：夫子曰，聖王不為樂。昔者，諸侯倦於聽治，息於鐘
> 鼓之樂；士大夫倦於聽治，息於竽笙之樂；農夫春耕夏耘秋斂冬藏，息於
> 聆（瓴）缶之樂。今夫子曰，聖王不為樂，此譬之猶馬駕而不稅，弓張而
> 不弛；無乃非有血氣者之所能至邪？子墨子曰：昔者，堯舜有茅茨者，且以
> 為禮，且以為樂。湯放桀於大水，環天下自立以為王，事成功立，無大後
> 患，因先王之樂，又自為樂命曰護，又修九招。武王勝殷殺紂，環天下自立
> 以為王，事成功立，無大後患，因先王之樂，又自作樂命曰象。周成王因
> 先王之樂，又自作樂曰騶虞。周成王之治天下也，不若武王；武王之治天下
> 也，不若成湯；成湯之治天下也，不若堯舜。故其樂逾繁者，其治逾寡。自
> 此觀之，樂非所以治天下也。

　　墨子所主張的非樂，首先是不合聖王之事，其根據為歷史的經驗法則與教
訓，因為「樂逾繁，治逾寡」之明訓歷歷俱在。可是墨子在此篇開頭即說「昔
者，堯舜有茅茨者，且以為禮，且以為樂」，可見禮樂還是聖王之事，聖王有
「樂」的事實，墨子卻也未刻意忽視，他以逆溯方式說明因施樂，或是過度重視
為樂，在歷史上成王治績不如武王，武王治績不如成湯，成湯治績不如堯舜。但
究其實墨子這樣的歷史經驗，到底還是不能否定聖王為樂之事實，只是站在實用

主義的立場，樂是無用，亦無濟於世。蔡仁厚認為：

> 以墨子那種質樸乾枯而乏潤澤的生命氣質，是無法了解聖人樂教（或說禮
> 樂之教）之價值的。他既然認為「樂」非「所以治天下也」，又說「樂逾
> 繁、治逾寡」，所以雖然事實上「古聖王」並非「不為樂」，但樂的價
> 值，墨子還是不能予以肯定。**8**

就歷史環境來說，以「自苦」（莊子對墨子的評價）的角度來看墨子所主張的「非樂」，因為講求「自苦」，所以連同「鐘鼓琴瑟竽笙之聲」的音樂、「刻鏤文章之色」的美術工藝、「犓豢煎炙之味」的烹飪美食與「高臺厚榭邃野之居」的建築藝術，全部包括在「樂」的範疇中，這些全部違背「自苦」的修持之道，必予非之、批判之、反對之。胡適之先生認為「這種觀念固是一種狹義功用主義的流弊」**9**，上述的聲、色、藝術、建築因為違反了「自苦」之原則，所以墨子乃予以否定，持平地說：這樣的思維是與墨子的出身貧賤及他站在弱勢族群之立場有著密切的關係。換個角度來看，天下蒼生的生命存續滅絕與否，才是墨子心中永遠擺在第一位的思考議題與人道關懷的心情。

其次，我們再從「下度之不中萬民之利」的層次來思考，為何「為樂」的藝術生活便會造成不中萬民之利呢？可以歸納出六項反對的原因：

1.為樂浪費民財。

2.為樂不足禁暴止亂，於事無補。

3.為樂浪費民力，妨害生產。

4.與人為樂，荒廢時日。

5.多養樂士，消耗財用。

6.為樂，荒廢眾人之「分事」。

尤其是第6.項，因為為樂使得眾人失去具應盡之本務，形成社會原有之分工之功能與體制被破壞，個人之本務荒廢，人人失其所，違反社會之分工，人人無法盡其己力，則衣食之財不足，國家必亂，亂則造成天下萬民之不利。因此「墨

子之非樂，主要還是在於非斥人們之爲樂，而由非斥人們之爲樂進而否定樂本身，這是墨子非樂之必然的歸趨」[10]。墨子站在相反的角度來看非樂，因而主張不爲樂就不浪費，過著節約的生活和勤勉從事，這就是人生。

　　「非樂」是墨子哲學之藝術觀，也是他生命形式的一個內涵，實肇因於儒墨互相批評，非樂爲墨子對儒家批評之一論點，無論是「非樂」、或是延伸到墨子的其他主張如「節用」、「節葬」等，在人生實際的生活方面，功利與實用二者是墨子列爲第一優先的要務；尤其在藝術生活方面，墨子以其刻苦而自屬之精神，充分地表現在思想觀上的功利與實用，因而批判儒家的爲樂之藝術生活說，及反對爲樂之主張，確屬中國傳統思想上罕見之言論，莊子言墨子是「生不歌，死無服」，「自苦爲極」，表現出他強烈的批判色彩，並且提出一個迥然不同的論調，這個觀念所代表的是中國傳統文化的歧出。反思這種思維，也給予我們一些啓發，從哲學的角度而言，吾人所提出的觀點必然是多元的而非一元的，有正便會有反，有陰就有陽，這是古已有之的觀念。只有從正與反的對比中，我們才能體會某些在主流價值之外的論點可謂「苦心孤詣」發人省思，至於是否選擇則依個人的價值觀而定。

　　與墨家這種批判精神類似的還有如下的觀點，可爲我們思考此議題提供另一視野，那即是由泛道德主義的作祟而形成的僵化。俯瞰我們生存的世界，約略有三個層次，一爲物理的層次，它是無機的，也是沒有生命的；第二爲生物的層次，它是有機的，是有生命的；第三個層次是人創造出來的，是一種文化的層次，人文之美應屬於文化的層次，這裡的文化之美應包括人類創造發明、智慧結晶的各種表現形式與創造發明，而不能限定在僅止於某些特定的對象上。但是傳統中國文化的美（人文之美）在發展的過程中，有無遭遇到挑戰及質疑，甚至這樣的觀念有無遭受到扭曲？依據何懷碩的看法，他提出了「泛道德主義」所造成的文化偏頗，可值得深思與參考。

　　　中國文化中常常以爲人文之美就是藝術上、美學上所謂的美，於是偏向重視加上許多裝飾來美化，社會上則喜歡美言「粉飾太平」。這種觀念對

我們整體文化的開展而言，是很大的阻礙。

中國自古就重視倫理道德，儒家說：「教化行而風俗美。」不過，中國文化中對「美」的認識，和「善」同義，偏重在倫理道德上，是泛道德主義。把人文的價值，過分偏重在道德上，造成兩個缺點：第一，壓抑了文化其他方面的發展。我們的文化沒有西方那樣波瀾壯闊、既深且廣的追求。……

第二、泛道德主義讓我們將藝術工具化、狹窄化。我自己學藝術，常感覺到在中國作一個有自覺的藝術家之困難。中國許多藝術家，只是依附古人、抄襲、模仿，藝術只是裝飾品，表現美好、吉利、吉祥，來取悅別人，就像是馬戲團中的雜耍，或是古時帝王身邊說笑話的弄臣。……**11**

何懷碩對藝術的泛道德主義化的批判是直接切入問題的核心，他不認為人文化即僅是落在倫理道德的層面，他也不能認同作為一個藝術家竟無自覺，將藝術看得褊狹與工具化。如果我們細數在中國歷史上，將人文與道德聯結一思考的例子中，較有名的，也是從狹義的觀點來看人文之美的，唐代韓愈所說的「文以載道」，這是把人文之美過於窄化，恐怕無法允許自由的創作空間。他所指的「道」涵括今日社會所重視的表現空間及創作自由。而「泛道德主義」也正好順著我人深陷泥沼的步伐而下沉，而無法擁有向上攀爬的機會，實為可惜。這種反省與墨子的「非樂」似有異曲同工之妙。

本節特別提出墨子的「非樂」之說，一來這種理論千百年來僅此一家別無分店，雖是曇花一現但卻也讓我們見識到「非主流」的價值觀，在思想上來說這是證明一個多元價值與選擇的社會；二來是從功利主義與實用主義的觀點，無法為人心找到一個安頓，因為世上一切的事物皆是短暫的，只是效益的大小而已，以墨家而言，為樂是不具效益的，因此必須反對。但如果不能看出藝術生活對人生目標達成的可能價值，而逕予否定，則未免過於獨斷；第三是「泛道德主義」有無可能僵化了藝術生活？我們會不會掉入它的陷阱之中而不知，提出「泛道德主義」正如暮鼓晨鐘，可以提醒我們在追求藝術生活之時，在形式與實質上應如何把握，即成為一個重要的思考典範。

10.3　儒家的藝術生活觀

　　中國哲學對於人生事物的思考，有其理論性的建構及系統化的解釋，在「人與自然」、「人與他人」及「人與自我」的三大範疇，中國哲人皆有其獨然出眾的論點。而在於個人生活品味的營造及表達方面，藝術生活是每位哲學家、文人雅士所共同表達及運用的形式，並且透過藝術的形式將個人心境作一客觀的呈現。即以繪畫為例，它是全球各個文化表達其思想內涵的重要創作方式，也是大家所公認的精緻文化，但是中西文化卻因背景之不同，進而演繹出藝術內涵及品味截然不同的文化創作，歷代以來以文人雅士所推崇的「山水畫」來說，重視寫意、追求氣韻生動及用心體會是中國繪畫的特色，這與強調「寫實」及「抽象」之西方繪畫，兩者實有明顯的不同。而「山水畫」之所以是中國繪畫的代表，實乃其追求意境與豐富的哲學性，強調色彩及光影變化，由此表現出所營造的氣氛，並將個人心境感觸融入畫中，以求一完整的呈現，這是在藝術生活中的一種美感經驗，此種藝術生活有其「法」、有其「理」，更有其「趣」，更是中國哲學所主張的「義理之學」的進一步闡述，及從中所獲得藝術之品味及美感，儒家為這樣的論述提供了素材與藍圖。

　　藝術生活之品味及美感，事涉藝術欣賞之角度，並由此不同的角度引發出品鑑內涵及差異性。但是藝術生活及其理念之表現形式，即習以藝術為吾人知覺之對象，對象的顯或隱是全由我們自己造成。中國哲學中的藝術生活觀，正是以心觀照我們所知覺的對象，強調「心源」感受的妙趣，生活的美感即由此產生。

　　研究中國哲學，從哲人的智慧語錄和傳之久遠的典籍及哲人行誼諸方面來看，我們可以看到在哲人所關心的生活主題中，「藝術生活」是一個較少被關心和研究的主題。但是，中國傳統啟蒙時代的哲學家，或是歷代以來的思想家，在「藝術生活」的這部分應有其多采多姿的內容，實不應偏重其他主題，而忽略了這個令人神遊的主題。即如余英時教授之看法，他認為「重實際的傾向是中國哲學的特色」：

中國思想有非常濃厚的重實際的傾向，而不取形式化、系統化的途徑。以儒家的經典而言，《論語》便是一部十分平實的書，孔子所言的大抵都是可行的，而且是從一般行為中總結出來的。[12]

在中國文化的傳承上，儒家的知識分子一向被賦予「傳道、授業、解惑」（韓愈語）的歷史使命，並且在對「道」的傳承意義上，歷代以來皆強調這是知識分子的一生志業，從孔子所說的「士志於道」開始，生命就已投注到「道」的實踐上頭，儒家教人要「深造自得」、「歸而求之有餘師」，老莊之道則是「得意忘言」，甚至是中國佛學特色的禪宗則是對求道者不肯說破，所謂「佛曰不可說」等等之例，皆在強調個人的「內心自覺」是否能體會此中道理的關鍵，即在於對道的追求是向內，而非向外，個人的修養亦是強調向內而內省，以自家的體會爲本，這種向內的傾向，也構成了中國文化具有人文精神的一種具體表徵。余英時教授續說：

> 如果說中國文化具有「人文精神」，這便是一種具體表現。追求價值之源的努力是向內而不是向外、向上的，不是等待上帝來「啟示」的。這種精神不但見之於宗教、道德、社會各方面，並且也同樣支配著藝術與文學的領域。所以「心源」這個觀念在繪畫和詩的創作上都是十分重要的。論畫有「外師造化，中得心源」的名言，論詩則說「憐渠直道當時語，不著心源傍古人」，這可以說是內在超越所必經的道路。[13]

中國文化的表現及探索方式具有向內追求「心源」的特性，從哲學的角度來說更是同理可證，因爲傳統的知識分子受儒、道二家的思想影響頗深，往往在生活中是儒道並稱，在對失敗、成功、挫折，再起的感受與體會，也是走儒道二家的路，「十年寒窗無人問，一舉成名天下知」是儒家本色，「不爲五斗米折腰」、「採菊東籬下，悠然見南山」的「不如歸去」之歎，也絕對充滿著道家的心靈。因此，在這樣一個講求「向內自省」、「追求心源」的表現形式，確實

是傳統知識分子心情上的寫照，他們也藉著這樣形式表現出個人的心境情愫，同時也表達一種美的感受，人生的得意與失意皆可以不同的形式中表達出來，不管是詩、是畫、是音樂等藝術的形式或實質內容，皆構成了一個具有人文風味的自然風格，他們的藝術生活之表現，也充分的表現在個人的處境及現況的寫照，在心理上這種藝術表達是一種美、是心理上的平衡，是內向而含蓄，同時又帶有蓄勢待發、東山再起之姿，確實與西方純藝術的表現方式有所不同。以下，吾人從「心源出處」入手，以窺哲人之心源及動機起念。

繼承此種人文精神的儒家，從道德實踐層面去看生命的美感及由此開展的美學世界，傅佩榮以爲「古典儒家無不強調個人之雙重責任：成全自我與幫助他人走向對成全境界」[14]，他亦提及論析儒家美學的重要性：

> 儒家是一套完整的哲學系統，我們可以談它的倫理學，也可以談它的形上學或知識論，同時也可以談它的美學。儒家有它的美學，因為任何一種哲學只要肯定了人的形體或有形生命，就必須對美學作某一程度的說明或交代。[15]

由於儒家思想基於心善思想的基源，人生的藝術生活也就存在著無論是品味或作品皆有散發美感的普遍性，因此有關於儒家思想之要旨，傅佩榮之說法可爲參考：

> 儒家是由孔子奠下基礎，並由孟子與荀子所繼承發展的一派學說。這派學說的中心思想，是在面臨傳統的封建社會禮壞樂崩的大危機中，設法扭轉乾坤，重新安立人類社會的基礎，也就是為禮樂找到人性方面的根據，以便再度發揮其維繫人倫的功能。
>
> 因此，儒家論及人與人的關係時，深入洞識到人性的內在本質，由此展開一套理論，作為個人修身齊家，社會和諧穩定的依據。這套理論體大思精，焦點環繞人的潛能與實現，教育與修行，理想與志業，並且顯示了向自然界開放的心胸。[16]

　　儒家思想肯定此種善的人心導向，對內心修養，外在言行的規範，乃至整個國家、民族、世界、宇宙的協調美好，即它呈現美感的主要途徑。

　　孟子說：「道則高矣，美矣。」（《孟子・盡心上》）可見儒家至美的境界，必合乎「善」，馮滬祥亦曾討論過孟子的思想美學之內容，對儒家之美有如下的論述：

> 孟子可說是中國美學思想中，第一位而且是最重要的一位強調「人格之美」的思想家。中國美學史上把這種風骨、人格、氣節也納入「美」的範圍討論，孟子可說是第一人⋯⋯簡單的說，如果孟子回答「美是什麼？」，他一定強調「美是人格之美」。他如何進一步來申論呢？我們可從三小節來看。第一：「充實」之謂美。第二：「浩然之氣」之謂美。第三：「大丈夫」之謂美。這三項可說都是異曲同工，都是在申論人格之美。**17**

　　「仁義」精神本是孔孟思想的人格之美，《孟子・告子上》：「生，亦我所欲也；義，亦我所欲也。兩者不可得兼，舍生而取義也。」而要得成仁德則需先竭盡道義之責，所以文天祥說：「讀聖賢書，所學何事？孔曰成仁，孟曰取義，惟其義盡，所以仁至，而今而後，庶幾無愧！」而這種配義與道的人格展現，實可歸為「浩然之氣」的美感。

　　結合「義」與「道」的氣魄，在實際的生活世界中則形成大義凜然的浩然之氣，使得生活呈現壯美的風格，其氣象為至大、至美。

　　儒家對人的藝術生活之強調，固然不像「道德實踐」的主題，占去了儒家思想的大半篇幅，但是也不能忽略「充實之謂美」的意義。談道德生活，是儒家要人從道德個體的自覺意識之覺醒，並且通過個人道德上的自我完善，進而追求人類社會的完善，這一條路是由內而外，不假外求，非由外鑠，是通過人的自覺所創發的人生志業。藝術生活亦是如此，也是從人的自覺開始，只是其表現的形式不同而已。在儒家經常把「禮」與「樂」合而談之，談禮不能失去樂，禮外而樂內，是文人的基本素養。在《論語・先進》中的一段話是：「暮春者，春

服既成，冠者五六人，童子六七人，浴乎沂，風乎舞雩，詠而歸。」這是描述儒門師徒在生活中透過詩歌及詠唱的方式，表達出個人的心情舒暢之心，充滿著生命的喜悅。在生活中不能沒有這樣的安排以充實人生的內涵，消解心中的鬱悶，儒家的藝術生活是把禮放在外在形式，這是被認識的部分；而樂則是藝術生活中的一個內在質素，所謂的「與于詩，立于禮，成于樂」（《論語·泰伯》），把「樂」的地位提到與詩、與禮同等，就可看到孔老夫子並沒有忘掉在實際生活中的藝術品味，人不能那樣處處充滿著道德訴求而無活潑生命的寫意。宋朝的理學家朱熹注此章時注曰：

> 與，起也；詩本性情，有邪有正，其為言既易知，而吟詠之間，抑揚反覆，其感又易人。故學者之初，所以興起其好善惡惡之心，而不能自己者，必在此而得之。禮以恭敬辭讓為本，而有節文度數之詳，可以固人肌膚之會，筋骸之束。故學者之中，所以能卓然自立，而不為事物所搖奪者，必於此而得之。樂有主聲十二律，更相迭和，以為歌舞八音之節，可以養人之性情，而滌蕩其邪穢、消融其渣滓，故學者之終，所以至於義精仁熟，而有和順於道德者，必於此而得之，是學之成也。[18]

朱熹的這段分析及推論是頗為中肯的，他把詩、禮、樂三者之重要性及互通性表露無遺。同時我們若僅從「樂」本身來看，「樂」除了可以「養人之性情，滌蕩邪穢，消融渣滓」之功能外，「樂」同時也代表了一個讀書人的樂趣和品味。在《論語·子罕》孔子說：「吾自衛反魯，然後樂正，雅頌各得其所。」在《禮記·樂記》就說：「詩言其志也，歌詠其聲也，舞動其容也。三者本於心，然後樂器從之。」這段話仍不脫傳統哲人基本「心源」之說，進而表現在藝術品味生活的各個形式上，如歌、如舞，如言以盡人之情。《樂記》亦言：「言之不足，故長言之；長言之不足，故嗟歎之；嗟歎之不足，故歌詠之；歌詠之不足，故不知手之舞之，足之蹈之也。」這才是一個人性情的真摯流露，也才是表達一個人實然心情的寫照，如此一來生命就不是乾枯苦澀的，而是活活潑潑的真性

情。

對儒家所講求的「禮樂教化」固是追求周文價值的具體手段，但不可諱言的，禮樂仍有其在人格教育上的意義，並且以禮樂相稱，定有其對人本質上的考量，所謂「文質彬彬」之君子內涵，該當與「樂」同理而不能失去其存在的必要性，張永儁教授言：

> 古代禮樂相須並用，有相輔相成之妙，《禮記》曰：「凡三世教世子，必以禮樂。樂，所以脩內也；禮，所以脩外也。禮樂交錯於中，發形於外，是故其成兩懌，恭敬而溫文。」（〈文王世子〉）禮的作用是規範行為，節制性情；樂的功用是陶冶性情，美化人生。禮的特質是敬是節，樂的特質是和是樂。**19**

孔門儒學之教中，對「樂」賦予一個「治心」的使命，用樂則清，所謂「樂行而志清，禮修而行成。耳目聰明，血氣和平，移風易俗，天下皆寧。美善相樂」（《禮記‧樂記》）。由此可知，儒家以禮樂來教育人與熏陶人，在日常生活上，謙恭有禮，同時在個人的品味上有合宜的感情流露，自然而然。若以《易經》之言，即是剛柔並濟，生活面之道德人格表露於外，同時又有藝術面的品味生活襯其身，可謂「美善得兼」，令人如沐春風之感。

儒家孔子以降的文人系統，把「美善得兼」視之爲生活面的道德生活與藝術生活，因此在初期表現在禮與樂，以得道德情操，這仍然是內傾文化的特質，由心源處發動以創造及要求，因此較容易以理說美，強調心的主觀感受，而無太大的空間及意向，可以發揮及創造至有關「美」的意義與特性，將「美」作爲一客觀獨立的思考及研究對象。此點與西方於西元前五世紀，發軔而成的的「美學」（Aesthetics）不同，儒家所認爲的「美」是來自於道德倫理、君子之德的實踐與蘊育，並且把「絢爛與平淡」化爲生活中的賞心悅目之美感，這種美感經驗與鑑賞能力，乃成爲文人知識分子在生活面的共同表徵。而藝術生活中的禮樂教化，其目的則是在求其「和」，《樂記》更清楚的說明了這樣的目的。

　　禮以道其志,樂以和其聲,政以一其行,刑以防其姦,禮樂刑政,其極一也。所以同民心,出治道也。

　　禮義立,則貴賤等矣;樂文同,則上下和矣;好惡者,則賢不肖別矣;刑罰禁,爵舉賢,則政均矣;仁以愛之,義以正之,如此則民治行矣。

　　樂至則無怨,禮至則不爭,揖讓而治天下者,禮樂之謂也。

　　禮樂偵天地之情,達神明之德,降興上下之神,而凝是精粗之體,領父子君臣之節。是故,大人舉禮樂,則天地將為昭焉!

　　因為預設了這樣的目的,不管是無怨與不爭,或是體天地之情、之美或是到達神明之德,受儒家思想教育所及的文人及知識分子,無不將此藝術品味,注入個人之生活情境之中。藝術活動之效果就儒家而言,除了政治教化效果的講求外,對於個人心靈情操之提升與知識理性的追求亦有相當大的助益。在儒家之藝術作品或活動而言,無論是知識性的、情感性的、倫理性的都可以成為表現的主題,詩作尤其是一個最佳的範例,在《論語・陽貨》就說:「子曰:小子何莫學夫《詩》?《詩》可以興,可以觀,可以群,可以怨;邇之事父,遠之事君;多識於鳥獸草木之名。」知識分子或世俗民社會階層,於是從藝術出發,來表達個人對環境及人物的感受,諸如:琴、棋、書、畫便成為藝術生活的多元表徵,尤其是在書與畫的項目上,畫從書寫而來,書寫與作畫融為一體,互相幫襯,所表現出來的是中國文化中的藝術精神,也表現出個人才情與生命信念的美感作為。

第十一章　政治哲學與理想國

11.1 政治哲學的理念

一、政治哲學之定義與內涵

本節首先必當對「政治思想」與「政治哲學」作意義上的區隔與界定，作此界定實來自於哲學的要求，也是思考此問題的途徑與步驟。在哲學的研究裡，吾人主要是藉著思想去勾勒描述「三維架構」，即是人與自然的關係、人與他人的關係、人與自我的關係。「思想」可以說是每一個觀念或概念的活動，「政治思想」是關涉政治的觀念，而政治所指的是人和人之間所發生的一種關係，此關係涉及到「權利性的關係」，這種「權利性的關係」存在於個人與群體社會之中。換言之，政治是群體的社會中不可缺少的組成部分，它是產生於人民解決衝突、權威地分配價值，包括稀有的價值，並且指導社會實現群體之共同目標的普遍性要求。因此針對上述所涉及的種種觀念，皆可稱之為「政治思想」。探究此主題，乃以先秦儒、墨、道、法四家之哲學為基礎，建構中國哲學在政治面的「歸範性理論」（normative theories），此一部分即是「政治哲學」所探討的問題與內容。

簡言之，政治哲學是應用哲學的方法，達成如下的三個目的：

1.對政治的語言和基本概念加以澄清與辨正。

2.對政治的現象、問題作通全而深入的探索、反省與描述。

3.形成政治的一般性（根本性）理論，如本質、規範和理想等。

政治哲學既是哲學的應用，因此從哲學的角度來研究政治，必然應考慮到基礎性的思考及綜合性的思考等不同思維角度，因此而有不同的認知及定義。有的是從政治的原理與原則來定義，如「政治哲學的原理，是在管理眾人之事上，找尋出眾人的宇宙和人生的根本問題，並且設法找出種種的解決方案」[1]。有的是從政治理想來說明政治哲學，如「政治哲學即在追求政治理想的實現」[2]。亦有認為「政治哲學即是以道德為宗」[3]，這是從儒家的角度切入談政治哲學。亦有

學者從實現「公共之善」的角度解釋政治哲學，如「政治哲學是探究政治生活的本質和意義之根本學問。它有異於政治科學，不以政治現象的經驗事實和歷史實況作描述、分析和預測的對象，俾建立客觀現象的法則。反之，政治哲學在探究政治生活的真理，討論何種政治生活是美好的、完善的，何種政治實體（國家、社群、社會、團體、個人等等）是可欲的、值得建立的」[4]。這樣的論點，是將政治哲學界定為一種規範的理論。亦有一些論點是從西方哲學的角度來加以分析，如「政治哲學被視為對於實際政治，或者對於有關人以及其在社會中的人際關係之部分，不同取向間的會談」[5]。亦有從研究傳統政治思想家之觀念，認為「政治哲學著重『應然』的問題、規範的問題」[6]。亦有從西方哲學的角度，認為政治哲學有如下三個研究重點：[7]

第一，作為規範理論，它力圖闡明政治的價值，確定什麼是希求的和道德的事物。規範哲學家認為可以隨意作出道德和理論的判斷，提出事物的理想狀態，從而指明受歡迎的政治目標。第二，當政治哲學考慮「是怎麼樣」而不是考慮「應該怎麼樣」的實際政治時，它關心的是現實的實質或根本性質，而不注重對特殊的現實現象進行觀察……。第三，作為分析哲學，政治哲學研究詞彙和概念的涵義、論證的邏輯性、發現真理的途徑以及命題的根據。

以上吾人介紹了七種有關「政治哲學」的論點，各有其研究切入之論點。但政治哲學尚有一重要的目的，即在於建構一超乎現實政治理想境界及規範，以為現實存有之提升、修正與進化的動力。本章論述中國哲學中的政治哲學的觀點，亦是本此思維進路而作。在本書中對於「政治哲學」之觀點為「政治生活是個人與群體道德生活與倫理生活之延伸，有其實然面的制度設計，亦有其應然面之價值、理想與規範」。中國政治哲學之內涵也就涵蓋了其根本性的價值根源論、改變現況使之趨於理想的變革進化主張及群體社會生活的共同目標等。因此構成中國哲學主流底蘊的立論基礎即在於解決現存問題、建立價值體系、形成系統性的

規範理論。

　　政治生活是基於人們解決衝突、分配資源並實現群體共同目標的普遍性要求而產生，是群體生活中不可或缺的型態。人們除參與現實政治活動，更應對政治活動的性質與發展有所反思與規劃，使人類的政治活動更趨合理與進步。若不具有崇高理想價值的政治思想指導現實政治，現實政治終將成為權力鬥爭，境界不能高遠，設施不能周延。無以透過政治思想家的政治智慧，了解其政治理論，比較得失，進而發現政治原理，對現實政治中各種問題提出解決的參考方案。

　　政治哲學是政治思想的根本，其功能之一為有助於人們思考一個整體的政治制度和社會的制度，以及具有自己歷史的社會——國家——的基本目標和目的。任何文明社會的成員都需要這樣的成員，以及了解這種政治地位如何影響他們與其社會之間的關係。傳統上，政治哲學所討論的議題，不外視政治生活為個人與群體道德生活及倫理生活的延伸與擴大。因此，不管是東方聖人孔子所主張的成己成人、修身、齊家、治國、平天下的教訓，還是西哲蘇格拉底的學說，視道德即知識，理解自己，俾發揮潛能，而促成個人在社會階層上適才而發揮其所長。這些都說明古典的政治哲學是把倫理和政治視為一體的兩面，或一個連續體（continuum）的兩端。這是人類的政治生活，無法與政治倫理徹底分開。

　　就今日的政治哲學來觀察，倫理與公共生活的緊密關係仍無減緩的跡象。因之，政治哲學裡的基本問題仍舊圍繞著美好的公共生活在打轉。於是，什麼是公共之善（public good）？在政治生活中人們追求什麼目標？這些公共目標、公共價值之間的衝突、矛盾怎樣來加以解決、折衷、平衡？個人與社群（國家、社會、政府、族群、團體）之間的權利義務如何釐清？如何區分、如何信守？公權力與個人的自由之分際如何澄清？這些向來都是政治哲學主要課題。換言之，政治哲學討論政治價值（自由、平等、公義、利益、權利、義務等）、政治資源（權力、財富、職位、聲名、勢力等）、政治設施（機制、人事、制度、律則、傳統、先例、習慣等）、政治互動（競爭、聯合、權鬥、宰制、順服等）之間的搭配。除了考察實然面，也兼討論應然面，俾為人類美好的公共生活指陳理想之所在。此外政治哲學中所討論的概念亦會受時空情境的影響，是隨著情勢的變

化，而改變其涵義。

政治哲學主要的三個面向爲：第一，探討政治生活中的基本概念，並對這些觀念加以省思冥想；第二，尋找政治生活各種可能性替代的觀點，不以過去的和現存的觀點與想法爲思考的唯一對象；第三，政治生活中的道德意涵，討論政治倫理實現的可能性，以及致力顯露政治的眞理。

依照牟宗三生先的看法，「政道相應於政權而言，治道相應於治權而言，政道是關於政權的道理，治道是關於治權的道理，是治理天下之道，或處理人間共同事物之道；行施治權必依一定之制度而設各部門之機關，又必在其措施或處理公共事務上設一定之制度」[8]。而治道之實踐必有治術，治術乃指政府施政應遵循之原則，或政府爭取民心、教育民衆、治理人民、謀求國家發展等方策。

二、民主政治之本質：理性、平等與自律

勞思光先生認爲：「理性表人之主體性所在，而政治範圍中之民主精神則正以各個體做主之自覺爲特性。我們談到單一主體之攝受模式時，曾指出這不適於政治事務；政治事務爲衆人所共有之事物，這種事物涉及許多人，則即有衆多主體，倘使不予衆多主體以如分之安頓，而勉強將衆多主體性抹煞，則本身是一不合理之事。對於專制政治，最根本的批評即在這裡。在公共事務上，使衆多主體各個保其主體性的制度，即是以衆意爲依歸的民主制度。民主制度在實施技術上必採取多數原則，但在本性上則是不奪取任何一個有關分子的自主權，故自最根本處說，民主政治之精神亦即在這種對於自主權的保護，即對於各個自主的意志作統一運用之形式建構上。」[9]

從理性爲人之眞正主宰而言，必先肯定人之能分辨應然問題，本爲人之自覺心之根本發用。人作爲一主體，亦只在此應然的自覺上方能成立。

談到政治哲學，不禁使人聯想起古希臘雅典城的民主政治（democracy），當時的這種政治被稱爲是「高度參與的政治」，具體實現人民是國家的主人之概

念，從而表現出由人民統治的實踐，並且是西方世界引以爲傲，向外輸出的一個重要的團體生活制度之設計。每一種政治哲學皆有其立論之依據，對人性的假設與對人倫團體生活之期待。而政治本是每個人皆須參與以及分配的權力遊戲，人不能因我不喜歡政治而失去作爲主體的機會，古希臘名言：「人本質上來說就是政治性的動物。」政治制度的型態雖有許多類型，如君主制度、貴族制度、寡頭政治、民主制度以及強人政治等多種不同的形式，但最能代表人的主體性與價值的政治生活模式，首推民主政治。它的確表現主體獨立、自主與自由的生活方式，而其本質則在於理性。因此民主制度政治哲學仰賴實踐，若無理性以作爲思考和判斷的根據，則民主政治之價值與運作方式將遭逢巨大的危機。

因此理性肯定人之主體性，乃道德生活、文化生活之根源處，並進而確立主體性之保有及發揮以肯定政治境域中之民主精神，這是理性的作用。人之自主性在民主社會中不可侵犯，因而保有其生活之領域與空間；但是一旦有公共事務發生之時，如何與他人取得一個協調便是公共領域要處理的問題。在此情形下，必須要有超越於個人理性、自主抉擇之高級形式，以確保眾多主體性達到一個更高的統一，因此國家乃應運而生。而國家存在的目的即在保護人民，並使得每個人的尊嚴獲得確保，每個人的價值獲得平等的看待。政治哲學即是提供一套生活方式供人們選擇與價值取向指導人生，至今日爲止，民主制度的政治哲學爲世界上大多數所接受，這種價值的根本精神即在平等與自律，勞思光先生說：

> 個人之價值全看其價值自覺明豁之程度及其發揮之範度，故人人努力程度不同，結果亦形成價值不同之各種人。但在基礎上，我們不能說，一人之應然自覺較另一人為優，就自覺心之根本處言，皆為平等。……
>
> 我們既不能抹煞任何人之主體性，即須尊重人之自己作主之能力，故由平等義之肯定可推治自律之肯定。倘承認個體間之平等，則必須承認各個體皆有自律之權，因既為平等，則此個體與彼個體間不能形成一無條件之支配關係，換言之，每一個體不能受他人之支配及法定，則即逼出一個自決之原則。**10**

　　政治哲學既是哲學的理論應用，本諸哲學的方法與思維處理政治的問題，並從中考量人性論、主體性、平等性與自律性，以形成一種價值的規範。民主政治的基本精神，自古希臘開始至十八世紀的代議政治，有不同的種種解釋，但皆不外由平等與自律之義理而來，而理性與其進步的動力，亦因其理性、平等與自律方能符合人性之所需，以表現其價值，變遷的過程中本是因革損益增補闕疑；唯由主體性之肯定，而到平等的肯定，以迄自律的肯定，彰顯理性之價值，民主制度雖不是十全十美，但它卻爲較符合人性、平等與自律之價值原則，政治哲學即在提供價值的選擇，民主制度之可貴與可行，厥因其擁有上述的三原則。當我們論述政治哲學時，便不能不客觀地抽離，跳脫主觀意願的思考，省思何種制度可提供「公共之善」以作爲理想國的化身。中國帝制二千年，一九一九年的「五四運動」、「德先生」（Democracy）和「賽先生」（Science）之口號響徹雲霄，蔚爲中國思想界解讀積弱不振國格的一帖猛藥，但其本質究竟爲何？中國哲學的儒、墨、道、法又提供了哪些政治哲學指導人群的政治生活？這些問題有待釐清與重組，一方面是人不能敝帚自珍，但亦不能盲目附和，該當重新省思諸家哲學之立論及政治思想，以作爲二十一世紀人類合理的生活方式與選擇之參考，方是哲學之應用。

11.2　墨家的政治哲學

　　哲學與政治二者的關係，在墨子的思想中可說是同一的概念，墨子的哲學理論建構，其目的即在爲重建一個嶄新的社會提供基礎性與整體性的架構，在政治的制度中展現「義」的普遍性價值；而其實踐精神即是在成就一個理想的政治，以改變政治生活的實境。當然在現實的政治成就方面，並沒達到墨子的預期，最後落得悲劇收場，《史記》上寥寥數句[11]，道盡古今中外哲人對現實政治雖有力挽狂瀾之心，卻又不免淪爲悲劇收場之命運。然而，就中國哲人之使命感與精神傳統而言，雖不免有徒說空言之憾，然哲人所提出之人文關懷及理論建構，當比一時之政治成就，更具有超越時間與空間之價值。墨子正是採取全幅性觀照政治生活之哲學家，他的實踐精神與哲學創見實可爲今日社會之參考。方東美先生認爲：「政治生活，在人類的全部業力中並不是一個隔離的絕緣體，它的眞諦須融貫許多事項才能顯豁。例如對世界的看法、對人性的看法，都對政治思想影響很大。」[12]方東美先生並提出墨子對人類政治生活之觀照及心得：

> 如果透過墨家，則能力行兼愛，避免互害，遵照「尚同天志」的原理，原天以律人，使人之所爲能契合天之所欲，據此以全天志好生之德，並使一切萬有都能在廣大同情之下視爲平等價值，這就是墨家的根本法儀。[13]

　　細探墨子政治哲學之提出，其目的亦是在針砭亂世，點出政治之目的與國家存在之根本理由，因此「理想政治」之概念便成爲先秦各家針對亂世之「現實政治」所提出的批判與追求目標，「理想政治」也就成爲哲人們（不僅僅是墨子）終其有一生實踐的目標。「國家」存在之形式除有政體、法政、政策、經濟、武備、教育之外，哲人之理念很清楚的指出：國家之本質應是具備道德、文化與教育之種種意涵，換言之，有道德始成國家，有道德始成世界，要能具體實現這種組織生命充實的本質，用道德動力來推進政治綱領，並輔之以文化價值保證國家

本質之明確。墨子的政治思想中非攻、尚賢、尚同等各種政治理念為主，其次才是擴而言之包括兼愛、節用、節葬、明鬼、非樂、非命等觀念。

墨子對政治權威來源的倒溯方式，採逐級由下而上，直推到天子仍不得為最終根源，點出人倫之限制及範圍，直指天是政治之最高統治者，將「主宰之天」的理念發揮到極致，而天的範圍又在哪裡？墨子曰：「天下無大小國，皆天之事也。人無幼長貴賤，皆天之臣也。」[14]這段話亦可看出墨子「平等」的觀念。從墨子的政治組織架構來看，這種層層上溯的對象，包括庶人、士、大夫、將軍、三公諸侯、天子而至最高的「天志」，可說是逐級上同，上同天子，天子又必須上同與天。天志落在天子身上，則表現在其德行上，此德行即墨子常言之「十務」[15]。合乎此種規範，實踐十務之德，才是天所揀選之統治者，因為人民之權利並非來自天子所賦予，此種權力是來自於天，故「尚同」思想出現，上同於天，則天子與庶民相同，皆屬天之子民，是故，天具有普遍性，不為堯存，不為紂亡，天又具有支配性，三代聖王與三代暴王之例，皆是最佳的歷史例證，在形式上天成為天子統治及政權合法性的基礎，在內涵上則以兼愛、尚同、尚賢諸觀念表現之。

一、「德治主義」實現理想政治

求現實人生的安頓是中國哲學的特性，政治又是人類生活中相當重要的一環，人亦無法自外於政治生活。墨子除了以「天志」來作為人間秩序的命令者、安排者之外，亦有其歷史傳承之義，因為《尚書》中的天命觀可說是墨子「天志」觀念的思想源頭，也因襲著這樣的觀念，下開「德治主義」的政治哲學，《尚書》的天命觀是中國最早的政權合法性的觀念[16]，而墨子以「天志」，來作為賞善罰惡、與奪權柄之裁判，從統治者的統治合法性角度而言，權柄之授予，端視統治者是否具備「天志」之化身行兼愛與非攻，能實踐兼愛與非攻，則天賞之。這樣的論點與《尚書》之天命觀是無分軒輊的。當然不可忽略的是：德行是

決定天命的唯一條件，墨子哲學中對於「德行」的要求可說是絕對的，即如方東美先生之言，他對「德治主義」有一段精闢的分析：

> 他的政治理想正是他哲學思想下很自然的結晶，他認為「天志」之於世界與人類，一概都是愛之欲其生，這是人生快樂的泉源，正因人類尚同一義於「天志」，見天之欲人善其生，於是才發為「兼相愛、交相利」的政治思想，兼相愛以為仁，交相利以為義，這是墨子「德治主義」的精義。[17]

　　簡單的說，「兼相愛」與「交相利」之觀念是天志觀念在現實世界提供人我互動之模式與準則，人只須體會天之所欲，就可以進行政治的教化之功，發為愛與利，更在「尚同」之制度下，一個上同於天志的理想政治是有可能實現的[18]，墨子的信念非常的堅定而又樂觀，他也以「尚同」來鞏固及保障依此而出的制度。

　　相對於儒家的「德治主義」之理念所謂的「道之以政，齊之以刑，民免而無恥。道之以德，齊之以禮，有恥且格」的德治的優先性而言，墨子所主張的德治主義之內涵仍然表現出對人的重視，〈尚賢中〉篇的這段話可為證明。

> 〈周頌〉曰：「聖人之德（昭於天下）若天之高，若地之普，若地之固，若山之承，石折不崩，若日之光，若月之明，與天地同常。」此則言聖人之德，章明博大，填固以脩久也，故聖人之德，蓋總乎天地者也。[19]

　　墨子「德治」觀念的基本目的，在政治上之作為即是要求愛民、保民、利民，他並且認為「從事於義，必為聖人」[20]，「天下有義則生，無義則死；有義則富，無義則貧；有義則治，無義則亂」[21]。若能將義落實於每人身上（包括統治者），因著義的普遍性與絕對道德性，則政治的清明將是指日可待。當政治的掌權者能以天下百姓心為心，拋開個人享受及欲求，墨子對此種人格譽之為「仁者」，可見仁亦是他個人頗為推崇之理念。墨子言：「仁者之為天下度也，非為

其目之所美，耳之所樂，口之所甘，身體之所安。以此虧奪民衣食之財，仁者弗爲也。」[22]爲政者能愛民、保民、利民，實行十務，照顧和體恤下階層人民之苦痛，豈是無心之人。在〈公孟〉篇有一段對話，更可看出墨子對於政治本質之把握：

告子謂子墨子曰：「我治國爲政。」子墨子曰：「政者，口言之，身必行之。今子口言之，而身不行，是子之身亂也。子不能治子之身，惡能治國政？子姑亡，子之身亂之矣。」[23]

其次，統治者行「義政」，就是墨家所要的一項在現實世界之用，有其來源與根據，墨子其對實行義政及德治之理論鋪陳如下：

其一：義政德治之根據爲天志，人必須法之。所謂：「天之行廣而無私，其施厚而不得，其明久而不衰，故聖王法之，既以天爲法，動作有爲，必度於天，天之所欲則爲之，天所不欲則止。」[24]

其二：義政德治之入門在行兼愛與非攻，故「兼則善矣」，「兼即任矣義矣」，由兼愛來化解人與他人之疏離，解除彼此緊張對立之關係。

其三：行義之效果爲天賞之以天德，天德爲何？不脫離依天志之意造福百姓蒼生，因此人若實踐天德上利乎天，中利乎鬼，下利乎人。進而行義而能獲天之賞有天下，書於竹帛，鏤於金石，琢於槃盂，傳於後代子孫。天下美名加以其上，仁也，義也。

其四：德治之實效爲「君臣相愛則惠忠，父子相愛則慈孝，兄弟相愛則調和」，鋪之以「尚賢」，則理想政治之內容方能獲得實現。

由上述這四段話來看，行德治與仁政的方法論，即在於每個人皆能落實爲兼愛與非攻，重視生命的把握，重視人我疏離後的社會破滅是個悲劇，兼愛是透過一套倫理關係，君臣、父子、兄弟三種人我對待，可看出以兼愛爲核心所開展的人際關係，和儒家的倫理架構，就外在形式而言，並無差異。但墨子對兼愛之肯定與提倡，除直溯天志之權威外，他所強調不分親疏貴賤的實踐精神，確爲德治

的下層基礎，則理想政治之目標方能獲得實現。

　　除了上述「德治主義」之理論性的建構外，墨子運用其「三表法」來說明德治之典範，因為「三表法」[25]中的第一法為本之者，本之古聖王之例，墨子經常提到的古聖王即有堯、舜、禹、湯、文、武等六位，或言禹、湯、文、武等聖王。古聖王行義政，即是行義道，義是天志之所在，更是人所當行之道，「義」即是古聖王實踐政治的準則，故能成其大，而能打通人間世與鬼神世界（明鬼），在肯定家族倫理之前提下，聖王所行之義道，以兼愛為本，注重愛利的普及，而能有天下，這就是行德治之效果。古聖王之典範歷歷可稽，因此統治者當以古聖王為圭臬，苟能行之，則天下歸於一，是故政治統治之權威不是來自個人，亦非以力服人，而是以德服人，此德是兼愛、是民利、利民。

二、尚賢是治國的用人之道

　　墨子在〈公孟〉篇，對政治提出解釋：「政者，口言之，身必行之。」這是強調為政之道是言行一致，為政在力行。「治，求得也。」《墨經》，此「得」是在施政作為與對象的回饋上有所得，亦即是獲得支援及擁戴，所以政治本是統治國家的一切行為之總稱。墨家的政治哲學強調德治主義，亦即是透過人來完成建立政治的美善目的，人民的福祉獲得保障。但如何來實行，便是一個大問題。墨子哲學思想的架構，本之古聖王之所以能揚名立萬世之事實，除依天志之欲而行外，尚須有輔佐人士，故墨子談「親士」與「尚賢」，對應之即有「治人」與「治於人」之概念，在政治問題的處理上，即是用什麼樣的人來管理社會，所以墨子才勇於提出「尚賢為政之本」，如果統治者不能尚賢使能，則政治將會墮入現實政治之困境。因此，墨子提出尚賢使能之說，其欲匡矯時弊之用心可謂明確。

　　墨子在〈尚賢〉篇的開始，即提出一個普遍性的命題，政治之目標何在？是「國家富、人民眾、刑政治」，要達到這三個目標，其方法為重用賢良之士，他

特別闡明古者聖王為政之道來說明其意義：

> 故古者聖王之為政，列德而尚賢，雖在農與工肆之人，有能則舉之，高予之
> 爵，重予之祿，任之以事，斷予之令。**26**

　　墨子對於為政者的要求，說起來是再簡單不過的一個觀念，那即是「唯才是
舉」。就歷史的發展而言，政治哲學所要處理的問題即是管理人的問題，要用何
種人來管理這個社會，才能使政治步上正軌，歷數各時代的用人標準及制度，最
早可追溯到三皇五帝時期的以「選賢舉能」為方法所發展出來的「禪讓政治」，
殷周時期，則是透過封建制度所建立的「世卿世祿」的貴族政治，秦漢時期的
「察舉徵辟」，再到魏晉時期的「九品中正」，直至隋唐而設的「科舉取士」，
不管是何種制度，「唯才是舉」與「選賢舉能」都是千古不變的真理。當墨子首
倡「賢人政治」之時，除有其特定的歷史時空環境外，更不能忽略他的眼光和心
胸。為了破除貴族與世襲之封建遺害，墨子更提出：「故官無常貴，民無終賤，
有能則舉之，無能則下之。舉公義，辟私怨。」〈尚賢士〉此段話中，最令吾
人拍案讚賞者正是「官無常貴，民無終賤，有能則舉之，無能則下之」的警世之
言，觀先秦諸子敢如此赤裸裸的對統治者提出警語者首推墨子，尤其他那種「舉
公義，辟私怨」的道德勇氣猶如暮鼓晨鐘。

　　墨子從務實的角度來探討賢者治國的情形，但自有社會組織以來，治人與
治於人二者之關係即是一種互為對立且衝突的緊張關係，在封建制度社會尤為明
顯，俗語云：「伴君如伴虎。」王公大人與賢者之互動關係，如果是良性互動，
則雙方水乳交融，反之，則為一種緊張的關係，是故傳統知識分子在政治的運作
中如何取得信任又能全身而退便是一大學問，這其中的關鍵即在王公大人是否願
意以誠待人，使得知識分子願意「竭四肢之力，以任君之事，終身不倦」，要如
何對待賢者使之勤勉盡職，亦即是墨子所說的「進賢與使能」，因而有「故可使
治國者使治國，可使長官者使長官，可使治邑者使治邑」**27**此段言墨子並非一
律視之為賢而未區分，他也肯定人即有才華器識之差異，因此他以「聽其言，迹

其行，察其所能而慎予官」，可見他的態度是謹慎的，但爲確保及建立賢人政治制度，墨子特別提出「賢者三本」之說：

> 故唯昔三代聖王堯舜禹湯文武之所以王天下，正諸侯者，此亦其法已。既曰若法，未知所以行之術，則事猶若未成，是以必爲置三本。何謂三本？曰：爵位不高，則民之不敬也。蓄祿不厚，則民不信也。政令不斷，則民不畏也。故古聖王高予之爵，重予之祿，任之以事，斷予之令，夫豈爲其臣賜哉，欲其事之成也。[28]

墨子對賢者治國，除了「富之貴之，敬之譽之」外，他所主張的「三本」之說，包括「爵位高，蓄祿厚，與任之所事和斷予之令」，這三者是教人民對賢者建立起信服與威信，而在上位者爲使治國有其實效及功利，墨子開風氣之先的提出「三本」之說，在先秦時期各家的治國觀念中確爲創見，其他諸家並未有類似此種制度性的主張。

三、尚同是建立理想政治之鑰

傳統上，政治哲學所討論的議題，即是把政治生活認爲是個人與群體道德生活、倫理生活的延伸，倫理與政治可說是一體兩面，即如洪鎌德在其〈跨世紀政治哲學的論題〉[29]一文中，認爲政治哲學在探究政治生活的眞理，討論何種生活是美好的、完善的，何種政治實體（國家、社群、社會、團體、個人等等）是可欲的、值得建立的。墨子對於現實政治，他抱著改造之心，研究實現「公共之善」的方法，所以如何統整受治者而能趨於一致，便是難題。因此，要實現這個「公共之善」勢必要有一套技術來獲得受治者衷心的臣服。

馮友蘭在《中國哲學史》一書中，他評析墨子哲學具有兩種制裁的思想特質，一爲天志的宗教的制裁，二爲尚同的政治的制裁。[30]由此看法可知，尚同具

絕對性與排他性。既然用人唯賢，而且也包括王公大人亦須爲賢，並且還要進用賢能之士，才會有親士與尙賢之宏效。墨子對於「尙同」之本質，他認爲：「尙同爲政之本而治之要」（〈尙同下〉），在政治的措施上，尙同即是統治之術，透過尙同之組織，達到君臣萬民皆能宗其法，向上學習，向上認同，政治之大治指日可待。因此，就政治之「力」的效果而言，尙同可說是一種制裁，也是一種政治的認同。其實，墨子的心情是可被理解的，因爲處在「亂世」之中，找出「亂」的根本原因，尋找對症下藥之良方，企求恢復治世，這是一個顯明的事實。要表現統治者的「政治力」，即必須要有紮實細密的組織，方能產生此種「力」，因此無組織即無任何影響力，更遑論其政治制裁之效果。墨子的政治哲學其實未嘗不是一種「對將逝之舊制度表示留戀，而圖有以維持或恢復之」[31]的觀點，就此點而言來看尙同之理念，除了以尙賢爲標準的道德政治外，他還在傳統的制度上賦予新的組合方式，表現出他治亂世之藥方蘊涵另一種急進的態度，及他不能忍受當道者違背尙賢的種種作爲。

墨子所設計的政治組織到底是什麼樣的制度，在〈尙同〉的上、中、下三篇，分別以「由上至下的組織」及「由下而上的尙同」兩種方式，層層下包及逐級上同之方式予以說明，自天子以至於庶民無不在層層下包中找到自我的定位。

墨子尙同的組織之設計，基本上並未遠離周制，而且從人類社會演化之過程來看，就是因爲原始社會無「正長」的發揮功能，天下之人才會異義而彼此互相侵犯，亦即是如〈尙同中〉篇所述的情況「尙餘力不以相勞，隱匿良道，不以相教，腐朽餘財，不以相分」和「無君臣上下長幼之節，父子兄弟之禮」的亂象。因此要達到「一同天下之義」，首立天子而後是依其地理位置及條件，配置各級輔弼人才，逐級而下直至鄉長、里長等，所以墨子所提出的這兩種制度，大致上沿襲西周封建制度之舊制而成，最高的正長即是天子，由其發號施令，透過三公、將軍、大夫，整個制度嚴密安排，各級皆有正長，且皆爲賢者，一同天下之義才可實現。

再從由下而上之建制而言，墨子從最基層的里長至鄉長，而後再由鄉長向國君學習與認同，而後由國君均率其國之萬民尙同天子。這種由下層向上層級級反

溯尚同之做法，由下而上的上同方式，在先秦時期的各家學派論到政治哲學或制度時，墨子的確是獨樹一幟，與眾不同。接下來的問題則爲：是否尚同止於天子即告終止？天子是不是人間秩序與獎懲的號令者、審判者，與最終權力的來源？這個問題，從天志的理念來探求便可一目了然，墨子在〈尚同〉三篇中，提出最後的審判並非是天子，而是天。

自西周以來普遍存在，並被舉爲圭臬的「天命有德」、「天命靡常、不爲堯存、不爲桀亡」的《尚書》、《詩經》之思想，墨子是繼承此一概念，進一步強化其信心，而落實於政治事務上，它形成了一種牢不可破的價值根源與政治合法性的基礎。

總而言之，墨子爲了實踐政治之理想，從尚賢入手，點出統治者所用非人及用人不當之錯誤，而爲改變天下之亂，他找出「正長」來一同天下之義，「正長」之條件爲何？墨子早已準備尚賢的妙方，從天子以至里長等，皆爲賢而可之正長，立下了上下之路的兩方向，一同天下之義，至最後上同於天，整個政治制度之脈絡確立，輔之以上下內在互動之四法則，不僅在消極面確立賞罰之制度，墨子更積極鼓勵統治者對人民要兼愛方能使之，致信而持之的積極做法，皆是他悲天憫人的人道關懷。

傳統知識分子（以儒家而言），對於「道」的堅持，通常是以「道」來作爲價值取向及最後的裁判，「道」表現出來的內涵是一種理想主義色彩很濃的觀念及堅持，甚至是要求超越個人與群體之利害得失，而去創造一種高度道德性與理想性的社會關懷。但在現實的層面上，卻又面對統治者所掌握的「權勢」，在「權勢」的權威之下，知識分子所強調的理念──「道」，又要如何自處與調整？有無可能「道」與「勢」合一呢？否則當兩者的關係並不是融恰時或形同水火，「道」在客觀形勢之下永遠是弱者，甚至到最後成爲「勢」的附庸，其理想與熱忱遂逐波而流。從這個角度切入，將「勢」與「道」結合的第一人，首推墨子，他一再推崇的「古聖王」之範例，以作爲當今掌握政治權力之人的借鏡，他所說的「古聖王」也就是「道」與「勢」之綜合。吾人研究墨子政治哲學，發現他所提倡的「尚同」觀念，核心理念是人人上以天子之是非爲是非，唯有天子秉

天志之義，力行「壹同天下之義」之後，天下才能大治。

　　余英時教授分析墨子的這個核心觀念，認為：「這段話最足以證明墨子的『尚同』之道本是他所『獨有』，不過他托古於『先王』而已。」[32]更確切的說，墨子不承認在實際的社會中，已經有一位「壹同天下之義」的天子，真正的天子是要繼承他所強烈主張的「古聖王之道」，才能發號施令的「壹同天下之義」。從墨子「天志向下貫穿串起人間價值」及「上同於天，壹同天下之義」的兩路進程來看，「法先王」（法古聖人）便是唯一的選擇，但墨子實際上並未看到當世有符合「古聖王」之天子出現，因此「道」的重責大任便落在自己的身上，由他自己來承擔。是故可證明：他所提出的「尚同」之道，雖是托古於聖王之說，但實際上卻是他的獨創。但此觀念又有其歷史性、時代性，和傳統文化仍有密切聯結。

11.3 儒家的政治哲學

　　儒家的政治哲學一言以蔽之即在於「王道思想」。在《尚書・洪範》曰：「無偏無陂，遵王之意；無有作好，遵王之道。」進一步言，「王道」也就是「無偏無黨，王道蕩蕩，無黨無偏，王道平平；無反無側，王道正直」（《尚書・洪範》）。這兩段話皆在說明一種理想的社會情況，也就是儒家特別推崇的「三代之治」之情景，體恤人民，愛護人民以道德爲判斷的標準，同時政治與道德結合之後，政治也成爲道德的內涵，稱之爲「德治」之型態。所以王道所指的意涵是一種理想的社會的實現，同時也是現實政治的型態並且是治國的最高原則。因此歷代以來受到儒家哲學洗禮的君王，在以儒者爲師之前提下，無不以仁義爲施政理念，廣施慈愛爲胸襟，而成就聖王之道與政，蔚爲政治哲學之典範。而與王道之理念相反的概念，也是儒家所批判的便是「霸道」的政治哲學，「王霸之辨」成爲儒家必先討論的課題。

一、「王道」思想的特質

　　由於儒家對「王道」的提倡及重視，因此儒家的哲人如孔子、孟子與荀子對王道之理想皆予高度的肯定。如《論語・子路》曰：「如有王者必世而後仁。」《說文解字》：「王，天下之歸位也。董仲舒曰：『古之造文者，三畫而連其中謂之王也。』孔子曰：『一貫爲王。』」《說文》之意乃只能通天地人或能溝通天地人者乃稱之爲王。儒家確立了王道乃是行仁政，仁者才會行仁政，因此仁者才是儒家所要求實現此種使命感之人，仁者愛人即成普遍原則。黎建球教授即指出仁者行仁政必須合乎下列六個特質：[33]

1.「仁」者在「獨善其身」以及「兼善天下」的運作中，都以「修身、齊

家、治國、平天下」的漸進原則，作為進程。

2.「仁政」要涵蓋「行仁主體」的「仁者」，即是為政者的道德展示的境界「仁」，以及「政治運作」的過程，還有「政治」的成果。這三者合璧而成的「仁政」，才是政治的起點、方法及目標。

    (1)「仁者」必須具備「賢」和「能」，因此，暴君行的暴政，唯有仁君行仁政，這才是以「賢」作為判準的看法。

    (2)「仁政」在政治運作上，其政治行為要合乎「仁」，合乎百性的希望和要求。亦即「民為貴，社稷次之，君為輕」。

    (3)「仁政」的成果是「風調雨順」、「國泰民安」，其最終的目標是「天下為公，世界大同」。

3.仁政的基礎是從人性開始而止息在「天道」、「天命」，所謂「天命有德，天討有罪」；「有夏多罪，天命殛之」，「天道福善禍淫」都在說明「上天」對人事的賞善罰惡的性格。

4.「仁政」的對像是服務「大眾」，君王需要有「德行」，要有「仁心」。

5.仁政的內容是：「夫仁政必自經界始，經界不正，井地不均，穀祿不平。是故暴君汙吏，必慢其經界。經界既正，分田制祿，可作而定也。」又說：「王如施仁政於民，省形罰，薄稅斂，深耕易耨，壯者以暇日修其孝平忠信，入以事其父兄，出以事其長上……夫誰與王敵，故曰：仁者無敵。」

6.由於孟子主性善，荀子主性惡而有「德治」和「禮治」的分野，但後世仍以孔子的：「道之以政，齊之以刑，民免而無恥；道之以德，齊之以禮，有恥而格。」為主。

二、「德治」的實踐

王道思想的進一步化為政治上的作為與實踐，便是「德治」的政治制度，

即如孟子之言：「養生喪死無憾，王道之始也。」（《孟子‧梁惠王上》）而德治乃是儒家政治主張的基調，因此養生喪死乃指「生命個體之存在得到妥適的安排」為本，為理念之目標，此制度之內涵義在保障人民的生存權、生命權與財產權之基本人權的保障，將君王施政的方向、目的與實際運作的歷程，全部規範在此一原則之下，亦唯有通過這樣的實踐，以獲得重視與維持，君王統治權力才有其合理性與合法性。此種德治觀念起自孔子所言：「為政以德，譬如北辰，居其所，而眾星共之。」（《論語‧為政》）「無為而治者，其舜也歟；夫何為者，恭己正南面而已矣。」（《論語‧衛靈公》）其他尚有「政者，正也。子帥以正，孰敢不正。」（《論語‧顏淵》）這些論述皆在說明一個事實，君王以本身德行，達成養民、教民的目標，而後自然建立統治的合法性。孔子認為這樣的方式最有效，所建立的統治也最穩固。

　　儒家的後起之秀孟子對於行仁政，在制度面的擘畫上，即強調養民、教民兩件事。因而有「裕民生、薄賦稅、省刑罰、止戰爭、正經界」的原則，並且孟子在對梁惠王、齊宣王的施政建議上，一再強調德治的具體辦法：

> 五畝之宅，樹之以桑，五十者可以衣帛矣。雞豚狗彘之畜，勿失其時，七十者可以食肉矣。百畝之田，勿奪其時，數口之家可以無飢矣。謹庠序之教，申之以孝悌之義，頒白者不負載於道路矣。七十者衣帛食肉，黎民不飢不寒，然而不王者，未之有也。（《孟子‧梁惠王上》）

　　上述之論充分說明德治的具體步驟及在養民與教民，而養民也是教民的工作。面對於不行德政之統治者而言，孟子則批評為「率獸食人」，這是在他「民貴君輕」的政治原則之下所作的判斷與警告，因此他嚴厲地批判不行德治之專制獨裁的權力之惡：

> 庖有肥肉，廄有肥馬，民有飢色，野有餓莩，此率獸食人也。獸相食，且人惡之；為民父母，行政，不免於率獸食人，惡在其為父母也？仲尼曰：

「始作俑者，其無後乎！」為其眾人而用之也。如之何基礎使斯民飢而死也？（《孟子·梁惠王上》）

在「王道」即「王政」，「王政」即是行「仁政」與「德治」的理念下，「率獸食人」是德治首先反對者，率獸者是人，是君，也是掌握權力的統治者，他是一個可以行惡的權力主體與行動主體。因此孟子強烈地要求主政者要「以民為本」作為政治實踐的最高律則，「為民父母」者亦應體養民、教民之理，以保赤子之心來照顧人民，如此才堪稱「聖王」，故「王」者乃指以德治理天下。

孟子繼承孔子仁政而為「不忍人之心，斯有不忍人之政」，在闡述「民本」價值，固然「民本」並不等同於今日之「民主」，但是儒家德治民本諸觀念的貢獻仍然不能否認，葉海煙認為：

> 而如今民主的運作則已全面地肯定吾人之為個體存在之意義，並且經由制度面、技術面與生活世界中具體實踐之面向，將「以民為本」、「以人為尊」以及「以人性與人道為導向」，作為吾人之為群體的共通之原理此原理乃足以兼攝吾人存在之個體意涵與群體性意涵，進而在政治領域中不斷地斠定吾人作為政治主體的身分，而如此的自我省察則恰恰是人權思維的根源所在。由此可見，「民本」若作為人權初步之藍圖，其理想色彩自是昭然若揭，而其與當代民主政治之間既有的差距，也自是歷史、文化、社會與人類理性發展所造成的差距。[34]

美國學者 De Bary 亦認為儒學對於民主制度之「人權」思考的意義，從中亦有批判：

> 《世界人權宣言》的起草是有儒家參與的，並贏得了儒家文化國家隨後的支援。因此，主張儒學與絕大多數國家讚許的人權之間，存在任何一種內在的不相容性是沒有根基的。在人倫脈絡中儒學理解的個人應得到尊重，這一點

絕不比西方人權觀念中的個體遜色，因此，「個體」與「社群」權力之間的
對立在這裡的情形中是不適用的。同時，儒學注重人之尊重、個人責任以及
互助具體型態，它們能夠彌補現代法律至上主義者的人權觀念，並有助於我
們處理那些單憑法律並無法解決的社會問題。學習儒家的經驗整個東亞的儒
家而不只是中國的儒家不必意味著放棄個人的權力而屈從於社群或國家，相
反的，得到的只是對仁之互相依賴與社會感情的更加深刻覺悟。這不是說儒
家在人倫方面的紀錄一直是楷模。在婦女權利問題上，很多儒家認可或容忍
的中國婦女的待遇是否符合儒家自己的仁、交互性、義與平等之標準，確實
是可疑的，更不用說是現代西方的標準了。**35**

三、內聖外王開出民主之花

　　新儒家為中國現代化找到一個民主的出路，一方面呼應西方民主政治思想的
潮流，另一方面又從傳統中國文化尋找到新的智慧，這也就是牟宗三先生所說的
「本內聖之學開出新外王」邁向現代化的道路。

　　根據牟宗三先生自述，從民國三十八年到四十八年這十年間乃是他文化意
識與時代悲感最為昂揚的時刻，又遭遇時局巨變，於是發憤撰成《道德的理想主
義》、《政道與治道》、《歷史哲學》三本書，這三本書就是要以中國的內聖之
學來解決外王的問題**36**。另一方面，想要以「道德的理想主義」來追求「人文主
義的完成」，以便充實中國文化生命的內容，因而牟宗三先生遂提出「三統說」
以界定中國文化：

1. 道統之肯定，此即肯定道德宗教之價值，護住孔孟所開闢之人生宇宙之本
源。

2. 學統之開出，此即轉出「知識主體」以融（容）納希臘傳統，開出學術之
獨立性。

3.政統之繼續，此即由認識政體之發展而肯定民主政治為必然。**37**

　　牟宗三先生認為：「中國的文化生命首先表現出來的是『道德主體』和『藝術主體』，而表現這兩個主體的精神分別是『綜合的盡理之精神』與『綜合的盡氣之精神』，兩者可以導出『道德的主體自由』與『美的主體自由』。而西方的文化生命表現出來的是『分解的盡理之精神』（包含科學、民主、宗教等），兩種文化生命的表現大異其趣。中國具備了道德的主體自由與藝術的主體自由。」**38**「三統之說」乃是呼應「民主開出說」，而文化中所存在的生命精神也正是內聖的動力。牟先生說：

內聖外王原是儒家的全體大用，全幅規模，《大學》中的格致誠正修齊治平即同時包含了內聖外王，理學家偏重於內聖一面，故外王一面就不很夠，甚至弘揚不夠。這並不是說理學家根本沒有外王，或根本不注重外王，實則他們亦照顧到外王，只是不夠罷了。**39**

　　以內聖外王詮釋儒家義理，確實是一個嶄新的觀點與起點，而借鏡西方民主制度的動力來自於理性，可說是經由理性而能走上現代化的道路。此種「理性的運用表現」，表現在如下三點：

1.從人格方面來說，聖賢人格的感召是理性的運用表現，例如子貢贊孔子說：「夫子之得邦家者所謂立之斯立，道之斯行，綏之斯來，動之斯和。」這幾句話最能表現聖賢人格的感召力。

2.從政治方面來說，理性的運用表現就是儒家德化的治道，因為中國傳統的政治有治道而沒有政道。

3.從知識方面來說，理性的運用表現便是要把道德心靈的「智」收攝於「仁」而成為道心的觀照，道心關照萬物的特徵是：(1)非經驗的，(2)非邏輯的，不需要通過辯證過程。因為中國從前所講的學問是以德行為主，

因此心智之用收攝於德性而轉成德慧，這是超知性之智，可稱為「神智」
或「圓智」。孟子曾經說過：「充實之謂美，充實而有光輝之謂大，大而
化之謂聖，聖而不可知之謂神。」理性的作用表現就是孟子所謂的「聖」
與「神」。**40**

　　討論到由內聖開外王之目標即是開出民主美麗的花朵，新儒家肯定性善說
可以開出民主政治，固然民主政治是西方文化的產物，或許有人會質疑，「性善
說」與「民主政治」又是如何聯結的？真的可以作此樂觀的判斷？徐復觀認為：

　　因為中國文化，係基於性善思想之上，這便真正把握到了人類尊嚴，人類平
　　等及人類和平相處的根源，當然也是政治上自由民主的根源。**41**

　　若從制度面來看，民主政治有狹義和廣義之分，狹義定義的代表人物是熊
彼德（Joseph A.Schumpeter），他認為民主只是一種政治的方法，一種選擇領導
人物的機制。古典民主理論關於「公共利益」與「人民意志」的假設根本不切實
際，而訴諸倫理道德與終極關懷也無法落實。在他看來，民主的方法就是以制度
的安排來達到決策的目標，個人如果要獲得決策的權力，就必須透過競爭的手
段來獲得選票。**42**從廣義的角度來看，「民主政治」（democracy）的字源，是
兩個希臘字組成，一是人民（demos, people）和統治（kratos, rule），所以民主
政治即是指「為人民所統治」（rule by the people），以有別於一人統治的君主
政治，少數人統治的寡頭政治，或是某部分特定人士統治的貴族政治模式，因此
就有下列四種不同的類型：1.古典式民主（classical model of democracy）、2.保
護式民主（protective democracy）、3.發展式民主（developmental democracy）、
4.人民式民主（people's democracy）。**43**而西方文化之下的民主是比較傾向一種
制度面的設計，政治式一套遊戲規則，這個規則的建立需要大家的參與以形成共
識，是理性的產物，也是文明的象徵。

　　「民主」是一種理想，一種精神原則，由理論走向實際，則必然藉由制度的

設計。制度才是實際影響行動的動力，良好的制度來自於對民主諸觀念穩健成熟的詮釋，並且良好的制度才能引導產出理想的政治。儒家德治思想，係以人民的幸福爲政治的首要目標，因而有「民爲貴，社稷次之，君爲輕」的理念引導，但在治者與受治者之間，不可否認儒家是站在治者這一邊，儒家只能根據君主的地位，引導他們施政要多爲普天之下的百姓痛苦與幸福著想，而沒有站在人民的立場，發動人民群體的力量，來與治者協商施政大計與幸福的方向，這是儒家的苦衷與不足，吾人對此採取的態度是「同情的理解」、「包容的轉化」。因爲上述之觀點確實是儒家面對民主政治的可能局限之一。

但是若從民主政治的理論與發展性來看，我們也看到一線曙光，那即是民主政治奠基於個人的道德意識，民主政治並非不需要個人道德，反而個人道德尺度之拿捏是否得體，也會影響整個民主政治的品質。因此在民主政治之下，各個人的人格，可因參政權的享用而有尊嚴感。個人的地位則因責任的賦予而備覺崇高，如此則有助於建立人格的培養。在個人利益上，唯人人能爲自己發言，人人對公共事務乃至國家事務能關切和盡一己之力，則政治的進步與人民的幸福才可望有機會獲得與實現。如此一來，民主政治所需的公民意識，積極參與和健康的心態等內涵不就是儒家一再強調的「德性人格」，沒有「德性人格」，民主人格亦無由開出。

民主制度的實踐，係以個人主義、自由主義的思想爲其背景，但其流弊即從失去「德性人格」開始，若缺乏德性的修養，基於人自然生命所有的負面取向，容易使人的理性及自由走向個人利益、自私欲望的追逐和無止盡的貪婪。人權是要保障，但若濫用自由，無限上綱及擴大引申，結果是侵奪、占有之犯罪事實層出不窮，社會上的各種代議士利用特權營私，利用人民所賦予的特權而不知節制，形成對制度的破壞與踐踏。而儒家在民主政治所需的「德性人格」上，可以給我們什麼樣的啓示與補正？曾春海教授的看法如下：

孔孟的德治思想在培養人民及爲政者自尊、自愛及自律的人格，此種強調德性修養和注重律己精神的哲學，可作爲民主理想人格的出發點。蓋民主是種

利己容人的生活態度，孔孟的思想之道可促使在民主社會中，人與人之間懂得相互尊重，做出更多的溝通，增進人際間的關懷，因此，民主政治不該只立於基於個人的理性上，實應立基於個人的理性訓練及德性修養的雙重基礎上，將德性的自覺提升至政治上，以道德生命來超越褊狹的情欲生命，使中國未來的民主政治亦兼具道德政治的質素。[44]

據此可知，民主制度成敗的關鍵因素中，「德性人格」仍然是具有由內而外形成一種在此制度下的人民心理穩定的狀態，以協助制度面的推展，此種講求自尊、自愛、自律的人格，不能加以漠視，而此點也正是儒家的思考特質，亦對西方民主制度的實踐，有其內在的安定力量。而「德性人格」也確為民主政治所需的基本涵養，一旦被忽略，所造成的後果可能是一場民主的災難。

沈清松教授認為民主的原理有三，敘述如下：[45]

1. 重視個人，以個人為價值與權利之主體；
2. 眾多個人經由合理和客觀的制度形成社會，並在其中進行互動；
3. 制度若傷及個人的價值與權利，便須經過理性的討論，予以修改，而非全面與以否定或推翻。

簡言之，民主即是一種理性的運作，推諸人事以成就群己互動變成民主。民主制度之下的人，其個人是一切權利與義務的唯一真正主體，在人人互為主體的原則下，尊重與包容方有可能。因此彼此尊重個人的價值與權利乃成為團體生活的共識，和社會最大的公約數。而在目前現代化的歷程當中，民主本身亦已顯示出一些缺陷和限制，針對此種情形，原始儒家的特色之發揮，將可補偏救弊，超越現代化之困境，帶來後現代的新希望。

在現代化歷程中，民主原理有些部分遭到扭曲，形成許多弊端。有些歸諸於政治文化，認為中國文化素無民主的存在條件，有些看法則認為中國社會自古以來，即是「一治一亂」相循的惡性循環，絕無產生民主的可能。而事實上，我們

也看到民主制度在現象世界所呈現的種種脫序行為和不盡人意之處。這些弊端主要是環繞下列幾點而產生的：

1. 由個人的價值權利之強調，走向極端，不是變成自我主義（egoism），就是變成盲目群眾。本來對個體的尊重，並不等於自私自利。波柏在《開放社會及其敵人》一書中，力陳個人主義（individualism）並不是自我主義（egoism）。但是，在現代社會中，由於社會的分化和物欲的高漲，個人由於缺乏較高的價值來予以提升，於是變成自私自利的自我，對個體的尊重反而變成自我主義之藉口。但是，由於個人對於由此形成的孤立感之拒斥，加上科技文明的雷同性之擴散，人們極易屈服於匿名的權威之下，甚至使個人埋沒在群眾之中，完全喪失個人作為知識、價值與權利之主體的意義。

2. 對於合理而客觀的制度之重視，卻使得制度本身過度按自主的邏輯膨脹，使得科層組織或官僚體系對個人產生控制的現象。制度本身按理性之邏輯而日趨分疏化和複雜化，其客觀獨立性日與膨脹，形成新的巨獸（new leviathan）。制度之中的次級部門又各自發展出自己的邏輯，於是不同的次級部門相互衝突，減少了民主之效率，亦使人們無所適從。一方面個人被納入體系，被制度化了，成為大體系中的小零件，喪失其為知識、價值與權制之主體的地位；另一方面體系的理性發展又與生活的領域相互乖違，形成哈伯瑪斯所為系統（system）與生活世界（lebenswelt）背離之現象。

3. 民主要求制度的不當之處可透過理性的討論來進行修改，但由於社會的多元化，利益的差異衝突，往往使得不同利益群體的討論，無法達成共識，反而引致更大的衝突。衝突本身應有所規範，但為達成利益，往往置規範於不顧，因而忽略了民主必須尊重合理而客觀之制度的原則，有些情形則會各自以其利益之達成為原則，而以規範之運作為策略，以致本末倒置。既然難以達成共識，則制度之修改往往受強者所操縱。「強者的意志就是

正義」原是民主所要批評與替代之對象，卻反而成為現代化歷程中民主陷
入困境之時的真正原因。**46**

　　從儒家角度反思今日民主制度之缺失，上述三個原因的敘述，讓我們清楚認
識到民主的弔詭，因為民主講求參與、制度化理性的討論，但若毫無節制地擴充
個人主義，以強調自身利益之最大化，一切僅是講求策略的運作，也就形成本末
錯置，民主的價值也就蕩然無存。儒家的「道德人格」與「道德上的民主」可以
使人之人格向善；加上儒家所強調的內在感通潤身及尊重他人，無不以符合人性
的需求為前提，整體的制度之設計與創新，皆可從儒家強調德性人格的彼此互為
主體、經過理性討論而得最佳之模式。孔子「執其兩端，用其中於民」（〈中庸
第六章〉）的中道思想，就民主政治的消極面而言，可避免獨占性之階層利益之
產生；積極方面，則使統治者秉持不偏不倚的態度，兼顧現實世界事物發展的事
實，使得民主的價值可以落實在制度是「依法而非依人」，是「法治」而非「人
治」，民主才有其價值與意義。

　　當代德國社會哲學家馬克斯韋伯（Max Weber, 一八六四～一九二〇）把現
代化（modernization）的涵義解釋為理性化的歷程。也就是運用人的理性認識自
然，並能因勢利導地利用自然開發它、控制它以滿足人類生存的需要。另一方面
也用理性來管理社會，建立合理的共同生活之秩序。韋伯把現代化分三個層面來
談：**47**

1. 動機層面（motivational level）：就是不斷要求進步，無休無止地求進取的
   精神。
2. 運作層面（operational level）：理性可分為兩種運用：一種是「功效理
   性」或「工具理性」，意指科技的運用講求效率；另一種是「價值理性」
   或「終極理性」，意指西方傳統哲學的信念，深信宇宙有放諸四海而皆準
   的真理。
3. 結構層面（structure level）：指政治參與的組織及形式，其中民主政治是
   一種典型的範例。

　　由此來看，民主政治在現代化的過程中，它是一種理性在政治、社會結構上的運用，以求發揮政治、社會的效益，同時滿足人類政治及社會生活的需要，當屬效益理性的運作。但是，儘管民主政治可帶給全體人民一個較適切、符合人與社會的意義與安排之生活，但不能滿足人內在心靈世界的價值需求，卻也是一個不爭的事實，也是必予檢討的問題。儒家的德治人格思想，本質上即是將政治注入道德的質素，在保民、養民之餘，藉由人文素養陶冶人的性情，把人的生命意義指向人之所以為人的存有價值層提升，使人的生活品味超越世俗的羈絆與庸俗，指導人類選擇安身立命又具有豐富內涵的人生，該當是今日民主社會中最具啓發性的價值理性之一。

第十二章　結　論

中國哲學的發展歷程中，組成的基本元素是儒、墨、道、法、名、陰陽等學派，但最後成其文化與歷史大業的是儒、道、法三家，形塑了中國人的價值觀。是故在傳統的社會中，儘管有「大傳統」與「小傳統」，之分，但二者及所代表的階層是存在著流動與開放，他們的價值意識也是多元的，就是到了現代亦是如此，只是程度有別。就哲學而言，此種價值觀也就是義理之學，而人的生命即本然地包括了生命的限制與超越的兩個因素，亦即是人的生命之有限性與無限性的問題。而中國哲學的智慧帶給我們對生命的感受並不是完全負面的，或完全排斥的態度，換言之，用通俗的語彙來形容，即是「知天命的不可違」，在此理解下，辨析人的有限性，即是掌握人生命運的走向，而探求生命的無限性，即是追求生命的可大可久，進而求得超越有形的限制，達成現實生命的最完美展現。基於這樣的理念，在「掌握」與「追求」的二元動機之下，我們對自己生命的體會與抉擇，當有如下數端：

一、義命分利看人生

傳統中國哲學看待人生，是用「義命」的觀念來處理人生的問題，「命」是「決定論的領域（realum of determinism）」，而「義」是「自由的領域（realum of freedom）」。一方面，人的存在是被某些因素決定的，是人無法參與的，如時間、空間、家庭、基因等；但一方面，人有責任意識是人作為自己的主人無可避免的責任。勞思光教授對於「義命分立」提出他的觀點，可資參考：

> 當孔子說「道之將行也與，命也；道之將廢也與，命也；公伯寮其如命何？」（《論語・憲問》）時，就價值論的層次言，行與廢是抉擇的問題，但就實際而言，道之行廢乃是被決定的層面，自有其客觀的限制，這就是「命」。人都是有限的，但在客觀限制之外，人也有自己可以決定的層面，這就是「義」。一切涉及道德語言、規範語言之價值判斷的出現，

就表示了人是自由自主的，這種自由不是政治的自由，而是意志的自由，是人的基本自覺。儒學一定要肯定人有「義」的領域，所謂成聖成賢、成德之學，或人文化成，這些都必須要假定人有自由意志。因為有自由意志，人才能自我主宰，具有道德意識與責任，分判善惡，自覺地決定自我的行為。[1]

即如前述勞思光教授之意見可知，人的價值之顯現在現世的意義，即是在「義」而不是在「命」。中國哲學對於「命」的思考，一般而言，是放在天人關係上來作思考，儒家的態度亦是如此，當孔子談「知天命」之觀念時，吾人確信孔子對於自己道德本性所稟受的上天使命的堅持與實踐，他是沒有絲毫的動搖亦不懷疑，同時對於自己所稟受的天命之信心，認為一切現實世界的困厄與災難，都不足以改變他的意志與堅持。在此前提下，孔子對於命運對人生所造成的一定安排與次序亦有所認知，更有一定程度地與常人一樣的情緒起伏，例如在對於生命終結的悲慟與順受之感歎可知。

孟子亦是站在同樣的思考觀點而提出：「莫之為而為者，天也；莫之致而致者，命也。」（《孟子·萬章》）其意是非人力所為而結果是如此，這是天的作為。而非人力所達致，但結果竟是如此，這是命運的作用。張永儁教授說：「孟子在這裡便很明白地說明：命的客觀意涵，不隨人的主觀感受而有所改變。但孟子猶有進者，他區分了人之小體之性與大體之性，認為小體之性如耳目口鼻四肢所求者，是有一定的命理的限制，求之無益於得，故而不是君子所應專注的對象；相反的，大體之性，為仁義禮智，有其在現實世界中無盡開展的潛能，才真正是君子所應致力追求擴充的對象。」[2]

儒門另一弟子荀子為命立了一個新的觀點，荀子說：「節遇之為命。」（《荀子·正名》）荀子認為人的一生中，總有一些偶然的遭遇，此種遭遇本為生命的偶然，如果將偶然看成必然，如此一來人生的命運也只有走向宿命一途。荀子所給予我人的智慧，即強調人的主觀能動性，即如他的戡天思想一樣，人是可以透過自身的努力，改變自然的現況以及現實的情境，創造出一個屬於自我可以掌握的現實，人的主動性及努力改變現狀的能力是不應被忽略的。

　　中國哲學主流價值之一的道家對「命」亦有其看法，但似乎過於消極，命是「事之變」，其大意是人生的種種表現與變化，都是無可奈何之事，人不能完全掌握其中的變化，這些「事之變」的事包括生、死、窮、達、賢、不肖、榮、辱、毀、譽，甚至如自然界的寒、暑、冷、熱等皆是「命之行」，無法得知開始與終點，不知其所始，亦不知其所終，要說能在事變之前即掌握先機，那更是不可能的事。人唯一能做的就只剩下「安之若命」而已。生命中的不可知、不可測的種種情境，只有用「安之若命」的態度來處理及面對，如果不能安之若命，而欲反其道而行，強欲作為，莊子認為如此一來即無法「全性保真」而違反自然，人不應如此於愚蠢才是，因為「吾生也有涯，知也無涯」，人必當明白此處之知並非知識，而是指心的執著與欲求是無止境的，因而就有煩惱與痛苦。

　　儒家主張「義命分立」要人「立命言義」，「舉義而言命」，其目的只有一個，對於一般人所關心的自然意義之命，包括生理條件、心理條件與社會條件等所集合而成的「命」，儒家是淡然處之的，亦不否認也不漠視，但那不是生命的重點，只要順受其正即可。儒家認為人所有的可能性皆是從現在、此刻、當下開始，亦即是從此刻的我開始，即是唯一的我，坦蕩蕩的接受自己之事實，而人要把握的是「義理」而非「命理」，此即是對於現實命運的各種變化則是泰然處之、順受其正，但要善觀體會天道流行之幾，了解其中自由不變的法則，進而修身以俟命，以後天的努力，一切盡其在我。古代是「只問耕耘，不問收穫」，但在今日「只問耕耘，亦問收穫」，是要「盡其在我」，但也要「得道多助」地廣結善緣，不以個人的功利心為念，「君子坦蕩蕩」，而能「樂天知命」。古代俗民社會所稱的「落土時」、「命運」與「運氣」皆是相對性的條件，而非絕對性與必然性，不可將偶然視為當然，而忽略了人的努力，而自我努力的過程中還要「盡其在我、廣結善緣、創造福田」才能得道多助，這就不是俗民社會所稱的「命運」，而是「運命」，命的未來如何是由我來運轉，人要去運命，而不是被命運走。

二、哲學是理性的思維活動，以理性辨識本質與現象

　　中西哲學皆是講求理性，用理性思考的方式思考人生的問題，所著重的不僅是過程，其結果亦應符合理性的推理。理性是既要設法明白人生許多事件的來龍去脈，理解因果關係，才能解除不必要的迷惑及迷障，一方面要努力改善個人的人生態度，這即是「認命、知命與改命」的過程，認命是認識這個我的自然生命，知命是要知道變與不變的部分及差異，改命便是心生善緣，善緣便會造好命之意，這便是能接受命運與隨之奮起的創造命運。古希臘哲學家蘇格拉底所說的「認識你自己」一語道破本質與現象的不同，人不能將這兩者混同為一，亦不可將現象認作是本質，只有掌握本質是不變的，現象是可變的，把握本質，而不被現象所迷惑，才能解除迷惑。舉例來說，自古迄今對於自然的崇拜，本是一種現象，它是立基於自然對人的威脅與主宰，是由天候變化無常，瘟疫疾病無端的流布，都足以威脅人類的生存。但是隨著理性思維的增長及對自然界知識的擴充與新的發現，自然也就越來越無法表現統治者以及威脅者的力量，由於理性的思維，我們打破迷信建立正確知識，運用知識以找到趨吉避凶和安身立命的方法，破解了過去用命運來解釋人的未知及已知，人越是認識自然，人也就越不被自然現象所迷困，理性作用理解出因果關係，從中找到對治之道，分辨了本質與現象的差別，這便是理性的作用所致。

　　在人與他人的關係也是如此，過去認定「君權神授」的現象是對的，所以認為君為天所定，其權力為神所賜給，於是在社會政治方面，無不將君王統治視之為當然，並且加上許多的神話與傳說，形成一個牢不可破的君王迷思，他是天子是普天之下獨一無二，不可取代的人物，俗民社會也就沒有反思到其統治的合理性與合法性，只是一味地歸於「天縱英明」、「天子為天所揀選」、「真命天子」等理論乃應運而生。可是從西方十七、十八世紀開始，馬基維里撰《君王論》，討論君王統治技術，霍布斯的《巨靈論》討論國家的觀念、洛克《政治論二篇》討論自由的概念、孟德斯鳩《法意》建立西方分權制衡的政治制度，和盧梭的《民約論》主張「天賦人權」，這些著作採用理性思維的方法，重新詮釋社

會秩序與統治權威的關聯，政治哲學也就重新改寫，王權時代的舊思維也隨之告終。

　　最後是「人與自我」的關係，自古希臘以來哲學家奉爲圭臬的「認識你自己」，亦是運用理性的思考方式，爲人的本質找到一個基礎性的預設——人是理性的動物，也因這句話使得西方文明得以進步。人的痛苦是來自自我認識不清所導致。人由於無知也就是臣屬於非理性的作用，導致無從辨識眞假，將錯誤當成眞理，這即是佛教所說的「無明」，沒有智慧。在「人與自我的關係上」，就現象而言，人經常花太多時間來抗拒自己，排斥自己，討厭自己，但願自己是別人，如果是生在別的家庭，或別的世代可能會好些，因而不能接受自己。但若看看日本天生殘障人士（天生沒手沒腳）乙武洋匡他的見解令人動容：「奇妙的身體，是上天送給我最有創意的禮物！」，他自稱「五體不滿足」，他的人生哲學就是「接受人生的不完美，展現生命的陽光」。如果我們有照鏡子的習慣，看看鏡中的自我，告訴自己，這就是唯一的你，今生唯一的機會，再也沒有第二個可能。如此，人才能比較清楚知道自己該走什麼樣的路，適合發展的方向與志業在哪裡，什麼樣的自我，就會創造出什麼樣的命，不是嗎？

三、擺脫「完美主義」，要「學會失敗」才會得到幸福感

　　天下雜誌所出版的《更快樂：哈佛最受歡迎的一堂課》一書介紹了哈佛大學最受歡迎的選修課是「正向心理學」（Positive Psychology），又稱「幸福學」（Happiness），聽課人數超過了王牌課《經濟學導論》。而教這門課的是一位名不見經傳的年輕講師，名叫塔爾‧班夏哈（Tal Ben-Shahar）。泰勒自稱是一個害羞、內向的人，他經常向學生提出如下的問題——

　　我們來到這個世上，到底追求什麼才是最重要的？泰勒堅定地認爲：幸福感是衡量人生的唯一標準，是所有目標的最終目標。「人們衡量商業成就時，標準是錢。用錢去評估資產和債務、利潤和虧損，所有與錢無關的都不會被考慮進

去，金錢是最高的財富。」但是他認為，人生與商業一樣，也有盈利和虧損。

塔爾·班夏哈認為：「具體地說，在看待自己的生命時，可以把負面情緒當作支出，把正面情緒當作收入。當正面情緒多於負面情緒時，我們在幸福此一至高財富上就有盈利了。」

塔爾提醒他的學生，要學會接受自己，不要忽略自己所擁有的獨特性；要擺脫「完美主義」，就要「學會失敗」。塔爾將此幸福的概念簡化出六項要訣[3]，可作為今日吾人生活經驗與處事判斷的參考。引述如下：

1.接受自己全然為人

害怕、悲傷、焦慮都是人性的一部分。接納這些情緒，並把它們當成自然之事。允許自己偶爾的失落和傷感。然後問問自己，能做些什麼來讓自己感覺好過一點。一味地拒絕接納自己正面或負面的情緒，將導致挫折感和不快樂。

2.幸福是快樂與意義的結合

一個幸福的人，必須有一個明確的、可以帶來快樂和意義的目標，然後努力地去追求。真正快樂的人，會在自己覺得有意義的生活方式裡，享受它的點點滴滴。不論是在工作或是在家，要在每一件事上尋找並賦予其意義。即使行不通，也要有一種渴望，確信一週之中必有一件事能帶來快樂與意義。

3.快樂求之於內心

快樂不是來自身分地位或銀行的財富。除了特殊的情況，我們的快樂取決於我們對事情的看法（水杯滿的或空的部分），以及我們對外在事件的解讀。我們把失敗看成一個災難，還是一個學習的機會，決定我們快樂與否。

4.簡化生活

一般人都太過忙碌，把許多的活動壓縮在很少的時間內完成。工作量影響工作品質，而且事情太多、太複雜會擾亂自己，造成混亂的生活，也降低了幸福。

5.注意身心健康

　　記住心靈的健康與身體的健康相連結。規律的運動、適當的睡眠，以及健康的飲食習慣，能大有助益於你的身體，以及心靈的健康。

6.無論何時，盡可能表達感激

　　生活中，不要把你的家人、朋友、健康、教育、工作等這一切當成理所當然的，它們都是可令你回味無窮的禮物。記住他人的點滴恩惠，從人群到食物，從大自然到一個微笑，始終保持感恩之心。

　　人生有許多的機會和冒險，有成功也就會有失敗，端視個人用何種心態來面對，俗話說「態度決定高度」、「人生不怕重來，只怕沒有未來」，自然界的定律也告訴我們「夕陽無限好，明天會更老」。正如「人生苦短，來日方長」，生活的智慧警惕吾人：順境找出路，逆境有退路。中西哲學的智慧，不管是西方哲學的純粹知識系統，透過理性思維認識自我，或是東方的中國哲學講求生命實踐而得的智慧，二者的共通點即在「認識自己」與「覺察當下」，認清自我的優缺點，才能面對問題，不帶任何成見，用自己的真如本性思考問題，才能正確的看待周圍的一切事物，這是人最重要的思考歷程、價值判斷與使命。我們只有清空腦海中的垃圾，才能完全的放空，也才能用心感受。要彩繪生命，必先自我肯定，放空自我，而人生的軌跡就像日月星辰的運行一樣，每個來到人世間的生命，就像整存零付一樣，一點一滴的離去，剛剛才是意氣風發的少年，一轉眼即步入哀樂（怨）中年。有人說以前用健康換金錢，現在則是用金錢換健康。心理建設就是靠自己，人老而心不老，皺紋長在臉上，不是長在心上。人生縱然起起伏伏，加加減減，得失參半終究是非常公平的，絕對沒有永遠的輸家或永遠的贏家，到最後有沒有人看我並不重要，自己看自己才是重要，終究只有自己才能下判斷或找出個人成敗得失的關鍵所在。體會生命的無常，珍惜當下的每個因緣機會，活著的每一天，就是要讓自己快樂活一天！

注釋

第一章　哲學的意涵

1. 鄔昆如，《西洋哲學史》，臺北：正中書局，一九七一，頁30。
2. 余雄，《中國哲學概論》，臺北：源成文化圖書供應社，一九九七，頁5。
3. 胡適，《中國古代哲學史》，臺北：遠流圖書公司，一九八六，頁3。
4. 沈清松，〈西洋哲學的源起與發展〉，收入於沈清松・孫振青編著：《西洋哲學家與哲學專題》，臺北：國立空中大學，一九九一，頁20。
5. K.Popper, *Objective Knowledge*, Oxford: Oxford University press, pp.153～161。中文翻譯引自沈清松，《解除世界的魔咒》，臺北：臺灣商務印書館，一九九八，頁16。

第二章　中國哲學的特質

1. 張忠謀，〈給有福氣的人〉一文，引自http://www.nanya.edu.tw/stof/stcc/t6-4.asp。
2. 陳俊輝，〈哲學與宗教的對話——宗教哲學的成立暨其詮釋方式〉，《哲學雜誌》26期，臺北：業強出版社，一九九八，頁45～46。
3. 東離子編著，《你的生活該禪一下》，宜蘭：中華印經協會，二〇〇九，頁8～9。
4. 胡適，《中國古代哲學史》，臺北：遠流圖書公司，一九八六，頁3。
5. 牟宗三，《生命的學問》，自序，臺北：三民書局，一九七八，頁1。
6. P.T. Raju著，李增譯，《比較哲學導論》，臺北：黎明文化事業公司，一九八〇，頁197-201。
7. 高懷民，《大易哲學論》，臺北：文成出版社，一九七八，頁36～37。

第三章　人生思維的三個層面

1. 高懷民，《大易哲學論》，臺北：文成出版社，一九七八，頁262～264。
2. 張永儁，《命理與義理》，哲學雜誌，第三期，一九九三，頁10～27。
3. 余英時，《從價值系統看中國文化的現代意義》，臺北：時報文化公司，一九八九，頁55。
4. 楊國樞，〈中國人與自然、他人、自我的關係〉，《中國人：觀念與行為》，文崇一、蕭新煌主編，臺北：巨流圖書公司，一九九二，頁12～13。
5. 同註4，頁14。
6. 余英時，〈從價值系統中看中國文化的現代意義〉，《知識人與中國文化的價值》，臺北：明報時代出版公司，二〇〇七，頁21。

7. 同註3，頁81～82。

8. 同註4，頁15～16。

9. 同註4，頁20～21。

第四章　人生問題的真相

1. 陳鼓應，《莊子哲學》，臺北：臺灣商務印書館，一九九九，頁36。

2. 英秉編著，《現代人生哲學》，臺北：國家出版社，一九八二，頁233～234。

3. 馬斯洛著，劉千美譯，《存有心理學探微──自我實現與人格成熟》，臺北：光啟出版社，一九八八，頁277。

4. 黎建球，《人生哲學》，臺北：三民書局，一九八二，頁454。

5. 同註4，頁454。

6. 鄭武俊，〈人生何處去〉，《臺中市立文化中心講座專輯15》，臺中市立文化中心，一九九七，頁263。

第五章　人性論的理解與啟示

1. 勞思光，《中國文化要義新編》，香港：中文大學出版社，二○○二，頁19。

2. 黑幼龍著‧謝其濬整理，《贏在影響力》，自序，臺北：天下遠見出版股份有限公司，二○○三，頁2。

3. 黑幼龍，前揭書，頁43。

4. 布魯格編著‧項退結編譯，《西洋哲學辭典》，國立編譯館，一九七六，頁245～246。

5. 方東美，馮滬祥譯，《中國人的人生觀》，臺北：幼獅公司，一九八二，頁6。

6. 方東美，前揭書，頁56～57。

7. 布魯格編著‧項退結編譯，《西洋哲學辭典》，前揭書，頁278～279。此處布魯格特將nature與essence視為同義，但並有區分，essence是較近於亞理斯多德所說的essence，其義是指人之所以為人的本質特性，而非自然本性。

8. 羅素，《一個自由人在神祕主義與邏輯的崇拜》，頁47～48，及頁56。轉引自方東美，《中國人的人生觀》，臺北：幼獅圖書公司，一九八二，頁11～12。

9. 史蒂芬‧柯維（Stephen R. Covey）著‧顧淑馨譯，《與成功有約》，臺北：天下遠見出版公司，二○○七，頁63～64。

10. 徐復觀，《中國人性論史──先秦篇》，臺北：臺灣商務印書館，一九八八，頁6～7。

11. 徐復觀，前揭書，頁15。

12.方東美，前揭書，頁62～63。

13.方東美，前揭書，頁63。

14.方東美，前揭書，頁64。

15.馮友蘭，《新原道》，臺北：臺灣商務印書館，一九九五，頁8～9。

16.曾昭旭，《儒家傳統與現代生活》，臺北：臺灣商務印書館，二〇〇三，頁24～26。

17.曾昭旭，前揭書，頁25～26。

18.方東美，前揭書，頁62～63。

19.鄔昆如，〈性善性惡的反省與檢討——漢儒的人性論〉，《中國人性論》，臺大哲學系主編，臺北：東大圖書公司，一九九〇，頁158～159。

第六章　終極信仰

1. 沈清松，《解除世界魔咒》，臺北：臺灣商務印書館，一九九八，頁33～34。

2. 〈終極關懷〉，《哲學與文化》社論，第25卷，第12期，一九九八，頁1097。

3. 同註2，頁1097。

4. 方東美，〈中國形上學之宇宙與個人〉，《中國人的心靈》，臺北：聯經出版事業公司，一九八四，頁215。

5. 同註4，頁217。

6. 鄭志明，〈儒家的現世性與宗教性〉，《末世與希望》，沈清松主編，一九九九，臺北：五南圖書出版公司，頁84～85。

7. 唐君毅，《中國人文與當今世界》，臺北：臺灣學生書局，一九八八，頁159。

8. 吳進安，《墨子政治哲學探微》，臺南：復文書局，一九九八，頁21～30。

9. 王桐齡，《儒墨異同》，臺北：京華印書館，出版年月不詳。

10.梅貽寶，〈中國哲學之社會、倫理精神與價值基礎〉，《中國人的心靈》，臺北：聯經出版事業公司，一九八四，頁129～130。

11.J.P蒂洛〈Jacgues P.Thiroux〉著，古平、蕭鋒等譯，《哲學——理論與實踐》，北京：中國人民出版社，一九八九，頁332～333。

12.傅偉勳，〈從終極關懷到終極承諾〉，《當代雜誌》11期，臺北：當代雜誌社，一九八七，頁16～26。

13.余國藩著，李奭學譯，〈宗教研究與文學史〉，《當代雜誌》23期，臺北：當代雜誌出版社，一九八七，頁35。

14.傅佩榮，《宗教哲學、天、聖、古典儒家》，《哲學雜誌》第26期，臺北：業強出版社，一九九八，頁9。

第七章　人際關係

1. 李亦園，《中國人的價值觀》，臺北：東大圖書公司，一九八九，頁6。

2. 同註1，頁13。

3. 同註1，頁25。

4. 黃光國，〈中國人的人情關係〉，收錄於文崇一、蕭新煌主編：《中國人：觀念與行為》，臺北：巨流圖書公司，一九八八，頁46。

5. 同註4，頁47～48。

6. 曾春海，〈變遷社會中的人倫與人權〉，《儒家的淑世哲學》，臺北：文津出版社，一九九二，頁253～254。

7. 王邦雄，〈從道家思想看當代人生〉，《中國哲學論集》，一九九○，臺北：學生書局，頁184。

8. 安・艾利森著，鄭美芳譯，《自我概念與人際關係》，臺北：伯樂出版社，一九九一，頁10。

9. 曾仕強、劉君政著，《和諧的人際關係》，臺北：伯樂出版社，一九九一，頁44～45。

第八章　「環境倫理」與文化生活

1. 葉啟政，〈開創人文理想的新境界〉，《文化與倫理》，臺北：國家政策研究中心，一九九○，頁230。

2. 金耀基，《現代人的夢魘》，臺北：臺灣商務印書館，一九七一，頁38～53。

3. 成中英，〈中國倫理體系及其現代化〉，收錄於樊和平：《中國倫理精神》，臺北：五南圖書出版公司，一九九五，序，頁1～23。

4. 有關人與自然、人與他人、人與自我的三層關係之概念，許多學者亦分別提出過。雖有名詞上之差異，但其基本意義並無太大不同。本書已在第三章中論述。

5. 李亦園，《人文學概論》（下冊），臺北：空中大學出版，一九九○，頁289。

6. 成中英，前揭書，序，頁3。

7. 項退結，〈人之哲學〉，臺北：中央文物供應社，一九八二，頁131。

8. 程兆熊，《書經講義》，臺北：鵝湖出版社，一九六四，頁84。

9. 《論語・陽貨》。

10. 《孟子・盡心上》。

11. 《孟子・盡心》。

12. 梅貽寶・黎登鑫譯，〈中國哲學之社會、倫理與精神價值基礎〉，收錄於東海大學編譯：《中國人的心靈》，臺北：聯經出版社，一九八四，頁120。

13. 方東美著・孫智燊譯，〈中國形上學中之宇宙與個人〉，收錄於東大哲學系編譯：《中國人的心靈》，臺北：聯經出版社，一九八四，頁215。

14. 《孟子・告子上》。

15. 《孟子・梁惠王上》。

16. 《孟子・滕文公上》。

17. 《孟子・離婁下》。

18. 《孟子・離婁下》。

19. 《孟子・盡心下》。

20. 羅光，《中國哲學思想史先秦篇》，臺北：學生書局，一九八二，頁264。

21. 成中英，前揭書，序，頁11。

22. 參閱Wolfgang Engelhardt著，游以德譯，《環境保護》，臺北：巨流圖書公司，一九八九，頁19。

23. 陳榮波，〈老子的環保美學〉，《哲學雜誌》第七期，一九九四年一月出版，頁100。

24. 余英時，〈從價值系統看中國文化的現代意義〉，《知識人與中國文化價值》，臺北：時報文化出版公司，二〇〇七，頁39。

25. 傅佩榮，《文化的視野》，《哲學雜誌》第23期，一九九八年二月出版，頁238～239。

26. 鄔昆如，〈從人際關係看天、人、物與位格比較中西哲學對人的定位〉，臺北：輔仁大學主辦「位格研討會」論文，頁10。

27. 鄔昆如，前揭書，頁11。

28. 錢穆，《中國文化與科學》，臺北：進學書局，一九七〇，頁70。

29. 程兆熊，前揭書，頁13。

30. 成中英，前揭書，頁序13～23。

第九章　成功之道與管理哲學

1. 呂國榮，《品三國悟管理》，北京：金城出版社，二〇〇七，頁1。

2. 許倬雲，《從歷史看領導》，臺北：洪健全教育基金會，一九九二，頁204

3. 許倬雲，前揭書，頁5～7。

4. 曾昭旭，〈從管理的角度論三角形結構與橢圓形結構〉，《儒家傳統與現代生活》，臺北：臺灣商務印書館，二〇〇三，頁123。

5. 呂國榮，前揭書，頁117～118。

6. 呂國榮，前揭書，頁67～68。

7. 朱建民，《儒家的管理哲學》，臺北：漢藝色研公司，一九九四，頁41～44。

8. 朱建民，前揭書，頁41～44。

9. 張立文，〈國學的度越與建構〉，《大國策》，北京：人民日報出版社，二〇〇九，頁6。

10. 張立文，前揭書，頁10。

11. 張立文，前揭書，頁11。

12. 張立文，前揭書，頁12。

13. 李中華，〈國學、國學熱與文化認同〉，前揭書，頁15。

14. 天藍編譯，〈包袱〉，《蒲公英》，臺北：財團法人蒲公英希望基金會，NO133，二〇一〇，頁8。

15. 紅塵少年・幽谷老人，《人生哲理故事集粹》，臺北：臺灣光智出版社，二〇〇〇，頁333～334。

16. 同註15，頁334。

17. 同注15，頁156。

18. 同注15，頁157。

19. 同注15，頁147。

20. 同注15，頁335。

21. 朱建民，《儒家的管理哲學》，臺北：漢藝色研出版公司，一九九四，頁47。

第十章　藝術美感與人生境界

1. 石守謙，〈賦彩製形——傳統美學思想與藝術批評〉，《中國文化新論藝術篇——美感與造型》，臺北：聯經出版公司，二〇〇〇，頁14。

2. 鄔昆如，《人生哲學》，臺北：五南圖書出版公司，一九八九，頁353。

3. 鄔昆如，前揭書，頁352。

4. 羅光，《人生哲學》，臺北：輔大出版社，一九八五，頁242～243。

5. 郭因，《易經與中國古典藝術美學》，《當代雜誌》第45期，一九九〇，頁77。

6. 金劍，〈論文學藝術與哲學〉，《美學與文學新論》，臺北：臺灣商務印書館，二〇〇三年，頁124。

7. 金劍，前揭書，頁121。

8. 墨家所說的「聖王不為樂」與事實不合，墨子並沒有實地去討論樂之價值，及在文化上之意義，他所用的方法是持其評判外在事物是否有「利」於天下百姓之原則，他「非樂」之目的是在節財用，以成就天下大利，其言非樂、節葬、節用無不以此標準。

9. 胡適，《中國古代哲學史》，臺北：遠流出版公司，一九八六，頁151。

10. 陳問梅，《墨學之省察》，臺北：學生書局，一九八八，頁232。

11. 何懷碩，《人文之美與知識份子的責任》，一九九八，《聯合報》十二月二十一、二十二日。

12. 余英時，〈從價值系統看中國文化的現代意義〉，《中國思想傳統的現代解釋》，臺北：聯經出版事業公司，一九八七，頁7。

13. 余英時，前揭書，頁11。

14. 傅佩榮，〈儒家思想的演變〉，《儒家哲學新論》，臺北：業強出版社，一九九三，頁75。

15. 傅佩榮，前揭書，頁214。

16. 傅佩榮，前揭書，頁16。

17. 馮滬祥，〈孟子的美學思想〉，《中國古代美學思想》，臺北：臺灣學生書局，一九九〇，頁38。

18. 朱熹，《四書集註》。

19. 張永儁，《儒家禮樂教化之宗教精神與人文理想——歷史之回顧與展望》，中國哲學在中國歷史的回顧與發展研討會，輔仁大學，一九九三，頁7。

第十一章　政治哲學與理想國

1. 鄔昆如，《政治哲學》，臺北：正中書局，一九九〇，頁5。鄔教授之見解還包括政治哲學所要探討的，則是「為何」要如此這般地管理眾事；換言之，要提出政治體制之所以然的理由。

2. 黎建球，《人生哲學》，臺北：三民書局，一九八二，頁313～377。黎教授並以德治、禮治、法治三者加以區別，並認為德治是政治哲學的最高層次與理想。

3. 蔡英文，〈自由與和諧——個體自由與社會秩序〉，《中國文化新論——思想篇·理想與現實》，臺北：聯經出版事業公司，一九八七，頁245～287。

4. 洪鎌德，《跨世紀政治哲學的論題》，《哲學雜誌》季刊第18期，臺北，一九九六，頁4～29。

5. Fred L. Greenstein, Nelson W. Polsby主編，*Political. Science: Scope and Theory*，《政治哲學名著與當代政治學的關係》，張明貴譯，臺北：幼獅文化事業公司，一九八八，頁321～398。

6. Alan C. Isaak, Scope ana Methods of Political Science，朱堅章譯，《政治學的範圍與方法》，臺北：幼獅文化事業公司，一九七八，頁1～5。此書之論點強調政治哲學是政治思想家精闢的政治分析。

7. 杰克·普拉諾等著，胡杰譯，《政治學分析辭典》，北京：中國社會科學出版社，

一九八六，頁114～115。

8. 牟宗三，《政道與治道》，臺北：學生書局，一九九六，頁1。

9. 勞思光，《文化問題論集續篇》，香港：中文大學出版社，二〇〇〇，頁122～123。

10. 勞思光，前揭書，頁124。

11. 司馬遷，《史記》曰：「蓋墨翟，宋之大夫，善守禦，為節用。或曰並孔子時，或曰在其後。」此段文字寥寥二十四字，是在〈孟荀列傳〉之末。

12. 方東美著，馮滬祥譯，《中國人的人生觀》，臺北：幼獅文化公司，一九八二，頁149。

13. 同註6，頁150。

14. 《墨子‧法儀》。

15. 十務觀念是墨子哲學思想的主軸，也是他的政治事功，在〈魯問篇〉，他提出了尚賢、尚同、節用、節葬、非樂、非命、尊天、事鬼、兼愛，與非攻，可說是墨子哲學思想的具體化實踐。每一個概念皆可使之獨立而成為一項制度及準則。

16. 周以小國克殷，如何贏得被征服者的衷心臣服，便成首要課題。從周人的宗教信仰立基而提出的天命觀，認為宇宙內有一最高的主宰，天主宰宇宙間萬事萬物之命運，地上君王的權柄也由天所授予，其行動都受到天的監視與節制。墨子「天志」的觀念正與此種觀念一致，二者實若合符節，頗具淵源之義。有關「天命」的觀念，可參考張瑞穗所著，〈天與人歸──中國思想中政治權威合法性的觀念〉，但其文是以探討儒家為主，對墨家並無著墨。收錄於《理想與現實──思想篇》，臺北：聯經出版事業公司，一九八七，頁97～155。另外，拙著，〈墨子「義利一元」論探析〉，《科技學刊》，國立雲林科技大學，一九八八，頁421～432，亦曾對此觀念加以研究。

17. 同註6，頁161。

18. 方東美先生在其《中國人的人生觀》一書中，對於儒家「德治主義」與墨子「德治主義」之區分，他認為在墨子德治理想的實現是「頓」，而不是「漸」。在儒家，卻是因知勉行的「漸」而不是「頓」。

19. 《墨子‧尚賢中》。

20. 《墨子‧法儀》。

21. 《墨子‧天志上》。

22. 《墨子‧非樂上》。

23. 《墨子‧公孟》。

24. 《墨子‧法儀》。

25. 〈非命上〉曰：「故言有三表。何謂三表？子墨子言曰：有本之者，有原之者，有用之者，於何本之，發為刑政，觀其中國家人民之利。此所謂言有三表也。」

26.《墨子・上賢中》。

27.《墨子・尚賢中》。

28.《墨子・尚賢中》。

29.洪鎌德，〈跨世紀政治哲學的論題〉，《哲學雜誌》，18期，頁4～29。

30.馮友蘭認為墨子哲學具有「宗教的制裁」與「政治的制裁」的兩種特質，墨子注重種種制裁，以使人交相愛。他的觀點是由邊沁謂人之快樂與苦痛有四來源：物質的、政治的、道德的、宗教的。法律及行為規則，皆利用四者所生苦痛快樂，以為獎懲，而始有強制力。故此四者，名曰制裁（sanction）。參閱馮友蘭，《中國哲學史》，香港：太平洋圖書公司，一九七○，頁128～136。

31.蕭公權先生認為先秦時期，由封建天下轉為專制天下之過渡時期，政治思想之可能態度，不外三種：一，對將逝之舊制度表示留戀，而圖有以維持或恢復之。二，承認現狀，或有意無意中迎合未來之新趨勢而為之張目。三，對於一切新之制度均感厭惡，而偏重個人之自足與自適。就其大體而言，儒墨二家同屬第一類。參閱蕭公權，《中國政治思想史上》，臺北：中國文化大學，一九八八，頁18。

32.余英時，〈古代知識階層的興起與發展〉，《中國知識階層史論（古代篇）》，臺北：聯經出版事業公司，一九九三，頁35。

33.黎建球，〈儒家的王道思想：兼評杭庭頓《文明的衝突與世界秩序的重建》〉，《哲學與文化》第30卷第5期，二○○三年5月，頁101～102。

34.葉海煙，〈孟子人權觀的哲學意涵〉，《哲學與文化》第34卷第7期，二○○七年7月，頁14～15。

35.Wm. Theodore De Bary，陳立勝譯，《亞洲價值與人權》，臺北：正中書局，二○○三，頁170。

36.牟宗三，《歷史哲學》，臺北：學生書局，一九七六，〈增訂版自序〉，頁2。

37.牟宗三，《道德的理想主義》，臺北：學生書局，一九九二，頁6。

38.同註37，頁53～82。

39.牟宗三，《政道與治道》，臺北：，學生書局，一九九一，頁10～11。

40.同註39，頁46～51。

41.徐復觀，《儒家政治思想與民主自由人權》，臺北：學生書局，一九八八，頁30。

42.Joseph A.Schumpeter, *Capitalism Socialism and Democracy*, New York : Harper & Row, 1950, pp. 250-283.

43.Andrew Heywood著，林文斌、劉兆隆譯，《政治學》，臺北：韋伯文化，一九九八，頁3～4。

44.曾春海，〈從民主政治反省孔孟的德治思想〉，《儒家的淑世哲學—治道與治術》，

臺北：文津出版社，一九九二，頁14。

45.沈清松，《傳統的再生》，臺北：葉海出版社，一九九二，頁86。

46.同註45，頁99～101。

47.轉引自：曾春海，〈從民主政治反省孔孟的德治思想〉，《儒家的淑世哲學──治道與治術》，一九九二，頁15。

第十二章　結　論

1. 勞思光，《關於術數的反省》，《哲學雜誌》第3期，一九九三年一月，頁3。

2. 張永儁，《命理與義理》，《哲學雜誌》第3期，一九九三年一月，頁11。

3. 塔爾・班夏哈著，譚家瑜譯，《更快樂：哈佛最受歡迎的一堂課》，臺北：天下雜誌出版社，二〇〇八。

~

國家圖書館出版品預行編目資料

哲學與人生／吳進安著. — 初版. — 臺北
市：五南, 2010.08
　　　面；　　公分

ISBN 978-957-11-6039-9（平裝）

1. 人生哲學

191.9　　　　　　　　　99012210

1BZF

哲學與人生

作　　　者 — 吳進安(70.2)

發 行 人 — 楊榮川

總 編 輯 — 龐君豪

主　　編 — 盧宜穗

責任編輯 — 陳姿穎　李美貞

封面設計 — 童安安

出 版 者 — 五南圖書出版股份有限公司

地　　　址：106台北市大安區和平東路二段339號4樓

電　　　話：(02)2705-5066　傳　　真：(02)2706-6100

網　　　址：http://www.wunan.com.tw

電子郵件：wunan@wunan.com.tw

劃撥帳號：01068953

戶　　　名：五南圖書出版股份有限公司

台中市駐區辦公室/台中市中區中山路6號

電　　　話：(04)2223-0891　傳　　真：(04)2223-3549

高雄市駐區辦公室/高雄市新興區中山一路290號

電　　　話：(07)2358-702　傳　　真：(07)2350-236

法律顧問　元貞聯合法律事務所　張澤平律師

出版日期　2010年8月初版一刷

定　　　價　新臺幣320元